MW01147126

# LOS PRÓXIMOS
# 100 AÑOS

## PRONÓSTICOS PARA EL SIGLO XXI

# GEORGE FRIEDMAN

# LOS PRÓXIMOS 100 AÑOS

## PRONÓSTICOS PARA EL SIGLO XXI

**OCEANO**exprés

Diseño de portada: Ivonne Murillo
Elaboración de mapas: Stratfor

**LOS PRÓXIMOS 100 AÑOS**
Pronósticos para el siglo XXI

Título original: THE NEXT 100 YEARS. A forecast for the 21st century

Traducción: Enrique Mercado

© 2009, George Friedman

Publicado según acuerdo con Doubleday, un sello de
The Knopf Doubleday Publishing Group, una división
de Penguin Random House, Inc., New York

D.R. © 2015, Editorial Océano de México, S.A. de C.V.
Blvd. Manuel Ávila Camacho 76, piso 10
Col. Lomas de Chapultepec
Miguel Hidalgo, C.P. 11000, México, D.F.
Tel. (55) 9178 5100 • info@oceano.com.mx

Primera edición en Océano exprés: abril, 2015

ISBN: 978-607-735-223-5
Depósito legal: B-6647-2015

Hecho en México / Impreso en España
Made im Mexico / Printed in Spain

9003041010315

*Para Meredith, musa y vigía*

*A quien contempla racionalmente el mundo, el mundo le ofrece a cambio un aspecto racional. La relación es mutua.*

Georg W. F. Hegel

# Índice

## AGRADECIMIENTOS

Este libro no habría podido imaginarse siquiera, y mucho menos acometerse, sin mis colegas en Stratfor. Mi amigo Don Kuykendall fue atento y tenaz en todo momento. Scott Stringer fue paciente e imaginativo con los mapas. Todos en Stratfor trataron de hacernos mejores a este libro y a mí. Gracias en particular a Rodger Baker, Reva Bhalla, Lauren Goodrich, Nate Hughes, Aaric Eisenstein y Colin Chapman. Gracias en especial a Peter Zeihan, cuyas meticulosas y mordaces críticas me ayudaron, e irritaron, enormemente. Fuera de la familia de Stratfor, quiero dar las gracias a John Mauldin y Gusztav Molnar, quienes me enseñaron otras maneras de ver las cosas. Susan Copeland se aseguró de que esto, y muchas cosas más, se llevara a cabo.

Por último, gracias a mi agente literario, Jim Hornfischer, y a Jason Kaufman, mi editor en Doubleday, quienes hicieron grandes esfuerzos por elevarme más allá de lo impenetrable. Rob Bloom se encargó de que todo cuajara.

Este libro tuvo muchos padres, pero yo soy el único responsable de todos sus defectos.

## NOTA DEL AUTOR

No tengo ninguna bola de cristal. Pero tengo un método que, por imperfecto que pueda ser, me ha servido mucho para comprender el pasado y prever el futuro. Mi tarea es tratar de ver el orden bajo el desorden de la historia, y prever los acontecimientos, tendencias y tecnología que ese orden producirá. Pronosticar los cien años por venir puede parecer un acto frívolo, pero, como espero que compruebe el lector, es un proceso viable y racional, difícilmente frívolo. En un futuro no muy lejano tendré nietos, y es indudable que algunos de ellos vivirán en el siglo XXII. Esa idea vuelve muy real todo esto.

En este libro intento comunicar una noción del futuro. Me equivocaré en muchos detalles, por supuesto. Pero la meta es identificar las principales tendencias —geopolíticas, tecnológicas, demográficas, culturales, militares— en su más amplio sentido, y definir los acontecimientos más importantes que podrían ocurrir. Me daré por satisfecho si logro explicar algo de cómo funciona el mundo de hoy, y cómo esto define a su vez la forma en que funcionará en el futuro. Y me sentiré feliz si mis nietos, al echar un vistazo a este libro en 2100, tienen razones para decir: "No está nada mal".

# Obertura:
## Una introducción a la era estadunidense

Imagine el lector que hubiese vivido el verano de 1900 en Londres, entonces la capital del mundo. Europa regía el hemisferio oriental. Casi no había sitio alguno que, si no regido directamente por ella, no estuviera indirectamente controlado desde una capital europea. Europa estaba en paz y disfrutaba de una prosperidad sin precedente. Debida al comercio y la inversión, la interdependencia europea era tal que personas serias afirmaban que la guerra era ya imposible —y si no imposible, que terminaría a unas cuantas semanas de iniciada—, porque los mercados financieros globales no soportarían la tensión. El futuro parecía fijado: una Europa pacífica y próspera gobernaría al mundo.

Imagínese ahora el lector en el verano de 1920. Europa había sido destruida por una guerra atroz. El continente estaba en ruinas. Los imperios austrohúngaro, ruso, alemán y otomano se habían desplomado y millones habían muerto en una guerra de años. La conflagración llegó a su fin con la intervención del ejército estadunidense, el que, con un millón de efectivos, se fue casi tan pronto como llegó. El comunismo dominaba en Rusia, pero no estaba claro que pudiera sobrevivir. Países en la periferia del poderío europeo, como Estados Unidos y Japón, emergieron de repente como grandes potencias. Pero una cosa era segura: el tratado de paz impuesto a Alemania garantizaba que este país no reemergería en mucho tiempo.

Imagine el verano de 1940. Alemania no sólo había reemergido, sino que además había conquistado Francia y dominaba Europa.

El comunismo sobrevivió y la Unión Soviética se había aliado con la Alemania nazi. Sólo Gran Bretaña se alzaba contra Alemania; y en opinión de casi todas las personas razonables, la guerra había terminado. Tal vez el Reich no duraría mil años, pero era indudable que el destino de Europa se había decidido para un siglo. Alemania dominaría Europa y heredaría su imperio.

Imagine ahora el verano de 1960. Alemania había sido aplastada en la guerra, vencida en menos de cinco años. Europa estaba ocupada, dividida por la mitad entre Estados Unidos y la Unión Soviética. Los imperios europeos se derrumbaban, y Estados Unidos y la Unión Soviética competían por heredarlos. Los estadunidenses habían rodeado a los soviéticos y, con un arsenal abrumador de armas nucleares, podían aniquilarlos en horas. Estados Unidos emergía como la superpotencia global. Dominaba todos los mares del mundo, y con su fuerza nuclear podía imponer sus condiciones a cualquiera. Un *impasse* era lo más que los soviéticos podían esperar, a menos que invadieran Alemania y conquistaran Europa. Ésta era la guerra para la que todos se preparaban. Y en segundo plano, la China maoísta, considerada fanática, era para todos el otro peligro.

Ahora imagine el verano de 1980. Estados Unidos había sido derrotado en una guerra que duró siete años, y no por la Unión Soviética, sino por Vietnam del Norte, un país comunista. Se le veía, y se veía a sí mismo, en retirada. Expulsado de Vietnam, después se le echó también de Irán, cuyos pozos petroleros, no más bajo control estadunidense, parecían a punto de caer en manos de la Unión Soviética. Para contenerla, Estados Unidos se alió con la China maoísta: los presidentes de ambos países sostuvieron una afable reunión en Beijing. Sólo esta alianza parecía capaz de contener a la potente Unión Soviética, que aparentaba ascender en forma vertiginosa.

Imagine el verano de 2000. La Unión Soviética se había desplomado totalmente. China seguía siendo comunista de nombre, pero se había vuelto capitalista en la práctica. La Organización del Tratado del Atlántico Norte (OTAN) había avanzado sobre Europa oriental, e incluso sobre la antigua Unión Soviética. El mundo era próspero y pacífico. Todos sabían que las consideraciones geopolíticas habían perdido importancia frente a las económicas, y los únicos problemas eran regionales, en casos perdidos como Haití o Kosovo. Entonces llegó el 11 de septiembre de 2001, y el mundo volvió a ponerse de cabeza.

En cierto nivel, y tratándose del futuro, lo único de lo que se puede estar cierto es de que la lógica habitual fallará. No existe ningún ciclo mágico de veinte años, ni una fuerza simplista que gobierne este patrón. Sencillamente, lo que en la historia parece permanente y dominante en un momento dado, puede cambiar con una rapidez asombrosa. Épocas van y vienen. En las relaciones internacionales, el aspecto que en este instante guarda el mundo no es en absoluto el que tendrá en veinte años... o aun menos. Era difícil imaginar que la Unión Soviética se vendría abajo, y ése es precisamente el asunto. El análisis político convencional padece una grave falta de imaginación. Supone que las nubes pasajeras son permanentes y no percibe los cambios impresionantes y duraderos que ocurren a la vista de todo el mundo.

Si estuviéramos a comienzos del siglo XX, sería imposible pronosticar los acontecimientos particulares que acabo de listar. Pero algo habría podido pronosticarse, y de hecho así fue. Por ejemplo, resultaba obvio que Alemania, tras haberse unido en 1871, era una potencia importante en una posición insegura (atrapada entre Rusia y Francia), y que quería redefinir los sistemas europeo y global. La mayoría de los conflictos de la primera mitad del siglo XX atañeron a la condición de Alemania en Europa. Y aunque no habrían podido pronosticarse momentos y lugares de guerra, muchos europeos *podían* pronosticar, y lo *hicieron*, la probabilidad de una guerra.

La parte más difícil de esta ecuación era vaticinar que las guerras serían devastadoras y que, después de la primera y segunda guerras mundiales, Europa perdería su imperio. Pero, en particular tras la invención de la dinamita, hubo quienes predijeron que en lo sucesivo las guerras serían catastróficas. Si el pronóstico de la tecnología se

21

hubiera combinado con el de la geopolítica, bien habría podido predecirse la destrucción de Europa. Ciertamente, el ascenso de Estados Unidos y Rusia se predijo en el siglo xix. Tanto Alexis de Tocqueville como Friedrich Nietzsche pronosticaron la preminencia de esos dos países. Así, con disciplina y algo de suerte, a principios del siglo xx habría podido pronosticarse el perfil general de la centuria.

## El siglo xxi

Situados a principios del siglo xxi, nos corresponde identificar el acontecimiento capital de este periodo, el equivalente a la unificación alemana para el siglo xx. Una vez levantados los escombros del imperio europeo, así como lo que quedó de la Unión Soviética, una potencia se mantiene en pie, con un poder arrollador. Esa potencia es Estados Unidos. Claro que, como suele suceder, hoy parece que ese país hace destrozos en el mundo entero. Pero es importante no dejarse confundir por el caos transitorio. En lo económico, militar y político, Estados Unidos es el país más poderoso del mundo, y no hay rival que amenace ese poder. Como ocurrió con la guerra hispano-estadunidense (1898), dentro de cien años la de Estados Unidos con los islamistas radicales apenas si se recordará, pese al sentir que prevalece en nuestro tiempo.

Desde la guerra civil (1861-1865), Estados Unidos ha experimentado un ascenso económico extraordinario. Ha pasado de una nación marginal en desarrollo a una economía más grande que las cuatro subsiguientes combinadas. En lo militar ha pasado de ser una fuerza insignificante a dominar el globo. En lo político toca prácticamente todo, a veces en forma intencional y otras por su sola presencia. En el curso de la lectura, este libro parecerá *americéntrico*, escrito desde el punto de vista estadunidense. Quizá sea así, pero mi argumento es que el mundo gira, de hecho, alrededor de Estados Unidos.

Esto se debe no sólo al poderío estadunidense. También tiene que ver con un cambio fundamental en la manera de operar del mundo. En los últimos quinientos años, Europa fue el centro del sistema internacional, y sus imperios crearon un sistema global por primera vez en la historia humana. La principal vía de acceso a Europa era el Atlántico norte. Quien lo controlaba, controlaba el acceso a Europa, y el de Europa al mundo. La geografía básica de la política global estaba en su sitio.

Pero a comienzos de la década de los ochenta sucedió algo notable. Por primera vez en la historia, el comercio traspacífico igualó al comercio trasatlántico. Luego de que Europa quedó reducida a una serie de potencias secundarias al cabo de la segunda guerra mundial, y con el cambio en los patrones comerciales, el Atlántico norte dejó de ser la clave única. Esta vez, el país que controlara tanto el Atlántico norte como el Pacífico podría controlar, si lo deseaba, el sistema comercial mundial, y por ende la economía global. En el siglo XXI, cualquier nación situada entre ambos océanos tiene una ventaja enorme.

Dado el costo de la acumulación de poderío naval y el alto costo de su despliegue alrededor del mundo, la potencia originaria de esos dos océanos se convirtió en el actor preminente en el sistema internacional, por la misma razón por la que Gran Bretaña dominó el siglo XIX: vivía junto al mar que debía controlar. Así, América del Norte remplazó a Europa como centro de gravedad del mundo, y el país que domine América del Norte tiene prácticamente asegurado el título de potencia global dominante. Al menos durante el siglo XXI, ese país será Estados Unidos.

Su inherente poderío, además de su posición geográfica, convierte a Estados Unidos en el actor principal del siglo XXI. Sin duda, esto no lo hace querido. Al contrario, su poder provoca que se le tema. De esta manera, la historia del siglo XXI, y de su primera mitad en particular, girará en torno a dos tentativas opuestas. Una será la de potencias secundarias de formar coaliciones para intentar contener y controlar a Estados Unidos. La segunda será la de Estados Unidos de actuar preventivamente para impedir que se forme una coalición efectiva.

Si consideramos el inicio del siglo XXI como el amanecer de la era estadunidense (en sustitución de la europea), vemos que empezó cuando un grupo de musulmanes trató de recrear el califato, el gran imperio islámico que alguna vez se extendió del Atlántico al Pacífico. Inevitablemente, ese grupo tuvo que atacar a Estados Unidos, en un intento por envolver en una guerra a la primera potencia mundial, a fin de poner en evidencia su debilidad y detonar una insurrección islámica. Estados Unidos respondió invadiendo el mundo islámico. Pero su meta no era ganar. Ni siquiera estaba claro qué significaba ganar. Su meta era sólo perturbar al mundo musulmán y ponerlo en contra de sí mismo, para que no emergiera un imperio islámico.

Estados Unidos no necesita ganar guerras. Le basta con trastornar las cosas para que el otro bando no acumule fuerza suficiente para desafiarlo. En cierto nivel, el siglo xxi presenciará una serie de confrontaciones que implicarán a potencias menores deseosas de establecer coaliciones para controlar la conducta de Estados Unidos y perturbar sus crecientes operaciones militares. El siglo xxi atestiguará aún más guerras que el xx, pero serán mucho menos catastróficas, debido tanto a cambios tecnológicos como a la naturaleza del reto geopolítico.

Como hemos visto, los cambios que conducen a una era distinta siempre son completamente inesperados, y los primeros veinte años de este nuevo siglo no serán la excepción. La guerra entre Estados Unidos y los islamistas llega ya a su fin, y el siguiente conflicto está a la vista. Rusia recrea su antigua esfera de influencia, que inevitablemente desafiará a Estados Unidos. Los rusos marcharán al oeste, hacia las grandes llanuras del norte de Europa. Mientras reconstruye su poder, Rusia tropezará con la OTAN, bajo dominio estadunidense, en los tres países bálticos —Estonia, Letonia y Lituania—, así como en Polonia. Habrá otros puntos de fricción a principios del siglo xxi, pero esta nueva guerra fría aportará los puntos más álgidos una vez terminada la guerra de Estados Unidos con los islamistas.

Los rusos no pueden evitar reafirmar su poder, y Estados Unidos no puede evitar resistirse a eso. Pero a la larga, es imposible que Rusia gane. Sus graves problemas internos, la cuantiosa disminución de su población y sus deficiencias de infraestructura vuelven definitivamente sombrías sus perspectivas de sobrevivencia duradera. Y la segunda guerra fría, menos terrible y mucho menos global que la anterior, acabará como la primera: con la debacle rusa.

Muchos predicen que China es el nuevo rival de Estados Unidos, no Rusia. No estoy de acuerdo, por tres razones. Primero, cuando se observa con atención el mapa de China, se advierte que se trata en realidad de un país muy aislado físicamente. Con Siberia al norte, los Himalaya y la selva al sur y la mayoría de su población en la parte oriente del territorio, los chinos no se extenderán con facilidad. Segundo, China no ha sido una potencia naval importante durante siglos, y erigir una armada requiere mucho tiempo, no sólo para construir barcos, sino también para formar marinos experimentados.

Tercero, hay una razón todavía más profunda para no preocuparse por China. Se trata de un país inherentemente inestable. Cada vez que abre sus fronteras al exterior, el litoral se vuelve próspero, pero la inmensa mayoría de los chinos del interior siguen en la pobreza. Esto produce tensiones, conflictos e inestabilidad. Y lleva también a tomar decisiones económicas por motivos políticos, lo que resulta en ineficiencia y corrupción. Ésta no es la primera vez que China se abre al comercio exterior, y no será la última en que esto la vuelva inestable. Como tampoco será la última en que emerja una figura parecida a Mao para aislar al país del exterior, uniformar la riqueza —o la pobreza— y recomenzar el ciclo. Algunos creen que las tendencias de los treinta últimos años continuarán indefinidamente. Yo pienso que el ciclo de China pasará a su fase siguiente e inevitable en la década que viene. Lejos de ser un rival, China es un país al que Estados Unidos tratará de reforzar y mantener unido como contrapeso a los rusos. El actual dinamismo de la economía china no se traducirá en éxito a largo plazo.

A mediados de siglo emergerán otras potencias, países a los que hoy no se tiene por grandes potencias pero que, supongo, se volverán más firmes y poderosos en las próximas décadas. Tres de ellos sobresalen en particular. El primero es Japón. Se trata de la segunda economía del mundo, y la más vulnerable, pues depende en alto grado de la importación de materias primas, de las que carece casi por completo. Con una historia de militarismo, Japón no seguirá siendo la potencia pacifista marginal que ha sido hasta ahora. No puede hacerlo. Sus serios problemas demográficos y su aversión a la inmigración de gran escala lo obligarán a buscar nuevos trabajadores en otros países. Las vulnerabilidades de Japón, sobre las que ya he escrito antes y que los japoneses han manejado hasta ahora mejor de lo que yo habría esperado, impondrán a la larga un cambio de política.

Después está Turquía, hoy la decimoséptima economía del mundo. Históricamente, los turcos han dominado los imperios islámicos importantes. Los otomanos cayeron al término de la primera guerra mundial, arrastrando consigo a la Turquía moderna. Pero Turquía es una plataforma estable en medio del caos. Los Balcanes, el Cáucaso y el mundo árabe al sur son inestables. Al aumentar el poder de Turquía —y su economía y ejército son ya los más poderosos de la región—, aumentará también su influencia.

Finalmente está Polonia. Esta nación no ha sido gran potencia desde el siglo XVI. Pero alguna vez lo fue, y creo que lo será de nuevo. Dos factores lo hacen posible. El primero será la decadencia de Alemania. La economía de este país es grande y sigue creciendo, pero ha perdido su dinamismo de los dos últimos siglos. Además, su población disminuirá drásticamente en los próximos quince años, lo que socavará aún más su poder económico. Segundo, mientras los rusos sigan presionando a los polacos por el este, los alemanes no apetecerán una tercera guerra con Rusia. Pero Estados Unidos respaldará a Polonia, a la que brindará amplio apoyo económico y técnico. Cuando un país no sale destruido, las guerras estimulan el crecimiento económico, y Polonia será la potencia principal en una coalición de Estados contra los rusos.

Japón, Turquía y Polonia enfrentarán por separado a Estados Unidos, pero lo encontrarán más firme aún que tras la segunda caída de la Unión Soviética. Esta situación será explosiva. Como veremos a lo largo de este libro, las relaciones entre esos cuatro países afectarán enormemente al siglo XXI, y conducirán, en definitiva, a la siguiente guerra global. Esta guerra se librará de manera distinta a cualquier otra en la historia, con armas que hoy pertenecen todavía al terreno de la ciencia ficción. Pero como intentaré explicar, este conflicto de mediados del siglo XXI se derivará de las fuerzas dinámicas nacidas en la primera parte del mismo.

Grandes adelantos técnicos se desprenderán de este enfrentamiento, como ocurrió en la segunda guerra mundial, y uno de ellos será especialmente decisivo. Todos los bandos buscarán nuevas fuentes de energía en remplazo de los hidrocarburos, por obvias y numerosas razones. La fuerza solar es teóricamente la fuente de energía más eficiente sobre la Tierra, pero requiere enormes conjuntos de receptores. Estos receptores ocupan espacio considerable en la superficie terrestre y tienen muchos impactos ambientales negativos, por no hablar de que están sujetos a los ciclos problemáticos del día y la noche. Durante la guerra global por venir, en cambio, conceptos desarrollados antes de la conflagración para generar electricidad desde el espacio, la que se transmitirá a la Tierra en forma de radiación de microondas, pasarán rápidamente del prototipo a la realidad. Viajando gratis a cuestas de la capacidad militar de lanzamiento espacial, esa nueva fuente de energía se adoptará como se hizo con la internet o los ferrocarriles, con apoyo del gobierno. Y eso dará origen a un gran auge económico.

Sin embargo, en el fondo de todo esto estará el hecho más importante del siglo XXI: el fin de la explosión demográfica. Para 2050, los países industriales avanzados perderán población a pasos agigantados. Para 2100, aun los países menos desarrollados habrán conseguido tasas de natalidad que estabilizarán su población. Desde 1750, el sistema global se ha edificado sobre la expectativa del crecimiento continuo de la población. Más trabajadores, más consumidores, más soldados: ésta fue siempre la perspectiva. Pero en el siglo XXI ya no será así. Todo el sistema de producción cambiará. Este cambio obligará al mundo a depender más de la tecnología, en particular de los robots que sustituirán al trabajo humano y de una investigación genética más intensa (con el propósito no tanto de prolongar la vida como de lograr que la gente sea productiva durante más tiempo).

¿Cuál será el resultado inmediato de la contracción de la población mundial? La verdad es que, en la primera mitad del siglo, la reducción demográfica provocará gran escasez de mano de obra en los países industriales avanzados. Hoy el problema para los países desarrollados es impedir la entrada a los inmigrantes. En la primera mitad del siglo XXI el problema será convencerlos de que entren. Los países llegarán al extremo de pagar a la gente para que se mude a su territorio. Entre ellos se hallará Estados Unidos, que competirá por inmigrantes cada vez más escasos y hará todo lo posible por atraer mexicanos, viraje irónico pero inevitable.

Estos cambios conducirán a la última crisis del siglo XXI. México es actualmente la decimoquinta economía del mundo. Conforme los europeos decaigan, los mexicanos, como los turcos, subirán de rango, hasta convertirse a fines del siglo XXI en una de las principales potencias económicas del mundo. Durante la gran migración al norte alentada por Estados Unidos, el equilibrio demográfico en la antigua "cesión mexicana" (las áreas de Estados Unidos tomadas a México en el siglo XIX) cambiará drásticamente, hasta que gran parte de la región sea predominantemente mexicana.

Esa realidad social será vista por el gobierno de México como, sencillamente, una rectificación de derrotas históricas. En 2080, supongo, habrá una confrontación seria entre Estados Unidos y un México cada vez más poderoso y seguro de sí mismo. Esa confrontación bien podría tener consecuencias imprevistas para Estados Unidos, y es probable que no haya terminado para 2100.

Gran parte de lo que he dicho aquí puede parecer casi inconcebible. La idea de que el siglo XXI culminará con una confrontación entre México y Estados Unidos es sin duda difícil de imaginar hoy en día, lo mismo que la idea de una Turquía o Polonia poderosa. Pero basta con recordar las primeras páginas de este capítulo, en las que describí el aspecto del mundo en intervalos de veinte años durante el siglo xx, para entender a lo que voy: a que lo único seguro es que la lógica convencional se equivocará.

Obviamente, cuanto más granular es la descripción, menos confiable se vuelve. Es imposible pronosticar detalles precisos del siglo venidero, salvo el hecho de que para cuando termine yo tendré mucho tiempo de haber muerto y no podré saber qué errores cometí. Pero sostengo que es perfectamente posible visualizar a grandes rasgos lo que va a suceder, e intentar definirlo un poco, por especulativa que pueda ser esta definición. De eso es de lo que trata este libro.

## Pronosticar cien años

Antes de entrar en detalles sobre guerras globales, tendencias demográficas o cambios tecnológicos, es importante que haga referencia a mi método; es decir, a la manera exacta en cómo puedo pronosticar lo que anticipo. No me interesa que se me tome en serio acerca de los detalles de la guerra que preveo para 2050. Pero sí que se me tome en serio en términos de cómo se librarán entonces las guerras, sobre el papel central del poderío estadunidense, la probabilidad de que otros países lo desafíen y acerca de algunos de los países que creo que lo harán (y no lo harán). Y esto implica cierta justificación. La idea de una confrontación y hasta una guerra entre Estados Unidos y México hará dudar a casi todas las personas razonables, pero me gustaría mostrar por qué y cómo es posible hacer estas afirmaciones.

Ya dije que las personas razonables son incapaces de prever el futuro. El viejo lema de la Nueva Izquierda "Sé práctico, exige lo imposible" debe cambiar a "Sé práctico, espera lo imposible". Esta idea se halla en el centro mismo de mi método. Desde una perspectiva más sustancial, se llama geopolítica.

La geopolítica no es simplemente una manera pretenciosa de decir "relaciones internacionales". Es un método para pensar acerca del mundo y pronosticar lo que sucederá. Los economistas hablan de una mano invisible, por la cual las actividades inmediatas e interesadas de la gente llevan a lo que Adam Smith llamó "la riqueza de las naciones". La geopolítica aplica el concepto de la mano invisible al comportamiento de las naciones y otros actores internacionales. La búsqueda del interés propio e inmediato por las naciones y sus líderes lleva, si no a la riqueza de las naciones, sí al menos a una conducta predecible, y por ende a la posibilidad de pronosticar la forma del sistema internacional futuro.

Tanto la geopolítica como la economía suponen que los participantes son racionales, al menos en el sentido de saber cuál es su interés propio inmediato. Puesto que son actores racionales, la realidad les ofrece opciones limitadas. Se da por sentado que, en general, personas y naciones perseguirán su interés propio, si no de manera infalible, al menos tampoco aleatoria. Piénsese en una partida de ajedrez. A primera vista parece que cada jugador dispone de veinte movimientos iniciales posibles. Pero de hecho son mucho menos, porque la mayoría de esos movimientos son tan insensatos que conducirían pronto a la derrota. Cuanto mejor se es en el ajedrez, más claramente se perciben las opciones disponibles, y se cuenta con menos movimientos. Entre mejor es el jugador, más predecibles son sus movimientos. El gran maestro juega con una precisión absolutamente predecible... hasta ese golpe brillante e inesperado.

Las naciones se comportan igual. Los millones o cientos de millones de personas que componen una nación están constreñidas por la realidad. Generan líderes que no lo serían si fueran irracionales. Ponerse a la cabeza de millones de personas no es algo que los tontos suelan hacer. Los líderes conocen su menú de nuevos movimientos y los ejecutan, si no a la perfección, al menos bien. Un ocasional maestro topará con un movimiento asombrosamente inesperado y exitoso, pero el acto de gobernar se reduce casi siempre a dar el necesario y lógico paso siguiente. Cuando los políticos se ocupan de la política exterior de un país, operan de la misma manera. Si un líder muere y es remplazado, emerge otro, que muy probablemente continuará lo que hacía el anterior.

No afirmo que los líderes políticos sean genios o eruditos, y ni siquiera damas y caballeros. Sólo que saben cómo ser líderes, o no habrían emergido como tales. A todas las sociedades les deleita denigrar a sus líderes políticos, y es indudable que éstos cometen errores. Pero, bien examinados, es raro que sus errores sean absurdos. Lo más probable es que les sean impuestos por las circunstancias. A todos nos gustaría creer que jamás habríamos actuado con tanta torpeza, o que no lo habría hecho nuestro candidato favorito. Pero esto casi nunca es cierto. Así, la geopolítica no toma muy en serio al líder individual, tal como la economía no toma demasiado en serio al empresario individual. Ambos participantes saben cómo manejar un proceso, pero no están en libertad de romper las reglas, sumamente rígidas, de su profesión.

Por consiguiente, rara vez los políticos son actores libres. Sus acciones están determinadas por las circunstancias, y las políticas públicas son una respuesta a la realidad. Dentro de márgenes estrechos, las decisiones políticas pueden importar. Pero el líder más brillante de Islandia nunca hará de este país una potencia mundial, mientras que el más torpe líder de Roma durante el apogeo de esta ciudad no pudo socavar su poder fundamental. La geopolítica no tiene que ver con lo correcto e incorrecto de las cosas ni con las virtudes o vicios de los políticos, como tampoco con los debates de política exterior. Tiene que ver con las fuerzas impersonales y generales que constriñen a las naciones y los seres humanos y los compelen a actuar de cierta manera.

La clave para entender la economía es aceptar que siempre hay consecuencias no buscadas. Actos que la gente lleva a cabo por buenas razones tienen resultados que ella no previó ni planeó. Lo mismo puede decirse de la geopolítica. Es de dudar que la ciudad de

Roma, cuando inició su expansión en el siglo VII a.C., haya tenido un plan maestro para conquistar el mundo del Mediterráneo quinientos años después. Pero el primer acto de sus habitantes contra ciudades vecinas puso en marcha un proceso tanto constreñido por la realidad como rebosante de consecuencias no buscadas. Roma no fue planeada, pero tampoco fue obra del azar.

El pronóstico geopolítico no supone entonces que todo está predeterminado. Esto significa que lo que la gente cree hacer, lo que espera lograr y el resultado definitivo no son lo mismo. Naciones y políticos persiguen sus fines inmediatos tan constreñidos por la realidad como un gran maestro por el tablero, las piezas y las reglas. A veces aumentan el poder de la nación. Otras la llevan a la catástrofe. Es raro que el resultado final sea lo que querían lograr desde el principio.

La geopolítica supone dos cosas. Primero, que los seres humanos se organizan en unidades más grandes que la familia, y que al hacerlo deben participar en política. También, que los seres humanos tienen una lealtad natural a las cosas, personas y lugares donde nacieron. La lealtad a una tribu, ciudad o nación es natural en la gente. En nuestro tiempo, la identidad nacional es muy importante. La geopolítica enseña que la relación entre las naciones es una dimensión esencial de la vida humana, y eso quiere decir que la guerra es ubicua.

Segundo, la geopolítica supone que el carácter de una nación está determinado, en gran medida, por la geografía, como la relación entre naciones. Usamos el término *geografía* en sentido amplio. Éste incluye las características físicas de un sitio, pero va más allá para considerar los efectos de un lugar en los individuos y comunidades. En la antigüedad, la diferencia entre Esparta y Atenas era la diferencia entre una ciudad sin salida al mar y un imperio marítimo. Atenas era rica y cosmopolita, mientras que Esparta era pobre, provinciana y violenta. Un espartano era muy diferente a un ateniense tanto en cultura como en política.

Si esos supuestos se comprenden, es posible pensar en un gran número de seres humanos unidos por lazos humanos naturales, constreñidos por la geografía y que actúan de cierta manera. Estados Unidos es Estados Unidos, y por tanto debe comportarse de cierta manera. Lo mismo vale para Japón, Turquía o México. Cuando se llega más hondo y se advierten las fuerzas que dan forma a las naciones, puede verse que el menú del que eligen es limitado.

El siglo XXI será como cualquier otro. Habrá guerras, habrá pobreza, habrá triunfos y derrotas. Habrá tragedia y buena suerte. La gente irá a trabajar, ganará dinero, tendrá hijos, se enamorará y llegará a odiar. Esto es lo único que no es cíclico. Es la permanente condición humana. Pero el siglo XXI será extraordinario en dos sentidos: dará inicio a una nueva era y verá a una nueva potencia global a horcajadas sobre el mundo. Esto no ocurre muy seguido.

Nos hallamos hoy en una era americéntrica. Para comprenderla, debemos comprender a Estados Unidos, no sólo porque sea muy poderoso, sino también porque su cultura permeará y definirá al mundo. Así como la cultura de Francia y de Gran Bretaña fue definitiva durante sus correspondientes épocas de poder, la cultura estadunidense, joven y bárbara como es, definirá la manera de pensar y vivir del mundo. En consecuencia, estudiar el siglo XXI significa estudiar a Estados Unidos.

Si pudiera afirmar una sola cosa sobre el siglo XXI, sería que la era europea ha terminado y ha comenzado la era norteamericana, y que Estados Unidos dominará América del Norte durante los próximos cien años. Los acontecimientos del siglo XXI girarán en torno a Estados Unidos. Esto no necesariamente quiere decir que el régimen de esa nación sea justo o moral. Y ciertamente no quiere decir que ya haya desarrollado una civilización madura. Pero sí significa que, en más de un sentido, la historia del siglo XXI será la historia de Estados Unidos.

# EL AMANECER DE LA ERA ESTADUNIDENSE

Impera entre los estadunidenses la arraigada creencia de que su país se acerca a su destrucción. Examínense si no las cartas al director de algún diario, la internet y el discurso público. Guerras desastrosas, déficit incontrolados, altos precios de la gasolina, tiroteos en universidades, corrupción en empresas y gobierno y una interminable letanía de deficiencias más —muy reales todas ellas— crean la sensación de que el sueño americano se ha hecho añicos, y de que Estados Unidos ya vio pasar su momento de gloria. Y si esto no termina de convencer, óigase a los europeos. Ellos asegurarán que los mejores días de ese país han quedado atrás.

Lo raro es que todas esas aprensiones también estuvieron presentes durante la presidencia de Richard Nixon (1969-1974), junto con muchos de los mismos motivos. Prevalece, así, un temor continuo de que el poderío y la prosperidad estadunidenses son ilusorios, y de que el desastre está a la vuelta de la esquina. Esta sensación va más allá de las ideologías. Ambientalistas y conservadores cristianos emiten el mismo mensaje. A menos que los estadunidenses se enmienden, pagarán el precio, y para entonces bien podría ser demasiado tarde.

Es curioso que justo la nación que cree en su destino manifiesto tenga no sólo la impresión de un desastre inminente, sino también una sensación acuciante de ya no ser lo que fue. Nostálgicos, los estadunidenses creen que la década de los cincuenta fue "más fácil". Extraña suposición. Con la guerra de Corea y McCarthy en un extremo,

35

Little Rock en medio y el *Sputnik* y Berlín en el otro, y con la genuina amenaza de guerra nuclear en todo momento, los años cincuenta fueron en realidad un periodo de extrema angustia y aprensión. Un libro muy leído entonces llevaba por título *The Age of Anxiety*. Los estadunidenses de los cincuenta añoraban el pasado tanto como los actuales añoran ese decenio.

La cultura de Estados Unidos es una combinación maniaca de orgullo exultante y melancolía profunda. El resultado neto es una sensación de seguridad constantemente socavada por el temor a sucumbir bajo capas de hielo derretido por el calentamiento global o a caer a manos de un Dios encolerizado por el matrimonio gay, consecuencias ambas que son responsabilidad personal de los estadunidenses. Sus bruscos cambios anímicos dificultan el desarrollo de una noción sobre la verdadera situación de su país a principios del siglo XXI. Pero es un hecho que Estados Unidos es sumamente poderoso. Quizá se dirija a una catástrofe, pero ésta es difícil de percibir cuando se examinan datos básicos.

Consideremos algunas cifras esclarecedoras. Los estadunidenses constituyen 4% de la población mundial, pero producen 26% de los bienes y servicios del mundo. En 2007, el producto interno bruto (PIB) fue de catorce billones de dólares, mientras que el mundial fue de cincuenta y cuatro billones: 26% de la actividad económica mundial tiene lugar en Estados Unidos. La segunda economía del mundo es Japón, con un PIB de 4.4 billones de dólares, un tercio del estadunidense. La economía de Estados Unidos es tan grande que supera a las cuatro economías subsiguientes combinadas: Japón, Alemania, China y el Reino Unido.

Muchas personas citan las declinantes industrias automotriz y acerera, pilares de la economía estadunidense hace una generación, como ejemplo de la actual desindustrialización de Estados Unidos. Sí, muchas industrias han abandonado el país. Esto lo ha dejado con una producción industrial de sólo 2.8 billones de dólares (en 2006): la más grande del mundo, mayor en más del doble que la de Japón, la segunda potencia industrial mundial, y mayor que las industrias combinadas de Japón y China.

Se habla de escasez de petróleo, la que, desde luego, parece existir y sin duda aumentará. Pero es importante saber que en 2006 Estados Unidos produjo 8.3 millones de barriles de petróleo al día. Compárese esto con los 9.7 millones de Rusia y los 10.7 millones de Arabia Saudita. La producción petrolera estadunidense equivale a 85% de la saudita. Estados Unidos produce más petróleo que Irán, Kuwait o los Emiratos Árabes Unidos. Importa mucho petróleo, pero esto es comprensible dada su producción industrial. En cuanto a la producción de gas natural, en 2006 Rusia ocupó el primer sitio, con 22.4 billones de pies cúbicos (0.63 billones de metros cúbicos), y Estados Unidos el segundo, con 18.7 billones (0.52). La producción estadunidense de gas natural es mayor que la de los cinco productores subsiguientes combinados. En otras palabras, aunque preocupa en alto grado que Estados Unidos dependa por completo de la energía extranjera, es en realidad uno de los países productores de energía más grandes del mundo.

Dada la enormidad de su economía, resulta interesante señalar que, para los estándares globales, Estados Unidos aún está subpoblado. Medida en habitantes por kilómetro cuadrado, la densidad demográfica mundial promedio es de cuarenta y nueve. La de Japón es de trescientos treinta y ocho, la de Alemania de doscientos treinta y la de Estados Unidos de apenas treinta y uno. Si se excluye a Alaska, casi inhabitable, la densidad demográfica estadunidense aumenta a treinta y cuatro. En comparación con Japón o Alemania, o el resto de Europa, Estados Unidos está muy subpoblado. Y aun si sólo se considerase la población como proporción del terreno cultivable —la tierra apta para la agricultura—, Estados Unidos tiene cinco veces más terreno por persona que Asia, casi dos veces más que Europa y tres veces más que el promedio mundial. Una economía se compone de tierra, trabajo y capital. Esas cifras muestran que Estados Unidos todavía puede crecer: dispone de amplio margen para elevar estos tres factores.

La pregunta de por qué la economía estadunidense es tan fuerte tiene muchas respuestas, pero la más simple es su poderío militar. Estados Unidos domina por entero un continente invulnerable a la invasión y la ocupación, y en el que su ejército es arrolladoramente superior a los de sus vecinos. Prácticamente todas las demás potencias industriales del mundo experimentaron alguna guerra devastadora en el siglo xx. Estados Unidos libró guerras, pero no experimentó una sola. Poderío militar y realidad geográfica produjeron una realidad económica. Otros países han perdido tiempo recuperándose de guerras. Estados Unidos no. En realidad ha crecido por ellas.

Considérese este simple dato, al que volveré muchas veces: la marina estadunidense controla todos los océanos del mundo. Tráte-se de un junco en el mar Meridional de China, una *dao* frente a las costas de África, un buque tanque en el Golfo Pérsico o un yate en el Caribe, todas las embarcaciones del planeta se mueven bajo la vigilancia de satélites estadunidenses en el espacio, y su movimiento es garantizado o denegado a voluntad por la marina de Estados Unidos. La fuerza naval combinada del resto del mundo no iguala ni de cerca a la de esa marina.

Esto no había ocurrido nunca antes en la historia humana, ni siquiera con Gran Bretaña. Armadas han dominado regiones, pero nunca una había dominado el mundo entero. Esto quiere decir que Estados Unidos puede invadir otros países, mas no ser invadido. También, que controla en definitiva el comercio internacional. Y el hecho se ha vuelto el fundamento de su riqueza y seguridad. Su control de los mares emergió tras la segunda guerra mundial, se consolidó en la última fase de la era europea y es ahora la otra cara de la moneda de su poderío económico, la base de su poder militar.

Por más que Estados Unidos tenga problemas pasajeros, hoy el factor esencial en los asuntos mundiales es el enorme desequilibrio de poder económico, militar y político. Todo intento por pronosticar el siglo xxi que no comience con el reconocimiento de la extraordinaria naturaleza del poderío estadunidense está fuera de la realidad.

Pero sostengo algo aún más vasto e inesperado: Estados Unidos está apenas en los albores de su poder. El siglo xxi será el siglo estadunidense.

Esta afirmación descansa en un hecho más profundo. En los últimos quinientos años, el sistema global se sustentó en el poderío de la Europa atlántica, las naciones europeas a orillas del océano Atlántico: Portugal, España, Francia, Inglaterra y, en menor medida, los Países Bajos. Estas naciones transformaron el mundo, y crearon el primer sistema político y económico global en la historia humana. Como se sabe, el poderío europeo se derrumbó en el siglo xx, junto con los imperios europeos. El vacío que esto produjo fue llenado por Estados Unidos, la potencia dominante de América del Norte y la única gran potencia a orillas de los océanos tanto Atlántico como Pacífico. América del Norte ha asumido el lugar que Europa ocupó durante quinientos años, entre el viaje de Colón en 1492 y la caída de la Unión Soviética en 1991. Se ha convertido en el centro de gravedad del sistema internacional.

¿Por qué? Para comprender el siglo xxi, es importante comprender los cambios estructurales fundamentales que tuvieron lugar a fines del siglo xx, los cuales sentaron las bases de un nuevo siglo que será radicalmente distinto en forma y sustancia, así como Estados Unidos es muy diferente a Europa. Mi argumento es no sólo que ha sucedido algo extraordinario, sino también que eso apenas si fue decisión de Estados Unidos. No se trata de medidas planeadas. Se trata de la forma en que operan las impersonales fuerzas geopolíticas.

## Europa

Hasta el siglo xv, los seres humanos vivieron en mundos cerrados, aislados. La humanidad no se concebía como parte de una misma tela. Los chinos no sabían de los aztecas ni los mayas de los zulúes. Tal vez los europeos habían oído hablar de los japoneses, pero no los conocían, y por supuesto no interactuaban con ellos. La Torre de Babel había hecho más que impedir a las personas entenderse. Volvió ajenas entre sí a las civilizaciones.

Los europeos que vivían en la orilla oriental del Atlántico derribaron las barreras entre esas regiones aisladas e hicieron del mundo una sola entidad en la que todas las partes interactuaban unas con otras. Lo que ocurría a los aborígenes australianos estaba íntimamente asociado con la relación británica con Irlanda y la necesidad de hallar en el exterior colonias penales para los prisioneros británicos. Lo que sucedía a los reyes incas se vinculaba con la relación entre España y Portugal. El imperialismo de la Europa atlántica creó un solo mundo.

La Europa atlántica se volvió el centro de gravedad del sistema global (véase mapa). Lo que acontecía en Europa definía gran parte de lo que ocurría en otros lugares. Otras naciones y regiones hacían todo con la mira puesta en Europa. Del siglo XVI al XX, casi ningún lugar del mundo escapó a la influencia y poderío europeos. Para bien o para mal, todo giraba alrededor de ellos. Y el eje de Europa era el Atlántico norte. Quien controlaba ese trecho de agua, controlaba el acceso al mundo.

Europa no era la región más civilizada del mundo, ni la más avanzada. ¿Por qué entonces se convirtió en el centro? En el siglo XV era en realidad un páramo técnico e intelectual, a diferencia de China y el mundo islámico. ¿Por qué aquellos países pequeños y apartados corrieron esa suerte? ¿Y por qué iniciaron su dominio en tal momento, y no quinientos años antes o después?

El poderío europeo se debió a dos cosas: dinero y geografía. Europa dependía de las importaciones procedentes de Asia, y en particular de la India. La pimienta, por ejemplo, no era una mera especia de cocina, ya que también servía para conservar carnes; importarla era crítico para la economía europea. Asia abundaba en bienes de lujo que Europa necesitaba y pagaba, y a lo largo de la historia las importaciones asiáticas habían recorrido la famosa Ruta de la Seda y otras vías terrestres hasta llegar al Mediterráneo. El auge de Turquía

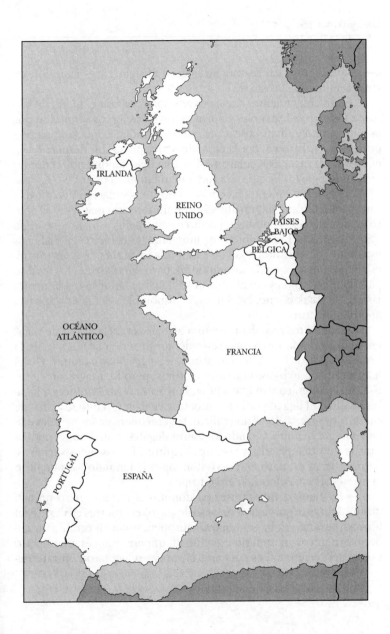

—del que se oirá hablar mucho más en el siglo XXI— canceló esas rutas y aumentó el costo de las importaciones.

Los comerciantes europeos ansiaban dar con el modo de sortear a los turcos. Españoles y portugueses —los iberos— optaron por la solución no militar: buscar otra ruta a la India. Conocían una sola que evitaba a Turquía, por la costa de África para subir después hacia el Océano Índico. Especularon sobre una más, suponiendo redondo el mundo, que los llevaría a la India marchando al oeste.

Fue un momento excepcional. En otra situación histórica, la Europa atlántica se habría atrasado y empobrecido más. Pero el apuro económico era genuino, y los turcos muy peligrosos, así que urgía hacer algo. Ése fue también un momento psicológico crucial. Los españoles, quienes acababan de expulsar a los árabes de su territorio, estaban en el apogeo de su orgullo bárbaro. Finalmente, los medios para llevar a cabo esa exploración se hallaban asimismo a la mano. Usada adecuadamente, la tecnología disponible podía dar respuesta al problema turco.

Los iberos contaban con un navío, la carabela, capaz de viajar en altamar. Tenían toda una serie de aprestos de navegación, de la brújula al astrolabio. Y tenían armas, en particular cañones. Quizá hayan tomado todo esto de otras culturas, pero lo integraron en un sistema económico y militar eficaz. Podían navegar entonces a lugares lejanos. Al llegar, podían combatir y vencer. Oyendo disparos de cañón y viendo explotar un edificio, la gente tendía a ser más flexible en las negociaciones. Cuando los iberos llegaban a su destino, podían tirar la puerta a patadas y asumir el control. En los siglos sucesivos, barcos, armas y dinero europeos dominaron el mundo y produjeron el primer sistema global, la era europea.

He aquí la ironía: Europa dominó al mundo, pero no a sí misma. Durante quinientos años se desgarró en guerras civiles, de tal forma que jamás hubo un imperio europeo; hubo en cambio un imperio británico, un imperio español, un imperio francés, un imperio portugués, etcétera. Las naciones europeas se agotaron en interminables guerras entre sí mientras invadían, subyugaban y, a la larga, gobernaban gran parte del mundo.

Las razones de la incapacidad de unirse de los europeos fueron muchas, pero al final se redujeron a un simple accidente geográfico: el Canal de la Mancha. Primero los españoles, luego los franceses y por último los alemanes consiguieron dominar el continente europeo, pero ninguno logró cruzar el Canal. Puesto que nadie pudo derrotar a Gran Bretaña, la ocupación de toda Europa por un conquistador tras otro se frustró. Los periodos de paz eran meras treguas temporales. Europa estaba exhausta al estallar la primera guerra mundial, en la que murieron más de diez millones de hombres, buena parte de una generación. La economía europea quedó hecha trizas, y Europa perdió su aplomo. Emergió como una sombra demográfica, económica y cultural de lo que había sido. Pero las cosas no harían sino empeorar.

## La última batalla de una antigua era

Estados Unidos salió de la primera guerra mundial convertido en potencia global. Es evidente, sin embargo, que ese poderío estaba todavía en pañales. Desde el punto de vista geopolítico, los europeos seguían con ánimos de pelear, y desde el psicológico los estadunidenses aún no estaban preparados para ocupar un sitio permanente en la escena global. Pero sucedieron dos cosas. En la primera guerra, Estados Unidos anunció su presencia con resonante autoridad. Y dejó en Europa una bomba de tiempo que garantizaría su poder una vez concluida la nueva conflagración. Esa bomba de tiempo fue el Tratado de Versalles, el cual puso fin a la primera guerra pero no resolvió los conflictos básicos por los que ese encuentro se había librado. Versalles aseguraba otra ronda bélica.

La guerra se reanudó en 1939, veintiún años después de terminada la ronda anterior. Alemania fue de nueva cuenta la primera en atacar, conquistando esta vez Francia en seis semanas. Estados

Unidos no entró en guerra por un tiempo, aunque se cercioró de que el conflicto no concluyera con la victoria alemana. Gran Bretaña sí entró, y Estados Unidos la mantuvo así con el programa de Préstamo y Arriendo. Muchos recuerdan la parte del préstamo —por la que los estadunidenses suministraron a Gran Bretaña destructores y pertrechos adicionales para combatir a los alemanes—, pero la del arriendo suele olvidarse. En ésta los británicos cedieron a Estados Unidos casi todas sus instalaciones navales en el hemisferio occidental. Entre el control de estas instalaciones y el papel de la marina estadunidense en el patrullaje del Atlántico, los británicos tuvieron que entregar a los estadunidenses las llaves del Atlántico norte, el cual era, después de todo, el acceso de Europa al mundo.

Una estimación razonable del costo mundial de la segunda guerra asciende a cincuenta millones de muertos (militares y civiles combinados). Europa quedó hecha pedazos, devastadas sus naciones. En contraste, Estados Unidos perdió medio millón de militares y casi ningún civil. Terminada la guerra, su planta industrial era mucho más sólida que antes; Estados Unidos fue la única nación beligerante en ese caso. Ninguna de sus ciudades fue bombardeada (salvo Pearl Harbor) ni ocupado su territorio (excepto dos pequeñas islas de las Aleutianas), y sufrió menos de 1% de las bajas de guerra.

Por ese precio, este país emergió de la segunda guerra mundial no sólo con el control del Atlántico norte, sino también con el dominio de todos los demás océanos del mundo. Ocupó igualmente Europa occidental, determinando así el destino de naciones como Francia, los Países Bajos, Bélgica, Italia e incluso Gran Bretaña. Simultáneamente conquistó y ocupó Japón, casi como consecuencia casual de sus campañas en Europa.

Fue de esta manera como los europeos perdieron su imperio, en parte por agotamiento, en parte porque ya era incosteable para ellos y en parte también porque sencillamente Estados Unidos ya no quiso que lo retuvieran. Ese imperio se esfumó en los veinte años posteriores, con apenas una desganada resistencia de los europeos. La realidad geopolítica (visible originalmente en el dilema de España siglos antes) había tenido un desenlace catastrófico.

La pregunta es ésta: ¿el claro surgimiento de Estados Unidos en 1945 como la potencia global decisiva fue una brillante jugada maquiavélica? Los estadunidenses obtuvieron la preeminencia global a un costo de quinientos mil muertos, en una guerra en la que perecieron cincuenta millones de personas. ¿Franklin Roosevelt fue genialmente inescrupuloso, o la transformación de su país en superpotencia ocurrió simplemente mientras él perseguía las "cuatro libertades" y la Carta de las Naciones Unidas? A fin de cuentas, esto no importa. En geopolítica lo importante son las consecuencias no buscadas.

La confrontación entre Estados Unidos y la Unión Soviética —conocida como guerra fría— fue un conflicto auténticamente global. Fue en lo básico una rivalidad por la herencia del maltrecho imperio global europeo. Aunque ambos bandos poseían enorme fuerza militar, Estados Unidos tenía una ventaja inherente. La Unión Soviética era inmensa, pero para efectos prácticos carecía de salida al mar. Estados Unidos era casi igual de grande, pero tenía acceso a todos los océanos del mundo. Así, mientras que los soviéticos no podían contener a los estadunidenses, éstos sí que podían contener a aquéllos. Y ésa fue su estrategia: contener, y por tanto estrangular, a los soviéticos. Desde el Cabo Norte de Noruega hasta Turquía y las islas Aleutianas, Estados Unidos creó un colosal frente de naciones aliadas, colindantes todas ellas con la Unión Soviética, frente que después de 1970 también incluyó a China. En cada punto donde tenían un puerto, los soviéticos se vieron bloqueados por la geografía y la marina estadunidense.

La geopolítica tiene dos juicios básicos opuestos sobre la geografía y el poder. Uno de ellos, del inglés Halford John Mackinder, alega que controlar Eurasia es controlar al mundo. Como él mismo lo dijo, "quien gobierna la Europa del este [la Europa rusa] domina el Centro. Quien gobierna el Centro domina la Isla Mundial [Eurasia]. Quien gobierna la Isla Mundial domina el mundo". Este modo de pensar se impuso en la estrategia británica, y en realidad también en la estadunidense durante la guerra fría, pues propugnaba la contención y estrangulamiento de la Rusia europea. El otro juicio pertenece al almirante estadunidense Alfred Thayer Mahan, considerado el mayor pensador geopolítico de su país. En su libro *The Influence of Sea Power on History*, Mahan contradice a Mackinder, argumentando que controlar el mar es dominar al mundo.

La historia confirmó que, en cierta forma, ambos tenían razón. Mackinder acertó al enfatizar la importancia de una Rusia poderosa y unida. El desplome de la Unión Soviética elevó a Estados Unidos al nivel de potencia global única. Pero el estadunidense Mahan comprendió dos factores cruciales. El desplome de la Unión Soviética fue consecuencia del poderío naval estadunidense, y abrió la puerta para que ese poderío dominara al mundo. Adicionalmente, Mahan atinó al aducir que siempre es más barato despachar bienes por mar que por cualquier otra vía. Ya desde el siglo v a.C., los atenienses fueron más ricos que los espartanos gracias a que Atenas tenía un puerto, una flota marítima y una armada para protegerla. Las potencias marítimas son invariablemente más ricas que sus vecinos no marítimos, siendo todo lo demás igual. Con el advenimiento de la globalización en el siglo xv, esta verdad se volvió tan absoluta como en geopolítica puede serlo una verdad.

El control estadunidense del mar significó que Estados Unidos podía no sólo participar en el comercio marítimo global, sino también definirlo. Podía fijar las reglas, o al menos bloquear las ajenas, impidiendo a otras naciones entrar a las rutas comerciales mundiales. En general, Estados Unidos determinó más sutilmente el sistema comercial internacional, utilizando el acceso a su vasto mercado como palanca para moldear la conducta de otras naciones. No es de sorprender entonces que, más allá de sus atributos naturales, este país prosperara enormemente gracias a su poderío naval y que, sin salida al mar, a la Unión Soviética le fuera imposible competir así.

Segundo, controlar los mares también concedió a Estados Unidos una gran ventaja política. No podía ser invadido, pero sí in-

vadir a otros países, cuando y como quisiera. De 1945 en adelante, pudo librar guerras sin temor a que se cortaran sus líneas de abastecimiento. Ninguna potencia de fuera podía librar una guerra en el subcontinente norteamericano. De hecho, ninguna nación podía montar operaciones anfibias sin consentimiento estadunidense. Por ejemplo, Gran Bretaña entró en guerra con Argentina por las islas Malvinas en 1982 sólo gracias a que Estados Unidos no se lo impidió. Cuando británicos, franceses e israelíes invadieron Egipto, en 1956, contra la voluntad estadunidense, tuvieron que retirarse.

A lo largo de la guerra fría, una alianza con Estados Unidos fue siempre más redituable que con la Unión Soviética. Los soviéticos podían ofrecer armas, apoyo político, un poco de tecnología y muchas otras cosas. Pero los estadunidenses podían brindar acceso a su sistema comercial internacional y el derecho a participar en su economía vendiendo productos. Esto restó importancia a todo lo demás. La exclusión de ese sistema representaba empobrecimiento; la inclusión en él, riqueza. Considérese, por ejemplo, el destino diverso de Corea del Norte y del Sur, de Alemania occidental y oriental.

Es interesante señalar que, durante la guerra fría, Estados Unidos estuvo psicológicamente a la defensiva. Corea, el macartismo, Cuba, Vietnam, el *Sputnik*, el terrorismo de izquierda en las décadas de 1970 y 1980 y las ásperas críticas a Reagan de aliados europeos engendraron en ese país una sensación constante de pesimismo e incertidumbre. Esta interferencia le dio la continua impresión de que su ventaja en la guerra fría era efímera. Pero bajo la cubierta, en la realidad objetiva de las relaciones de poder, los rusos jamás tuvieron la menor posibilidad. Es importante recordar esta discordancia entre la psique estadunidense y la realidad geopolítica, por dos razones. Primero, revela la inmadurez del poderío estadunidense. Segundo, revela una fuerza enorme. Gracias a su inseguridad, Estados Unidos generó un esfuerzo y energía arrolladores. No hubo azar ni confianza en la forma en que los estadunidenses —desde líderes políticos hasta ingenieros y oficiales militares y de inteligencia— libraron la guerra fría.

Ésta es una de las razones principales de que a Estados Unidos le haya sorprendido ganar la guerra fría. Él y sus aliados tenían rodeada a la Unión Soviética. Los soviéticos no podían desafiarlos en el mar, y tuvieron que dedicar su presupuesto a formar ejércitos y fabricar misiles; tampoco pudieron igualar las tasas estadunidenses de crecimiento económico ni engatusar a sus aliados con beneficios económicos. La Unión Soviética se rezagó cada vez más. Y al cabo se derrumbó.

La caída de la Unión Soviética en 1991, cuatrocientos noventa y nueve años después de la expedición de Colón, puso fin a una época histórica. Por primera vez en medio milenio, el poder dejó de residir en Europa y este continente no fue más el foco de la competencia internacional. Después de 1991, la única potencia global en el mundo fue Estados Unidos, país que había pasado a ser el centro del sistema internacional.

Hemos examinado cómo Estados Unidos llegó al poder en el siglo XX. Hay un dato más: una estadística poco estudiada que ya mencioné, y que dice mucho. En 1980, cuando el duelo entre estadunidenses y soviéticos se acercaba a su clímax, el comercio traspacífico aumentó hasta igualar al trasatlántico por primera vez en la historia. Apenas diez años más tarde, cuando la Unión Soviética se vino abajo, el comercio traspacífico se había elevado a un nivel 50% mayor que el trasatlántico. La geometría entera del comercio internacional, y por tanto del sistema global, sufrió un cambio sin paralelo.

¿Cómo afectó esto al resto del mundo? El costo de controlar las rutas marítimas es francamente inmenso. La mayoría de los países comerciantes no pueden asumir ese costo, y dependen de las naciones con recursos para hacerlo. Las potencias navales adquieren así enorme influencia política, y las demás naciones se abstienen de desafiarlas. El costo de controlar una masa de agua adyacente es muy alto. El costo de controlar una masa de agua a miles de kilómetros de distancia es agobiante. En toda la historia, sólo un puñado de naciones han podido asumir ese gasto, el cual no es hoy más liviano ni menos oneroso. Obsérvese si no el presupuesto de defensa de Estados Unidos y el monto destinado a la marina y sistemas espaciales conexos. El costo de mantener batallones de portaviones en el golfo Pérsico es superior al presupuesto total de defensa de la mayoría de los países. Controlar el Atlántico o el Pacífico sin tener litoral en ellos rebasaría la capacidad económica de casi cualquier nación.

Sólo América del Norte puede alojar una nación transcontinental capaz de proyectar poder sobre el Atlántico y el Pacífico simultáneamente. En consecuencia, América del Norte es el centro de gravedad del sistema internacional. En el amanecer de la era esta-

49

dunidense, Estados Unidos es con mucho la potencia dominante en América del Norte. Es un país que invadió al mismo tiempo Europa y Japón en 1944-1945. Tomó el control militar de esas dos masas de agua, y lo conserva hasta la fecha. Por eso está en posición de presidir la nueva era.

Pero es importante recordar que España dominó Europa alguna vez y presidió el siglo inaugural de la era europea. Aunque supongo que América del Norte será el centro de gravedad del sistema global en los próximos siglos, también creo que Estados Unidos dominará América del Norte durante al menos una centuria. Al igual que con España, sin embargo, la afirmación de que América del Norte será el centro de gravedad global no garantiza que Estados Unidos haya de dominar siempre América del Norte. Pueden sucederle muchas cosas, de la guerra civil a la derrota en una guerra extranjera y el surgimiento de otros Estados en sus fronteras a través de los siglos.

No obstante, en lo que atañe al corto plazo —por lo cual entiendo los próximos cien años—, afirmo que el poderío de Estados Unidos es tan extraordinariamente arrollador y está tan enraizado en realidades económicas, tecnológicas y culturales que ese país seguirá su marcha en el siglo XXI, por más que lo sacudan guerras y crisis.

Esto no es incompatible con la duda de sí mismos de los estadunidenses. En lo psicológico, Estados Unidos es una extraña mezcla de exceso de confianza e inseguridad. Curiosamente, ésta es justo la descripción de la mente adolescente, y ésa es la afección estadunidense en el siglo XXI. La mayor potencia mundial registra una prolongada crisis de identidad adolescente, junto con una increíble fuerza nueva e irracionales cambios anímicos. En términos históricos, Estados Unidos es una sociedad extraordinariamente joven, y por tanto inmadura. Así, por lo pronto no debe esperarse de ella sino bravatas y abatimiento. ¿De qué otro modo se siente un adolescente consigo mismo y respecto a su lugar en el mundo?

Pero si concebimos a Estados Unidos como un adolescente, a principios de su historia general, entonces también sabemos que, más allá de su concepto de sí mismo, tiene toda la edad adulta por delante. Los adultos suelen ser más estables y fuertes que los adolescentes. Por tanto, es lógico concluir, que Estados Unidos está en la primera fase de su poderío. No es aún cabalmente civilizado. Como la Europa del siglo xvi, sigue siendo bárbaro (una descripción, no un juicio moral). Su cultura no está formada todavía. Su voluntad es poderosa. Sus emociones lo mueven en direcciones diferentes y contradictorias.

Las culturas viven en uno de tres estados. El primero es la barbarie. Los bárbaros creen que las costumbres de su aldea son leyes naturales, y que quien no vive como ellos es despreciable y requiere redención o destrucción. El tercer estado es la decadencia. Los decadentes creen cínicamente que nada es mejor que nada más. Si a alguien desprecian, es a quien cree en algo. No vale la pena luchar por nada.

La civilización es el segundo estado, el más inusual. Los individuos civilizados pueden sopesar en su mente dos ideas contradictorias. Creen que hay verdades, y que su cultura es una aproximación de ellas. Al mismo tiempo, están mentalmente abiertos a la posibilidad de hallarse en un error. La combinación de certeza y escepticismo es inherentemente inestable. Las culturas pasan de la barbarie a la civilización y de ésta a la decadencia, ya que el escepticismo socava su seguridad en sí mismas. Las personas civilizadas luchan selectiva pero eficazmente. Es obvio que todas las culturas contienen personas bárbaras, civilizadas y decadentes, pero cada cual está dominada en diferentes momentos por uno de estos principios.

Europa era bárbara en el siglo xvi, cuando la seguridad que le daba el cristianismo impulsó sus primeras conquistas. Pasó a la civilización en los siglos xviii y xix, y cayó en decadencia en el curso del siglo xx. Estados Unidos inicia apenas su trayecto cultural e histórico. Hasta ahora no ha sido suficientemente coherente para tener una cultura definitiva. Conforme se convierte en el centro de gravedad mundial, desarrolla esa cultura, hoy inevitablemente bárbara. La derecha estadunidense menosprecia a los musulmanes por su fe, y la izquierda por su trato a las mujeres. Distintas en aspecto, a esas perspectivas las une la certidumbre de que sus valores son sin duda los mejores. Y al igual que todas las culturas bárbaras, la estadunidense está dispuesta a pelear por sus verdades evidentes.

Esto no es una crítica, igual que no puede criticarse a un adolescente por serlo. Su edad es un estado de desarrollo necesario e inevitable. Pero Estados Unidos es una cultura joven, y como tal tosca, directa, a veces brutal y a menudo dividida por hondas disensiones internas; los contrarios permanecen juntos sólo por la certeza de que sus valores son excelsos. Estados Unidos es todo esto; pero como Europa en el siglo XVI, y pese a su torpeza aparente, será increíblemente efectivo.

# TERREMOTO:
## LA GUERRA ENTRE ESTADOS UNIDOS
## Y LOS JIHADISTAS

La era estadunidense comenzó en diciembre de 1991, cuando la Unión Soviética se desplomó, dejando a Estados Unidos como única potencia global. Pero el siglo XXI realmente comenzó el 11 de septiembre de 2001, diez años después, cuando aviones se incrustaron en el World Trade Center y el Pentágono. Ésta fue la primera prueba real para la era estadunidense. Es discutible que Estados Unidos haya ganado la guerra contra los jihadistas, pero es un hecho que ha cumplido sus metas estratégicas. Y también está claro que, como todas las guerras, ésta ya se dirige a lo que podría considerarse su fin.

La gente habla de "la larga guerra" y de la idea de que Estados Unidos y los musulmanes pelearán durante un siglo. Pero como suele suceder, algo que parece permanente es sólo una fase pasajera. Considérese la perspectiva de veinte años que hemos utilizado. Este conflicto puede continuar, pero el desafío estratégico al poderío estadunidense se acerca a su fin. Al Qaeda ha fracasado en sus metas. Estados Unidos ha tenido éxito, no tanto ganando la guerra como impidiendo ganarla a los islamistas, y desde la perspectiva geopolítica esto es suficiente. El siglo XXI comenzó con un éxito estadunidense que a primera vista parece no sólo una derrota, sino también una enorme vergüenza política y moral.

La meta de Al Qaeda en 2001 no era simplemente asestar un golpe a Estados Unidos. Era asestar un golpe que exhibiera la debilidad de este país y la fuerza de esa organización. Poner al descubierto la debilidad de Estados Unidos, creía Al Qaeda, socavaría a los gobiernos del mundo islámico que dependían para estabilizar sus regímenes de su relación con esa nación, en países como Egipto, Arabia Saudita, Pakistán e Indonesia. Al Qaeda quería derribar a esos gobiernos, porque sabía que no podría cumplir sus metas a menos que tuviera el control de una nación-Estado aparte de Afganistán, demasiado débil y aislada para servir como algo más que una base temporal.

Es obvio que el desplome de la Unión Soviética tuvo amplios efectos en el sistema internacional. Uno de ellos fue particularmente sorpresivo. El poder de la Unión Soviética y de Estados Unidos había estabilizado en realidad al sistema internacional, ya que creó un equilibrio entre las superpotencias. Esto fue así especialmente en la frontera del imperio soviético, donde ambos bandos estaban listos para combatir. Europa, por ejemplo, se paralizó a causa de la guerra fría. El menor movimiento habría podido llevar a una conflagración, así que ni los soviéticos ni los estadunidenses lo permitieron. De hecho, lo más interesante de la guerra fría fueron todas las hostilidades que no sucedieron. Los soviéticos no invadieron Alemania. El golfo Pérsico no fue atacado. Sobre todo, no hubo holocausto nuclear.

Es importante examinar los últimos veinte años. Son el fundamento de lo que vendrá en los próximos cien, y por eso en este capítulo dedicaré más espacio a hablar del pasado que del futuro. Piénsese en el derrumbe soviético como en un colosal estira y afloja en el que uno de los bandos se debilitó de repente y soltó la cuerda. Ganó el bando que aún la sujetaba, pero este bando perdió el equilibrio, de modo que el triunfo se entremezcló con mucho trastorno y confusión. Mantenida en su sitio por ambas partes, la cuerda se aflojó y empezó a actuar en forma impredecible. Esto fue particularmente cierto en las fronteras de los dos bloques.

Algunos cambios fueron pacíficos. Alemania se reunificó y

los Estados bálticos remergieron, al igual que Ucrania y Bielorrusia. Checoslovaquia tuvo su divorcio de terciopelo, dividiéndose en la República Checa y Eslovaquia. Otros cambios fueron más violentos. Rumania sufrió una tumultuosa revolución interna, y Yugoslavia quedó completamente destrozada.

De todos los países en la frontera de la Unión Soviética, Yugoslavia era en realidad el más artificial. No era una nación-Estado, sino una región de diversas naciones, grupos étnicos y religiones hostiles. Inventada por los vencedores de la primera guerra mundial, fue como una jaula para algunas de las rivalidades más sanguinarias de Europa. Los vencedores teorizaron que, para impedir una guerra en los Balcanes, debía crearse una entidad que los volviera parte de un mismo país. Era una teoría interesante. Pero Yugoslavia era una excavación arqueológica de naciones fósiles dejadas por antiguas conquistas y aún aferradas a su identidad distintiva.

Los Balcanes habían sido un punto álgido en Europa desde tiempo atrás. Fueron la vía de los romanos a Medio Oriente, y la de los turcos a Europa. La primera guerra mundial empezó en los Balcanes. Cada conquistador dejó tras de sí una nación o religión, que se detestaban unas a otras. Cada grupo en pugna había cometido contra los demás atrocidades de monumentales proporciones, y cada atrocidad se recordaba como si hubiera sucedido ayer. Ésa no era una región de perdón y olvido.

Yugoslavia se fragmentó en la segunda guerra mundial, pues los croatas se sumaron a Alemania y los serbios a los aliados. Después fue vuelta a unir por la Liga Comunista, bajo la conducción de Josip Broz, Tito. Yugoslavia era marxista pero antisoviética. No quiso convertirse en satélite soviético, y en realidad cooperó con los estadunidenses. Atrapada en el campo de fuerzas entre la Organización del Tratado del Atlántico Norte (OTAN) y el Pacto de Varsovia, se mantuvo unida, así fuera precariamente.

En 1991, cuando ese campo de fuerzas se desintegró, las piezas que componían Yugoslavia volaron en pedazos. Fue como si una

55

falla geológica causara un gran terremoto. Sumergidas y paralizadas, las antiguas nacionalidades se vieron de pronto en libertad de maniobrar. Nombres que no se habían oído desde antes de la primera guerra cobraron vida de súbito: Serbia, Croacia, Montenegro, Bosnia-Herzegovina, Macedonia, Eslovenia. En cada una de esas naciones también cobraron vida otras minorías étnicas de naciones vecinas, que en general exigían la separación. Se desató un infierno, momento de importancia para el primer encuadramiento del siglo XXI.

La guerra de Yugoslavia se malinterpretó como un simple fenómeno local, un acontecimiento idiosincrásico. Pero fue mucho más que eso. Fue ante todo una respuesta al derrumbe de la Unión Soviética. Pasiones que habían sido controladas durante casi cincuenta años se reavivaron en forma abrupta. Fronteras sólidas se volvieron líquidas. Fue un fenómeno local hecho posible —e inevitable— por un cambio global.

Además, la guerra en Yugoslavia no fue un fenómeno singular. Fue sólo la primera línea de falla en ceder, la prolongación al norte de una línea que se extendía hasta el Hindu Kush, las montañas que dominan el norte de Afganistán y Pakistán. La explosión yugoslava fue el preludio de un terremoto aún mayor, originado en el derrumbe de la Unión Soviética.

## El terremoto islámico

La confrontación entre estadunidenses y soviéticos abarcó la periferia de la Unión Soviética. Al final de la guerra fría, había tres secciones en esta frontera. Estaba la sección europea, de Noruega a los límites entre Alemania y Checoslovaquia. Luego estaba la sección asiática, de las islas Aleutianas a Japón y China. Y estaba la tercera sección, del norte de Afganistán a Yugoslavia. Cuando la Unión Soviética se vino abajo, esta última sección fue la más afectada. Yugoslavia fue la primera en caer, pero el caos se propagó finalmente a todo el sector y envolvió incluso a países no adyacentes a la primera línea.

La región de Yugoslavia a Afganistán y Pakistán se había manteni-

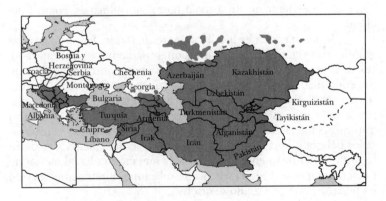

57

do en gran medida en su sitio durante la guerra fría. Hubo movimientos aislados, como cuando Irán pasó de proestadunidense a antisoviético y antiestadunidense por igual, o cuando los rusos invadieron Afganistán, o en ocasión de la guerra Irán-Irak. Pero, extrañamente, la guerra fría estabilizó esa región. Por muchos conflictos internos que hubiese en ella, jamás se convirtieron en verdaderas crisis transfronterizas.

En ausencia de los soviéticos, sin embargo, esta área se desestabilizó en forma drástica. Se trata principalmente de una región musulmana, una de las tres grandes regiones musulmanas del mundo. Están la del norte de África, la región musulmana del sudeste asiático y luego esta vasta región, multinacional y sumamente divergente, que va de Yugoslavia a Afganistán, y al sur hasta la península arábiga (véase mapa, página 59). Claro que, en muchos sentidos, ésta no es una única región, pero la tratamos como tal porque fue el frente sur del cerco soviético.

Es importante recordar que la línea de demarcación de la guerra fría cruzaba esta región musulmana. Azerbaiján, Uzbekistán, Turkmenistán, Kirguizistán y Kazakhistán eran repúblicas predominantemente musulmanas que formaban parte de la Unión Soviética. También la Federación Rusa tenía piezas musulmanas, como Chechenia.

Toda esta zona es históricamente inestable. La atraviesan las grandes rutas comerciales y de invasiones usadas por los conquistadores, de Alejandro Magno a los británicos. Fue siempre un álgido punto geopolítico, pero el fin de la guerra fría encendió auténticamente un polvorín. Al caer la Unión Soviética, sus seis repúblicas musulmanas se independizaron de súbito. Los países árabes al sur perdieron a su protector (Irak y Siria) o a su enemigo (los sauditas y otros Estados del golfo Pérsico). La India perdió a su benefactor, y Pakistán se sintió repentinamente liberado de la amenaza india, al menos de manera temporal. Todo el sistema de relaciones internacionales voló en pedazos. Lo poco sólido se disolvió.

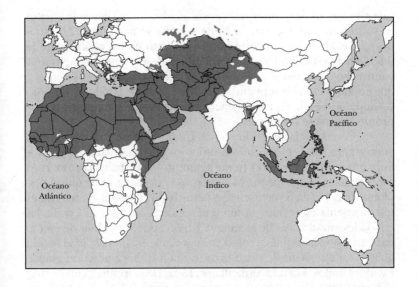

Los soviéticos abandonaron el Cáucaso y Asia central en 1992. Como la marea al retirarse, esto dejó al descubierto naciones que no habían sido libres durante un siglo o más, sin tradición de autogobierno ni, en algunos casos, economía funcional. Al mismo tiempo, Estados Unidos perdió interés en la región. Tras la Operación Tormenta del Desierto en 1991, la atención estadunidense por lugares como Afganistán pareció inútil. La guerra fría había terminado. Ya no había amenaza estratégica alguna contra los intereses estadunidenses, y la región se vio en libertad de evolucionar sola.

Una descripción detallada del modo en que se desestabilizó la región, Afganistán en particular, no es crucial aquí, como tampoco sería esclarecedor pormenorizar lo que sucedió en Yugoslavia. Todo puede resumirse como sigue: de fines de los años setenta a la caída de la Unión Soviética, Estados Unidos ayudó a crear en Afganistán

59

fuerzas capaces de oponer resistencia a la Unión Soviética, las cuales se volvieron contra él una vez que aquélla se derrumbó. Adiestrados en las artes del encubrimiento y al tanto de los procesos de la inteligencia estadunidense, los miembros de esas fuerzas montaron contra Estados Unidos una operación que implicó muchas etapas y que culminó el 11 de septiembre de 2001. Estados Unidos respondió irrumpiendo en la región, primero en Afganistán y luego en Irak, y pronto la zona se desmoronó.

Como había ocurrido con la Unión Soviética tras la segunda guerra mundial, Estados Unidos usó a los jihadistas para sus propios fines y luego tuvo que hacer frente al monstruo que había creado. Pero ése fue un problema menor. Más peligroso era el dilema de que el desplome de la Unión Soviética había perturbado el sistema de relaciones que mantenía en relativo orden a la región. Con o sin Al Qaeda, las entidades musulmanas de la antigua Unión Soviética y al sur de ésta se habrían vuelto inestables y, como en Yugoslavia, esa inestabilidad habría obligado a intervenir de una forma u otra a la única potencia global, Estados Unidos. Era una tormenta perfecta. De la frontera con Austria al Hindu Kush, la región se estremeció, y Estados Unidos actuó para ponerla bajo control, con resultados desiguales por decir lo menos.

Hay otro aspecto de este asunto que también es de interés, especialmente a la luz de las tendencias demográficas que analizaremos en el capítulo siguiente. En el mundo musulmán había mucho descontento interno. La resistencia de los islámicos tradicionalistas a cambios en sus costumbres, concernientes en particular a la condición de las mujeres y motivados por variaciones demográficas, era una de las causas de inestabilidad en la región. El enfrentamiento entre tradicionalistas y secularizadores alertó a las sociedades de la zona, y se responsabilizó a Estados Unidos de los crecientes llamados a la secularización. Ésta parece una interpretación obvia y superficial de la situación, pero, como veremos, tiene mayor importancia de la que parece. Cambios en la estructura de la familia, la resistencia a esos cambios y el 11 de septiembre estuvieron estrechamente vinculados.

Desde la más amplia perspectiva geopolítica, el 11 de septiembre puso fin al interregno entre la conclusión de la guerra fría y el inicio del periodo siguiente: la guerra de Estados Unidos con los jihadistas. Éstos no podían ganar, si por ganar se entiende la recreación del califato, el imperio islámico. Las divisiones en el mundo islámico eran demasiado profundas para resolverse, y Estados Unidos demasiado poderoso para ser derrotado fácilmente. El caos nunca habría podido cuajar en una victoria jihadista.

En realidad este periodo es menos un movimiento coherente que un espasmo regional, resultado de la supresión de un campo de fuerzas. Las divisiones étnicas y religiosas del mundo islámico significan que, aun si Estados Unidos es expulsado de la región, no emergerá una base política estable. El mundo islámico ha padecido divisiones e inestabilidad durante más de mil años, y difícilmente buscará unirse pronto. Al mismo tiempo, ni siquiera una derrota de Estados Unidos en la región socavaría el poder global básico de este país. Como la guerra de Vietnam, ese suceso sería meramente transitorio.

En este momento el conflicto entre Estados Unidos y los jihadistas parece tan intenso y de tan gran importancia que es difícil imaginar que simplemente se apague. Personas serias aseguran que este conflicto dominará al mundo a lo largo de un siglo; pero bajo la perspectiva de veinte años que se esbozó en las primeras páginas de este libro, la posibilidad de que en 2020 el mundo siga petrificado por la guerra de los estadunidenses con los jihadistas es el resultado menos probable. De hecho, lo que hoy ocurre en el mundo islámico no importará mucho en definitiva. Si suponemos intacta la trayectoria ascendente del poderío estadunidense, en 2020 Estados Unidos debería enfrentar desafíos muy distintos.

## La gran estrategia estadunidense y las guerras islámicas

Hay un elemento más de la dinámica de Estados Unidos que debemos cubrir: la gran estrategia que impulsa a la política exterior estadunidense. Su respuesta al 9/11 pareció no tener sentido, y a primera vista no lo tuvo. Pareció caótica y aleatoria, pero en el fondo era de esperar que así fuera. Cuando se da un paso atrás y se evalúa la situación, los actos aparentemente aleatorios de Estados Unidos cobran enorme sentido.

La gran estrategia comienza donde la formulación de políticas termina. Supongamos un momento que Franklin Roosevelt no hubiera contendido por un tercer periodo presidencial en 1940. ¿Japón y Alemania se habrían comportado de otro modo? ¿Estados Unidos habría consentido que Japón dominara el Pacífico occidental? ¿Habría aceptado la derrota de Gran Bretaña y su flota a manos de los alemanes? Quizá los detalles habrían sido distintos, pero es difícil imaginar que Estados Unidos no hubiera entrado a la guerra o que ésta no hubiese terminado en la victoria aliada. Mil detalles podrían haber sido distintos, pero los grandes rasgos de este conflicto, determinados por la gran estrategia, se habrían mantenido iguales.

¿La estrategia estadunidense durante la guerra fría podría haber sido otra que contener a la Unión Soviética? Estados Unidos no podía invadir Europa oriental. El ejército soviético era demasiado grande y fuerte. Por otro lado, tampoco podía permitir que la Unión Soviética tomara Europa occidental; porque si controlaba la planta industrial europea, a la larga lo aplastaría. La contención no era una política opcional; era la única respuesta posible a la Unión Soviética por parte de Estados Unidos.

Todas las naciones tienen una gran estrategia, aunque esto no quiere decir que todas puedan cumplir sus metas estratégicas. La meta de Lituania es librarse de la ocupación extranjera. Pero su economía, demografía y geografía vuelven improbable que la cumpla más que ocasional y temporalmente. A diferencia de casi todos los demás países del mundo, Estados Unidos ha cumplido la mayoría de sus metas estratégicas, que esbozaré más adelante. Su economía y sociedad están por igual orientadas a ese esfuerzo.

La gran estrategia de un país está tan profundamente inscrita en su ADN y parece tan obvia y natural que políticos y generales no siempre están al tanto de ella. Su lógica está tan constreñida por esa estrategia que es una realidad casi inconsciente. Pero desde una perspectiva geopolítica, la gran estrategia de un país y la lógica que mueve a sus líderes se vuelven obvias.

La gran estrategia no siempre trata de guerra. Trata de todos los procesos que constituyen el poderío nacional. Pero en el caso de Estados Unidos, quizá más que en el de otros países, la gran estrategia *sí* trata de guerra, y de la interacción entre guerra y vida económica. Estados Unidos ha sido históricamente un país belicoso.

Ha estado en guerra durante diez por ciento de su existencia. Esta estadística sólo incluye guerras importantes: la de 1812, la guerra contra México, la guerra civil, la primera y segunda guerras mundiales, la guerra de Corea, Vietnam. No incluye conflictos menores, como la guerra hispano-estadunidense o la Tormenta del Desierto. Estados Unidos estuvo en guerra quince por ciento del siglo XX, y veintidós por ciento de la segunda mitad de éste. Y desde principios del siglo XXI, en 2001, ha estado en guerra sin cesar. La guerra es central en la experiencia estadunidense, y su frecuencia cada vez mayor. Está integrada a la cultura de Estados Unidos, y profundamente enraizada en su geopolítica. Su propósito debe entenderse con claridad.

Estados Unidos nació de la guerra y ha seguido combatiendo hasta la fecha, a un ritmo siempre creciente. La gran estrategia de Noruega puede versar más sobre economía que sobre guerra, pero las metas estratégicas de Estados Unidos, y su gran estrategia, tienen origen en el temor. Lo mismo puede decirse de muchas otras naciones. Roma no se propuso conquistar el mundo. Se propuso defenderse, y en el curso de ese empeño se convirtió en imperio. Estados Unidos habría preferido que Gran Bretaña no lo atacara y derrotara, como lo hizo algunas veces en la guerra de 1812. Pero una vez disipado, cada temor produce nuevas vulnerabilidades y temores. Lo que mueve a las naciones es el miedo a perder lo que tienen. Considérese lo que sigue en términos de este temor.

Estados Unidos tiene cinco metas geopolíticas como motor de su gran estrategia. Nótese que se exponen en orden creciente de magnitud, ambición y grado de dificultad.

## I: Completo dominio de América del Norte por el ejército estadunidense

Si Estados Unidos se hubiera mantenido como una nación de entidades independientes entre la costa atlántica y los montes Allegheny, es muy improbable que hubiera sobrevivido. Tuvo no sólo que unirse, sino también extenderse por el inmenso territorio entre los Allegheny y las Rocallosas. Aparte de hondura estratégica, esto le concedió algunos de los terrenos agrícolas más ricos del mundo. Más todavía, eran terrenos con un espléndido sistema de ríos navegables, el cual permitió que el excedente agrícola del país se despachara a mercados mundiales, lo que creó una clase de empresarios-agricultores única en la historia.

La compra de Louisiana, en 1803, otorgó a Estados Unidos el derecho sobre ese territorio. Pero fue la batalla de Nueva Orleans, en 1814, en la que Andrew Jackson derrotó a los británicos, lo que concedió a ese país el verdadero control de la región, ya que Nueva Orleans era el cuello de botella de todo ese sistema fluvial. Si Yorktown fundó a la nación, la batalla de Nueva Orleans fundó su economía. Y ésta fue asegurada a su vez por la batalla de San Jacinto, centenar y medio de kilómetros al oeste de Nueva Orleans, donde el ejército de México fue vencido por los texanos y dejó de representar una amenaza para la cuenca del río Mississippi. La derrota del ejército mexicano no fue inevitable. México era en muchos sentidos un país más desarrollado y poderoso que Estados Unidos. Su derrota convirtió al ejército estadunidense en la fuerza dominante en América del Norte y aseguró el continente para Estados Unidos, un rico e inmenso país que nadie podría desafiar.

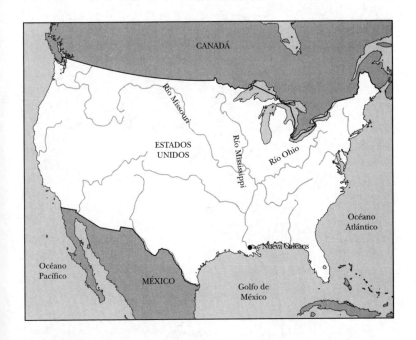

## 2: Eliminación de toda amenaza contra Estados Unidos por parte de cualquier potencia en el Hemisferio Occidental

Asegurada América del Norte, la única amenaza inmediata procedía de América Latina. En realidad, América del Norte y del Sur son islas, ya que en verdad no están unidas: Panamá y América Central son intransitables por grandes ejércitos. La unificación de América del Sur en una sola entidad es remota. Cuando se examina un mapa de esta región, dejando fuera el territorio infranqueable, se advierte que en ella no puede existir una potencia trascontinental: el

subcontinente está partido en dos (véase mapa, página 66). No hay entonces ninguna posibilidad de que de América del Sur emerja una amenaza para Estados Unidos.

Las principales amenazas en el hemisferio procedían de potencias europeas con bases navales en América del Sur, Central y el Caribe, así como con fuerzas de tierra en México. Ésta fue la causa de la Doctrina Monroe: mucho antes de que Estados Unidos pudiera impedir a los europeos tener bases en la zona, volvió un imperativo estratégico bloquearlos. A Estados Unidos sólo le preocupa América Latina cuando una potencia extranjera tiene bases ahí.

**3: Control absoluto por parte de la armada de la aproximación por mar hacia Estados Unidos, para descartar toda posibilidad de invasión**

En 1812, la marina británica navegó bahía de Chesapeake arriba e incendió Washington. Durante el resto del siglo XIX, a Estados Unidos le aterró que los británicos, usando su total control del Atlántico norte, impidieran su acceso al océano y lo estrangularan. Este temor no siempre fue paranoico: los británicos consideraron esa posibilidad en más de una ocasión. En otro contexto, este mismo problema general fue el origen de la obsesión estadunidense por Cuba, desde el conflicto con España hasta la guerra fría.

Habiendo asegurado el hemisferio a fines del siglo XIX, Estados Unidos tenía interés en mantener sin potencias navales extranjeras las rutas marítimas cerca de sus fronteras. Primero se protegió contra aproximaciones por el Pacífico. Durante la guerra civil adquirió Alaska. En 1898 se anexó Hawai. Juntos, estos dos actos cancelaron la amenaza de que una flota enemiga se aproximara al continente por el oeste, al eliminar todo fondeadero para el abastecimiento de una armada. Estados Unidos protegió el Atlántico usando la segunda guerra mundial para aprovechar la debilidad de Gran Bretaña, a la que alejó de las costas americanas, y a fines de esa guerra había creado una flota tan poderosa que los británicos no podrían operar en el Atlántico sin su aprobación. Esto volvió a Estados Unidos invulnerable a invasiones.

**4: Dominio absoluto de los océanos del mundo para proteger más la seguridad física de Estados Unidos y garantizar su control del sistema comercial internacional**

El hecho de que Estados Unidos haya emergido de la segunda guerra mundial no sólo con la marina más grande del mundo, sino también con bases navales dispersas en todo el planeta, cambió la forma de operar del orbe. Como ya dije, todo navío de altura —comercial o militar, desde el golfo Pérsico al mar Meridional de China y el Caribe— podía ser monitoreado por la marina de ese país, la que podía optar por vigilarlo, detenerlo o hundirlo. Desde el fin de la segunda guerra mundial, el peso combinado de todas las flotas del globo fue insignificante en comparación con el poderío naval estadunidense.

Esto resalta el hecho geopolítico más importante del mundo: el de que Estados Unidos controla todos los océanos. Ninguna otra potencia en la historia había sido capaz de hacer esto. Y este control es el fundamento no sólo de la seguridad estadunidense, sino también de su capacidad para definir el sistema internacional. Nadie va a ningún lado por mar si Estados Unidos no lo aprueba. A fin de cuentas, mantener el control de los océanos del mundo es su meta geopolítica más importante.

**5: Impedir que cualquier otra nación desafíe el poderío naval global de Estados Unidos**

Tras lograr la hazaña, sin precedente, de dominar todos los océanos del mundo, era obvio que Estados Unidos quería conservarlos. El modo más simple de hacerlo era impedir que otras naciones formaran armadas, lo que podía conseguirse asegurando que no tuvieran motivos ni recursos para ello. Una de estas estrategias, "la zanahoria", consiste en asegurar que todos tengan acceso al mar sin necesidad de crear una armada. La otra, "el palo", consiste en comprometer a posibles enemigos en confrontaciones terrestres, para obligarlos a agotar sus recursos militares en tropas y tanques, a fin de que les quede poco para una armada.

Estados Unidos salió de la guerra fría tanto con un interés progresivo como con una estrategia fija. El interés progresivo era impedir que cualquier potencia eurasiática se sintiera suficientemente segura para desviar recursos a la formación de una armada. Dado que ya no existía una amenaza de hegemonía eurasiática, Estados Unidos se centró en el surgimiento de países hegemónicos regionales secundarios capaces de desarrollar seguridad regional suficiente para empezar a explorar el mar. Se ocupó así de establecer una serie de alianzas en constante modificación, para atar de manos a todo posible país hegemónico regional.

Estados Unidos tenía que estar preparado para intervenciones regulares e impredecibles en la masa continental eurasiática. Tras la caída de la Unión Soviética, participó en una serie de operaciones diseñadas para mantener el equilibrio regional y bloquear el surgimiento de una potencia en la región. La primera intervención importante fue en Kuwait, donde bloqueó las ambiciones iraquíes una vez muertos, mas no sepultados, los soviéticos. La siguiente fue en Yugoslavia, con objeto de bloquear la hegemonía serbia en los Balcanes. La tercera serie de intervenciones ocurrió en el mundo islámico, para bloquear el deseo de Al Qaeda (o de quien fuera) de crear un imperio islámico seguro. Las intervenciones en Afganistán e Irak formaron parte de este esfuerzo.

Pese a la alharaca que los rodeó, éstos fueron asuntos menores. En Irak, donde se realizó la operación más grande, Estados Unidos ha usado menos de doscientos mil efectivos y sufrido menos de cinco mil bajas. Esto equivale a entre 6 y 8% de las bajas que sufrió en Vietnam, y a 1% de las que registró en la segunda guerra. Para un país con más de doscientos cincuenta millones de habitantes, una fuerza de ocupación de esas dimensiones es trivial. La tendencia de Estados Unidos a sobredramatizar intervenciones menores se deriva de su relativa inmadurez como nación (y digo esto como padre de un individuo dos veces destacado en Irak).

Lo anterior nos permite entender la respuesta estadunidense a los ataques islamistas y muchos otros sucesos. Habiendo cumplido sistemáticamente sus metas estratégicas, Estados Unidos tenía el propósito supremo de impedir la aparición de cualquier gran potencia en Eurasia. La paradoja, sin embargo, es ésta: la meta de estas intervenciones nunca fue lograr algo —pese a la retórica política—, sino impedir algo. Estados Unidos quería impedir la estabilidad en áreas en las que pudiera emerger otra potencia. Su meta no fue estabilizar, sino desestabilizar. Y esto explica su respuesta al terremoto islámico: impedir el surgimiento de un Estado islámico grande y poderoso.

Retórica aparte, Estados Unidos no tiene primordial interés en la paz en Eurasia. Tampoco en ganar rotundamente una guerra. Como en Vietnam o Corea, el propósito de estos conflictos es sencillamente bloquear a una potencia o desestabilizar la región, no imponer orden. A su debido tiempo, aun una categórica derrota estadunidense sería aceptable. No obstante, el principio de usar un mínimo de fuerza, cuando sea absolutamente necesario, para mantener el equilibrio de poder en Eurasia es —y seguirá siendo— la fuerza determinante de la política exterior estadunidense en el siglo XXI. Habrá muchos Kosovos e Iraks en lugares imprevistos y momentos inesperados. Acciones de Estados Unidos parecerán irracionales, y lo serán si la meta primaria es estabilizar los Balcanes o Medio Oriente. Pero como lo más probable es que la meta primaria sea sencillamente bloquear o desestabilizar a Serbia o Al Qaeda, las intervenciones serán muy racionales. Jamás semejarán producir nada cercano a una "solución", y se realizarán siempre con fuerza insuficiente para ser decisivas.

## Después de las réplicas

El sistema internacional está hoy sumamente desbalanceado. Estados Unidos es tan poderoso que al resto del mundo le es casi imposible controlar su conducta. La tendencia natural del sistema internacional es transitar al equilibrio. En un mundo desbalanceado, las pequeñas potencias corren peligro frente a grandes potencias sin trabas. Tienden así a formar coaliciones con otros países, para igualar en fuerza a la gran potencia. Tras su derrota en Vietnam, Estados Unidos se unió a China para controlar a los soviéticos, quienes parecían cobrar demasiada fuerza.

En el siglo XXI será muy difícil crear coaliciones para contener a Estados Unidos. Los países débiles descubrirán que llegar a un arreglo con los estadunidenses es más fácil que sumarse a una coalición contra ellos; forjar y mantener una coalición resulta una tarea onerosa. Y si, como suele ocurrir, la coalición se desintegra, Estados Unidos puede ser un gigante implacable.

Vemos entonces esta contradicción: por una parte, a Estados Unidos se le guarda rencor y se le teme en extremo; por la otra, de todas maneras cada nación intenta hallar la forma de entenderse con él. Este desequilibrio dominará el siglo XXI, al igual que los esfuerzos por contener a Estados Unidos. Será un siglo peligroso, sobre todo para el resto del mundo.

En geopolítica hay una medida clave conocida como "margen de error". Esta medida predice el espacio del que dispone un país para cometer errores. El margen de error consta de dos partes: el tipo de peligros que una nación enfrenta y la cantidad de poder que posee. Algunos países tienen un margen de error muy reducido. Tienden a obsesionarse hasta por el ínfimo detalle de su política exterior, sabedores de que el menor desliz puede ser catastrófico. Israel y Palestina no tienen un amplio margen de error, a causa de su pequeñez y ubicación. Islandia, por su parte, tiene un margen extenso para cometer errores. Es pequeña, pero vive en un área muy espaciosa.

71

Estados Unidos cuenta con un enorme margen de error. Está a salvo en América del Norte y tiene mucho poder. Por lo tanto, tiende a no interesarse en cómo ejerce su poder globalmente. Y no es que sea tonto. Simplemente, no tiene por qué ser más cuidadoso; de hecho, esto podría reducir a menudo su eficiencia. Como un banquero dispuesto a aceptar créditos incobrables con la expectativa de mejorar en el transcurso del tiempo, Estados Unidos tiene la política de dar pasos que otros países juzgan temerarios. Los resultados serían poco gratos, o aun devastadores, para otras naciones. En cambio, Estados Unidos procede y prospera.

Lo vimos en Vietnam, y lo vemos también en Irak. Estos conflictos son meros episodios aislados en la historia de Estados Unidos, de escasa importancia duradera, salvo para los vietnamitas y los iraquíes. Estados Unidos es un país joven y bárbaro. Se exalta rápidamente y carece del sentido de perspectiva histórica. En realidad esto aumenta su poder, ya que le da recursos emocionales para vencer la adversidad. Estados Unidos reacciona siempre con exageración. Algo que en un momento dado parece colosalmente catastrófico, motiva a los estadunidenses a resolver problemas con arrojo. Una potencia emergente reacciona en forma exagerada. Una potencia madura halla el equilibrio. Una potencia en decadencia pierde la capacidad de recuperar su equilibrio.

Estados Unidos es una nación sumamente joven, y tiene aún muy poca experiencia como potencia global dominante. A la manera de un adolescente fuerte e inexperto, tiende a ser desproporcionadamente impulsivo en acontecimientos que apenas si se recuerdan años después. Líbano, Panamá, Kuwait, Somalia, Haití, Bosnia y Kosovo parecieron, en su momento, extraordinariamente importantes, y hasta decisivos. Pero lo cierto es que pocas personas los recuerdan; y cuando lo hacen, no pueden definir con claridad por qué, para comenzar, Estados Unidos se involucró en esos conflictos. La exaltación del momento se agota pronto.

El otro lado crucial de este fenómeno es que libaneses, panameños, kuwaitíes, somalíes, haitianos, bosnios y kosovares recuerdan mucho tiempo sus enredos con el poderío estadunidense. Lo que para Estados Unidos fue un hecho pasajero, es un momento definitivo en la historia de otros países. Aquí topamos con la primera y crítica asimetría del siglo XXI. Estados Unidos tiene intereses globales y se involucra en gran número de escaramuzas globales. Ninguno de estos enredos es crucial. Pero para los países objeto del interés estadunidense, toda intervención es transformadora. Es común que el país en cuestión no pueda hacer nada contra las acciones estadunidenses, y esta sensación de impotencia engendra rabia aun en las mejores circunstancias. Esta rabia crece más todavía cuando su objeto, Estados Unidos, es generalmente invulnerable e indiferente. El siglo XXI presenciará tanto la indiferencia de Estados Unidos a las consecuencias de sus actos como la resistencia y cólera del mundo contra él.

## Resumen

A medida que la guerra de Estados Unidos con los jihadistas se acerque a su fin, la primera línea de defensa contra los islámicos radicales serán los propios Estados musulmanes. Ellos son el objetivo último de Al Qaeda; y opinen lo que opinen el islam u Occidente, esos Estados no tienen la menor intención de ceder poder político a Al Qaeda. Antes bien, usarán su poder nacional —sus facultades de inteligencia, seguridad y militar— para aplastar a esa organización.

Estados Unidos gana mientras Al Qaeda pierda. Un mundo islámico sumido en el caos, incapaz de unirse, significa que Estados Unidos ha cumplido su meta estratégica. Y es indiscutible que desde 2001 este país ha creado caos en el mundo islámico, lo cual ha generado animosidad en su contra, y quizá también terroristas que lo atacarán en el futuro. Sin embargo, este terremoto regional no cuajará en una superpotencia regional. De hecho, esa área está más fragmentada que nunca, y es probable que éste sea el punto final del libro de este periodo. La derrota estadunidense o un *impasse* en Irak y Afganistán es el resultado probable, y ambas guerras parecerán haber terminado mal para Estados Unidos. No cabe duda de que la forma en que ha combatido en Irán ha sido torpe, brusca y, en muchos sentidos, poco sofisticada. En efecto, Estados Unidos dio muestras de adolescencia en su simplificación de los problemas y su uso de la fuerza. Pero en un nivel estratégico más amplio, esto no importa. Mientras los musulmanes peleen entre sí, Estados Unidos ha ganado su guerra.

Esto no quiere decir que sería imposible que en el mundo islámico surgiera, en algún momento, una nación-Estado capaz de convertirse en una potencia regional y un desafío para los intereses estadunidenses. Turquía es la potencia histórica del mundo musulmán y, como veremos en los capítulos siguientes, ya se encumbra otra vez. Su ascenso no será resultado del caos producido por la caída de la Unión Soviética, sino de una dinámica nueva. La ira no hace historia. El poder sí. Y puede complementarse con ira, pero deriva de realidades fundamentales: geografía, demografía, tecnología y cultura. Todo esto definirá al poderío estadunidense, así como el poderío estadunidense definirá al siglo XXI.

# POBLACIÓN, COMPUTADORAS
## Y GUERRAS CULTURALES

En 2002, Osama bin Laden escribió en su "Carta a Estados Unidos": "Es una nación que explota a las mujeres como productos de consumo o recursos publicitarios, para inducir a los clientes a comprarlos. Usa a las mujeres para que atiendan a pasajeros, visitantes y extranjeros, y así aumentar sus márgenes de ganancia. Y luego ustedes se jactan de apoyar la liberación femenina".

Como indica esta cita, Al Qaeda pugna por una versión tradicional de la familia. Esto no es una parte menor de su programa: está en el centro. La familia tradicional se basa en principios claramente definidos. Primero, el hogar es el dominio de la mujer y la vida fuera de casa es el ámbito del hombre. Segundo, la sexualidad está confinada a la familia y el hogar, de manera que la sexualidad extramarital y extrafamiliar es inaceptable. Las mujeres que salen del hogar incitan la sexualidad extramarital con sólo hacerlo. Tercero, las mujeres tienen como tarea primaria la reproducción y el cuidado de la nueva generación. Por tanto, se precisa de estrictos controles sobre ellas para mantener la integridad de la familia y la sociedad. Curiosamente, todo esto tiene que ver con las mujeres, como insiste Bin Laden en su carta. Lo que éste aborrece de Estados Unidos es que promueve una visión de las mujeres y la familia completamente diferente.

La visión de Al Qaeda no es exclusiva de Osama bin Laden ni del islam. Los extremos a los que ese grupo está dispuesto a llegar bien pueden ser únicos, pero el tema de las mujeres y la familia define a la mayoría de las principales religiones. El catolicismo tradicional, el protestantismo fundamentalista, el judaísmo ortodoxo y diversas ramas del budismo adoptan posiciones muy similares. Todas estas religiones están divididas internamente, como lo están todas las sociedades. En Estados Unidos, donde se habla de "guerras culturales", el campo de batalla es la familia y su definición. Todas las sociedades se dividen en tradicionalistas y quienes intentan redefinir la familia, a las mujeres y la sexualidad.

Este conflicto se intensificará en el siglo XXI, pero los tradicionalistas libran una batalla defensiva, y a fin de cuentas perdida. La razón es que en los últimos cien años la trama misma de la vida humana —y en particular la de la vida de las mujeres— se transformó, y con ella la estructura de la familia. Lo ya aconcetido en Europa, Estados Unidos y Japón se extiende ahora al resto del mundo. Estas cuestiones desgarrarán a muchas sociedades, pero en definitiva la transformación de la familia no puede detenerse.

Esto no quiere decir que esa transformación sea una idea inherentemente buena o mala. No, esta tendencia es imparable porque lo que se está transformando son las realidades demográficas mundiales. Hoy por hoy, el cambio demográfico más importante en el mundo es la drástica disminución en todas partes de la tasa de natalidad. Permítaseme repetirlo: la estadística actualmente más significativa en el mundo es la reducción generalizada de la tasa de natalidad. Cada año las mujeres tienen menos hijos. Esto significa no sólo que la explosión demográfica de los dos últimos siglos llega ya a su fin, sino también que las mujeres dedican mucho menos tiempo que antes a tener hijos y cuidarlos, mientras que su esperanza de vida ha aumentado.

Este hecho parece simple, y en cierto modo lo es, pero lo que deseo mostrar es cómo algo tan trivial puede derivar en grupos como Al Qaeda, por qué habrá más grupos como éste y por qué estos grupos no pueden ganar. Esto también ilustrará por qué la era de Europa, que se basó en una población en perpetua expansión (conquistando otros pueblos o teniendo más bebés), está siendo remplazada por la de Estados Unidos, un país en el que siempre ha sido la norma vivir en condiciones de subpoblación. Comencemos por el fin de la explosión demográfica.

## La caída demográfica

En las últimas décadas se aceptó, generalmente, que el globo enfrentaba una explosión demográfica severa. El aumento incontrolado de la población dejaría atrás recursos de suyo escasos y devastaría el medio ambiente. El incremento del número de personas haría necesarios más recursos en forma de alimentos, energía y bienes, lo que agudizaría a su vez el calentamiento global y otras catástrofes ecológicas. No había desacuerdo en la premisa básica de que la población iba en aumento.

Pero este modelo ya no está vigente. Se ve ocurrir un cambio en los países industriales avanzados. La gente vive más; y como las tasas de natalidad disminuyen, hay menos trabajadores jóvenes para sostener el gran incremento del número de retirados. Europa y Japón ya experimentan este problema. Pero el envejecimiento de la población es sólo la punta del iceberg, el primer problema presentado por la caída demográfica por venir.

La gente supone que aunque en Europa se reduzca el crecimiento demográfico, la población mundial total seguirá escalando sin control, a causa de las altas tasas de natalidad de los países menos desarrollados. De hecho, lo cierto es lo opuesto. Las tasas de natalidad se están desplomando en todas partes. Los países industriales avanzados llevan la delantera, pero el resto del mundo los sigue muy de cerca. Y este cambio demográfico contribuirá a dar forma al siglo XXI.

Algunos de los países avanzados más importantes, como Alemania y Rusia, se quedarán sin grandes porcentajes de su población. Hoy la población europea total es de 728 millones de personas. La Organización de las Naciones Unidas (ONU) pronostica que para 2050 se reducirá a entre 557 y 653 millones, una merma notable. El

77

menor de estos números supone que cada mujer tendrá en promedio 1.6 hijos. El segundo supone 2.1 hijos. Hoy la tasa de fecundidad en Europa es de 1.4 hijos por mujer. Por eso en lo sucesivo nos centraremos en las proyecciones más bajas.

Tradicionalmente, menos población ha significado menos poder. Éste será ciertamente el caso de Europa. Pero en el de otros países, como Estados Unidos, será esencial mantener el nivel demográfico o hallar medios tecnológicos para el aumento de una población a la baja si se desea preservar el poder político en los próximos cien años.

Una afirmación tan extrema como ésta tiene que sustentarse, así que hemos de hacer una pausa y profundizar un poco en las cifras antes de considerar las consecuencias. Éste es un acontecimiento capital en la historia humana y debemos entender a qué se debe.

Comencemos por lo más sencillo. Entre 1750 y 1950, la población mundial aumentó de mil millones a tres mil millones de personas. Entre 1950 y 2000 se duplicó, pasando de tres mil a seis mil millones. Aparte de aumentar, la población mundial lo hizo a un ritmo cada vez más acelerado. De continuar esta trayectoria, el resultado habría sido la catástrofe global.

Sin embargo, la tasa de crecimiento no se ha acelerado. En realidad ha disminuido drásticamente. De acuerdo con la onu, la población seguirá aumentando entre 2000 y 2050, pero sólo 50%, la mitad de la tasa de los cincuenta años anteriores. En la segunda parte del siglo el fenómeno será más interesante. La población aumentará otra vez, pero sólo 10%, según otros pronósticos. Esto es como frenar en seco. De hecho, algunas previsiones (no de la onu) indican que para 2100 la población humana total se habrá reducido.

El efecto más drástico se verá en los países industriales avanzados, muchos de los cuales experimentarán una baja notoria en su población. Los países intermedios, como Brasil y Corea del Sur, verán estabilizarse su población para mediados de siglo, y descender lentamente para 2100. Sólo en la parte menos desarrollada del mundo, en países como el Congo y Bangladesh, la población seguirá incrementándose hasta 2100, aunque en absoluto tanto como en los últimos cien años. Por donde se le vea, la explosión demográfica está llegando a su fin.

Examinemos una cifra crítica: 2.1. Éste es el número de hijos que en promedio debe tener cada mujer para que la población mundial permanezca estable. Si aumenta, la población crecerá; si disminuye, la población se reducirá, estando todo lo demás igual. De acuerdo con la ONU, en 1970 cada mujer tenía en promedio 4.5 hijos. En 2000 esa cifra había caído a 2.7. Recuérdese que se trata de un promedio mundial. Tal caída fue muy pronunciada, y explica por qué la población siguió aumentando, pero más despacio que antes.

La ONU pronostica que en 2050 la tasa global de fecundidad descenderá a un promedio de 2.05 alumbramientos por mujer. Esta cifra es ligeramente inferior a los 2.1 necesarios para que la población mundial se mantenga estable. La ONU tiene otro pronóstico, basado en supuestos diferentes: que esa tasa será de 1.6 bebés por mujer. Esto significa que la ONU, la cual cuenta con los mejores datos disponibles, predice para el año 2050 un crecimiento demográfico estable o notoriamente menor. Considero que esto último se acerca más a la verdad.

La situación se vuelve aún más interesante si se toman en cuenta las regiones desarrolladas del mundo, los cuarenta y cuatro países más avanzados. En estos países, hoy cada mujer tiene en promedio 1.6 bebés, lo cual quiere decir que su población ya está en contracción. En las naciones intermedias, la tasa de natalidad es ya de 2.9, y sigue cayendo. Aun los países menos desarrollados han bajado de 6.6 hijos por madre a 5.0 en la actualidad, y se prevé que bajarán a 3.0 para 2050. Es indudable que las tasas de natalidad se desploman. La pregunta es por qué. Y la respuesta puede hallarse en las mismas razones que causaron la explosión demográfica; en cierto sentido, la explosión demográfica se paró sola.

Hubo dos causas obvias de la explosión demográfica, igualmente significativas. Primero, la reducción de la mortalidad infantil; segun-

79

do, el aumento de la esperanza de vida. Ambas fueron resultado de la medicina moderna, la disponibilidad de más alimentos y la introducción de la salud pública básica iniciada a fines del siglo xviii.

No disponemos de estadísticas confiables sobre la tasa de fecundidad en 1800, pero las estimaciones más aceptables son de entre 6.5 y 8.0 hijos por mujer. Las europeas de entonces tenían el mismo número de hijos que hoy tienen las mujeres en Bangladesh, pero la población no aumentaba. La mayoría de los niños nacidos en 1800 no vivieron lo suficiente para reproducirse. Como entonces regía la regla del 2.1, seis de cada ocho hijos morían antes de la pubertad.

Medicina, alimentos e higiene redujeron drásticamente el número de muertes en la infancia, hasta que para fines del siglo xix la mayoría de los hijos sobrevivían y tenían hijos propios. Aunque la mortalidad infantil descendió, los patrones de la familia no cambiaron. La gente tenía el mismo número de bebés que antes.

No es difícil entender por qué. Primero, aceptemos que a la gente le gusta tener relaciones sexuales, y el sexo sin control natal produce bebés (en esa época no había control natal). Pero a la gente no le importaba tener muchos hijos, porque éstos se habían convertido en la base de la riqueza. En una sociedad agrícola, cada par de manos produce riqueza; no es necesario saber leer o programar computadoras para desyerbar, sembrar o cosechar. Los hijos también eran la base para el retiro, si se llegaba a viejo. No había seguro social, pero se contaba con que los hijos cuidarían de uno. Esto se debía, en parte, a la costumbre, pero era también pensamiento económico racional. Un padre poseía tierra o tenía derecho a cultivarla. Su hijo debía tener acceso a ella para sobrevivir, así que el padre podía dictar las reglas.

Puesto que los hijos rendían prosperidad e ingresos de retiro a las familias, la principal responsabilidad de las mujeres era producir el mayor número posible de hijos. Si tenían hijos y una y otro sobrevivían al parto, la familia mejoraba económicamente. Era cuestión de suerte, pero también un riesgo que valía la pena correr, desde el punto de vista tanto de las familias como de los hombres que las dominaban. Entre la lujuria y la codicia, no había razón para no traer más hijos al mundo.

Los hábitos son difíciles de cambiar. Cuando las familias comenzaron a mudarse *en masse* a las ciudades, los hijos siguieron siendo bienes valiosos. Los padres podían enviarlos a trabajar a fábricas primitivas a los seis años de edad y colectar su paga. En las primeras sociedades industriales, los obreros no necesitaban muchas más habilidades que los trabajadores agrícolas. Pero cuando las fábricas se volvieron más complejas, dejaron de interesarse en los niños de seis años. Pronto necesitaban trabajadores relativamente instruidos. Más tarde precisarían de gerentes con maestría en administración de empresas.

Al sofisticarse la industria, el valor económico de los hijos disminuyó. Para seguir siendo económicamente útiles, éstos tuvieron que ir a la escuela a aprender. Así, en vez de elevar el ingreso familiar, lo consumían. Se les debía vestir, alimentar y alojar, y con el tiempo el grado de educación que necesitaban aumentó radicalmente, al punto de que hoy muchos "niños" asisten a la escuela hasta los veinticinco años de edad sin haber ganado un solo centavo antes. Según la ONU, el número promedio de años de escolaridad en los veinticinco países más importantes del mundo va de quince a diecisiete.

La tendencia a tener el mayor número posible de bebés prosiguió a fines del siglo XIX y principios del XX. Muchos de nuestros abuelos o bisabuelos procedían de familias con diez hijos. Un par de generaciones antes se tenía suerte si sobrevivían tres de diez. Pero ahora sobrevivían casi todos. No obstante, en la economía de 1900 cualquiera podía encontrar trabajo al llegar a la pubertad. Y eso es lo que la mayoría hacía.

Diez hijos en la Francia del siglo XVIII pueden haber sido una bendición. Diez hijos en la Francia de fines del siglo XIX pueden haber sido una carga. Pero diez hijos en la Francia de fines del siglo XX habrían sido una catástrofe. La realidad tardó en asentarse, pero a la larga quedó claro que la mayoría de los hijos sobrevivían y que era muy caro educarlos. Por tanto, la gente empezó a tener menos

81

hijos, y a tenerlos más por gusto que por sus beneficios económicos. Adelantos médicos como el control natal contribuyeron a ello, pero el alto costo de tener y educar hijos motivó la disminución de la tasa de natalidad. Los hijos pasaron de productores de riqueza a consumidores evidentes. Los padres empezaron a satisfacer con un solo hijo su necesidad de procrear, no con diez.

Consideremos ahora la esperanza de vida. Después de todo, cuanto más se vive, más gente habrá en un momento dado. La esperanza de vida aumentó al tiempo que la mortalidad infantil disminuía. En 1800, la esperanza de vida estimada en Europa y Estados Unidos era de cuarenta años. En 2000 era de cerca de ochenta. La esperanza de vida, en efecto, se ha duplicado en los últimos doscientos años.

Es probable que la esperanza de vida siga aumentando, pero muy pocos prevén que se duplique de nuevo. En el mundo industrial avanzado, la ONU proyecta un aumento de setenta y seis años en 2000 a ochenta y dos en 2050. En los países más pobres el incremento será de cincuenta y uno a sesenta y seis. Esto es aumento, pero no un aumento geométrico, y está asimismo a la baja. Eso también contribuirá a reducir el crecimiento de la población.

El proceso de reducción ocurrido hace décadas en el mundo industrial avanzado ahora está en marcha en los países menos desarrollados. Tener diez hijos en São Paulo es la vía más segura al suicidio económico. Quizá pasen varias generaciones antes de que ese hábito se haya perdido, pero se perderá. Y no retornará mientras el proceso de educar a un hijo para su incorporación a la fuerza de trabajo moderna siga siendo cada vez más largo y costoso. Entre la disminución de las tasas de natalidad y un menor incremento de la esperanza de vida, el aumento de la población tiene que terminar.

### La caída demográfica y nuestro modo de vida

¿Qué tiene que ver todo esto con el poderío internacional en el siglo XXI? La caída demográfica afecta a todas las naciones, como veremos en capítulos posteriores. Pero también afecta los ciclos vitales de la gente de esas naciones. La reducción de la población lo afecta todo, desde la cantidad de soldados que pueden combatir en una guerra hasta el número de miembros de la fuerza de trabajo y los conflictos políticos internos. El proceso al que nos referimos afectará algo más que sólo al número de personas en un país. Cambiará la forma de vivir de esas personas, y por tanto la conducta de dichos países.

Comencemos por tres hechos básicos. La esperanza de vida se dirige a un máximo de ochenta años en el mundo industrial avanzado; el número de hijos que tienen las mujeres disminuye, y estudiar consume cada vez más tiempo. La educación universitaria se considera ahora el requisito mínimo para el éxito social y económico en los países avanzados. La mayoría sale de la universidad a los veintidós años. Añádase a ello los estudios de posgrado y se observará que la gente no se incorpora a la fuerza de trabajo hasta los veinticinco. No todos siguen este patrón, por supuesto, pero una considerable porción de la población lo hace, y esa porción incluye a la mayoría de quienes formarán parte de la dirigencia política y económica de aquellos países.

En consecuencia, los patrones matrimoniales han cambiado en extremo. La gente aplaza más tiempo el matrimonio, y tiene hijos aún más tarde. Considérese el efecto de esto en las mujeres. Las mujeres de hace doscientos años empezaban a tener hijos a comienzos de la adolescencia. Seguían teniendo hijos, cuidándolos y a menudo enterrándolos hasta que ellas mismas morían. Esto era necesario para el bienestar de la familia y la sociedad. Tener hijos y educarlos era lo que las mujeres hacían durante casi toda su vida.

En el siglo XXI este patrón cambiará. Suponiendo que una mujer llega a la pubertad a los trece años e inicia la menopausia a los cincuenta, vivirá el doble que sus predecesoras, y durante más de la mitad de su vida será incapaz de reproducirse. Supongamos que una mujer tiene dos hijos. Pasará dieciocho meses embarazada, aproximadamente dos por ciento de su vida. Ahora supongamos un patrón muy común: que dicha mujer tendrá esos dos hijos con tres años de diferencia, que cada uno de ellos entrará a la escuela a los cinco años de edad y que la mujer volverá a trabajar fuera de casa cuando el mayor ingrese a la escuela.

Esta mujer dedicará a la reproducción y la crianza de tiempo completo un total de ocho años de su vida. Dada una esperanza de vida de ochenta, el tiempo exclusivamente destinado a tener y educar hijos se reducirá a un asombroso diez por ciento de su vida. La maternidad pasará así de actividad primaria de una mujer a una actividad entre muchas otras. Agréguese a este análisis el hecho de que muchas mujeres tendrán sólo un hijo, y de que gran número de ellas recurren a guarderías y otros centros públicos de atención infantil mucho antes de que sus hijos tengan cinco años, y se verá transformarse la estructura entera de la vida de una mujer.

Aquí pueden percibirse las raíces demográficas del feminismo. Como las mujeres ya dedican menos tiempo a tener y cuidar hijos, dependen mucho menos de los hombres que las de incluso hace cincuenta años. En el pasado, procrear sin esposo habría sido un desastre económico para una mujer. Pero ahora no es así, en particular entre las mujeres de alto nivel educativo. El matrimonio ya no es impuesto por la necesidad económica.

Esto nos lleva a una situación en la que los matrimonios no se mantienen unidos por necesidad sino por amor. Pero el problema del amor es que puede ser inconstante. Va y viene. Si la gente permanece casada sólo por razones emocionales, será inevitable que haya más divorcios. La merma de la necesidad económica quita al matrimonio una poderosa fuerza estabilizadora. El amor puede durar, como ocurre con frecuencia, pero en sí mismo es menos fuerte que cuando se asocia con la necesidad económica.

Los matrimonios solían garantizarse "hasta que la muerte nos separe". En otro tiempo, esa separación era temprana y frecuente. En el periodo de transición en el que a la gente le sobrevivían diez hijos, hubo muchos matrimonios que duraron cincuenta años. Pero antes los matrimonios terminaban pronto por causa de muerte, y el sobreviviente volvía a casarse o enfrentaba la ruina económica. Europa practicó lo que podría llamarse poligamia en serie, por la cual los viudos (por lo general, ya que las mujeres tendían a morir en el parto) se casaban numerosas veces a lo largo de su vida. A fines del siglo xix y principios del xx, la costumbre mantenía unidos a los matrimonios durante periodos extraordinariamente prolongados. Pero ya avanzado el siglo xx emergió un nuevo patrón en el que se reafirmó la poligamia en serie, aunque esta vez motivada por el divorcio, no por la defunción.

Añadamos a esto otro patrón. Mientras que antes muchas personas se casaban siendo adolescentes, hoy la gente se casa entre los veinticinco y los treinta y cinco años. Antes era usual que hombres y mujeres no iniciaran su vida sexual hasta casarse, a los catorce, pero ahora es —hay que decirlo— poco realista suponer que alguien que se casa a los treinta años llegue virgen al matrimonio. La gente tendría que vivir diecisiete años tras la pubertad sin ninguna actividad sexual. Imposible.

Los patrones de vida actuales contienen ya un periodo en el que la gente tiene actividad sexual pero aún no puede sostenerse. Hay también un periodo en el que puede sostenerse y desarrollar actividad sexual, pero opta por no reproducirse. El patrón de vida tradicional se desmorona por completo, sin que todavía aparezcan claramente otros patrones. La cohabitación solía vincularse con el matrimonio legal formal, pero ahora ambas cosas se han disociado por entero. Aun la reproducción se ha disociado del matrimonio, y quizá hasta de la cohabitación. Una vida más larga, la reducción de las tasas de fecundidad y los años adicionales de estudios han contribuido a la disolución de los anteriores patrones vitales y sociales.

Esta tendencia no puede retroceder. Hoy las mujeres tienen menos hijos porque sostener a muchos en la sociedad urbana industrial es un suicidio económico. Esto no va a cambiar. El costo de educar a los hijos no bajará, ni se descubrirán formas de emplear a niños de seis años. La tasa de mortalidad infantil tampoco aumentará. Así, en el siglo xxi continuará la tendencia a tener menos hijos, no más.

## Consecuencias políticas

Los segmentos más instruidos de la población son en los que los patrones de vida han cambiado más. Los más pobres, por otro lado, han vivido en medio de familias disfuncionales desde principios de la revolución industrial. Para ellos la norma ha sido siempre patrones de reproducción caóticos. Pero entre las clases profesionales y empresariales con estudios universitarios, por una parte, y la clase marginada, por la otra, existe una enorme capa social que sólo ha experimentado parcialmente los cambios demográficos.

Entre los trabajadores manuales ha habido otras tendencias, la más importante de las cuales es que dedican periodos más cortos a instruirse. El resultado es una brecha menor entre pubertad y reproducción. Los miembros de estos grupos tienden a casarse antes y a tener hijos antes. Los integrantes de una pareja de este tipo dependen más uno de otro en términos económicos, así que en su caso las consecuencias financieras del divorcio pueden ser mucho más dañinas. Hay elementos no emocionales que mantienen unidos a estos matrimonios, y el divorcio posee más trascendencia para ellos, lo mismo que el sexo extramarital y premarital.

Este grupo comprende a muchos conservadores sociales, segmento social reducido pero poderoso. Es poderoso porque habla en nombre de los valores tradicionales. El caos de las clases instruidas no merece aún la designación de "valores"; pasará un siglo antes de que sus estilos de vida cuajen en un sistema moral coherente. Así, los conservadores sociales tienen una ventaja inherente, pues se expresan con coherencia desde la autoritaria posición de la tradición.

Como ya vimos, sin embargo, las distinciones tradicionales entre hombres y mujeres están desapareciendo. Dado que viven más y tienen menos hijos, las mujeres ya no se ven obligadas por las circunstancias a adoptar los roles tradicionales que debían mantener antes de la urbanización y la industrialización. De igual forma, la familia no es el instrumento económico crítico que alguna vez fue. El divorcio ya no es económicamente catastrófico, y el sexo premarital es inevitable. La homosexualidad y los enlaces civiles sin reproducción también han dejado de ser infrecuentes. Si el sentimiento es la base del matrimonio, ¿por qué, en efecto, el matrimonio gay no habría de ser tan válido como el heterosexual? Si el matrimonio se disocia de la reproducción, el matrimonio gay es una deducción lógica de lo mismo. Todos estos cambios se derivan de las radicales transformaciones de patrones de vida que conlleva el fin de la explosión demográfica.

No es casual entonces que los tradicionalistas de todos los grupos religiosos —católicos, judíos, musulmanes y otros— hayan fijado su atención en la vuelta a los patrones de reproducción tradicionales. Todos ellos abogan por una familia numerosa, y muchos la tienen. En este contexto, tiene sentido mantener los roles tradicionales de las mujeres, y también lo tienen las expectativas tradicionales de matrimonio a corta edad, castidad y permanencia del matrimonio. La clave es tener más hijos, lo cual es un principio tradicionalista. Todo lo demás se desprende de eso.

Este no se reduce a las sociedades industriales avanzadas. Uno de los fundamentos del antiamericanismo, por ejemplo, es el argumento de que la sociedad estadunidense propaga la inmoralidad, celebra la falta de pudor entre las mujeres y destruye a la familia. Este tema se repite continuamente en los discursos de Osama bin Laden. El mundo está cambiando, asegura, y abandonando patrones de conducta considerados tradicionalmente como morales. Él quiere detener este proceso.

Estas cuestiones se han vuelto un campo de batalla global, así como un torbellino político interno en la mayoría de los países industriales avanzados, en particular en Estados Unidos. Por un lado está un conjunto estructurado de fuerzas políticas con raíces en organizaciones religiosas. Por el otro, menos una fuerza política que un arrollador patrón de conducta indiferente a las consecuencias políticas de sus actos. Este patrón de conducta está motivado por la necesidad demográfica. Ciertamente hay movimientos que defienden varios aspectos de esta evolución, como los derechos de los gays, pero esta transformación no se planeó. Está ocurriendo y ya.

## Las computadoras y la cultura estadunidense

Veamos esto desde otra perspectiva, la de la tecnología. En el despertar de su era, Estados Unidos tiene gran interés en destruir los patrones sociales tradicionales, lo cual crea cierta inestabilidad y le ofrece un máximo margen de maniobra. La cultura estadunidense es una combinación incómoda de Biblia y computadoras, de valores tradicionales e innovación radical. Pero junto con la demografía, las computadoras redefinen hoy esa cultura y son el verdadero cimiento de la hegemonía cultural estadunidense. Serán, así, sumamente importantes en los próximos cien años.

La computadora representa un cambio radical respecto a la tecnología anterior como una nueva manera de considerar la razón. El propósito de una computadora es manipular datos cuantitativos, es decir números. Como máquina manipuladora de datos, es una tecnología única. Pero como reduce toda la información —música, cine y palabras— a un número, también es una manera única de considerar la razón.

La computadora se basa en la lógica binaria. Esto significa sencillamente que lee cargas eléctricas, las cuales son negativas o positivas y se tratan como un 0 o un 1. Usa una cadena de esos números binarios para representar cosas que nos parecen muy simples. Así, la letra mayúscula A se representa como 01000001. La letra minúscula a es 01100001. Estas cadenas de números se reorganizan en lenguaje de máquina, gestionado a su vez por un código de computación escrito en uno de varios lenguajes, desde Basic a C++ y Java.

Si esto parece complejo, recuérdese simplemente lo siguiente: para una computadora, todo es un número, desde una letra en la pantalla hasta un fragmento de música. Todo se reduce a ceros y unos. Para gestionar las computadoras se han creado lenguajes totalmente artificiales. Su propósito es hacer que las computadoras usen los datos que reciben.

Pero las computadoras sólo pueden manejar cosas que es posible expresar en código binario. Pueden tocar música, pero no componerla (no bien al menos) ni explicar su belleza. Pueden guardar poesía, pero no explicar su significado. Pueden permitir la exploración de todos los libros imaginables, pero no distinguir entre gramática correcta e incorrecta, no bien al menos. Son excelentes para lo que pueden hacer, pero dejan fuera mucho de lo que la mente humana es capaz. Son una herramienta.

Una herramienta efectiva y seductora. Pero que opera con una lógica carente de elementos complejos de la razón. La computadora se concentra implacablemente en cosas que pueden representarse con números. Al hacerlo, induce a creer que también otros aspectos del conocimiento son irreales o poco importantes. Trata a la razón como un instrumento para conseguir cosas, no para contemplarlas. Reduce en extremo lo que entendemos y concebimos como razón. Pero en ese estrecho campo, la computadora puede hacer cosas extraordinarias.

Quien haya aprendido un lenguaje de programación conoce su rigor lógico, y su artificialidad. No guarda la menor semejanza con el lenguaje natural. De hecho, es la antítesis del lenguaje natural. Este último abunda en sutilezas, matices y significados complejos determinados por el contexto y la inferencia. La herramienta lógica debe excluir todas esas cosas, ya que la lógica binaria de la computación es incapaz de enfrentarlas.

La cultura estadunidense precedió a la computación estadunidense. El concepto filosófico del pragmatismo se apoyó en enunciados como éste de Charles Peirce, uno de los fundadores del pragmatismo: "Para determinar el significado de una concepción intelectual debe considerarse qué consecuencias prácticas podrían concebiblemente resultar por fuerza de la verdad de esa concepción; y la suma de tales consecuencias constituirá el significado entero de dicha concepción."

En otras palabras, la importancia de una idea radica en sus consecuencias prácticas. Así pues, una idea sin consecuencias prácticas carece de significado. Esto excluye la noción íntegra de la razón contemplativa como un fin en sí mismo.

El pragmatismo estadunidense fue un ataque a la metafísica europea con motivo de su falta de sentido práctico. A la cultura estadunidense le obsesionaba lo práctico y desdeñaba lo metafísico. La computadora y el lenguaje computacional son las manifestaciones perfectas de la noción pragmática de la razón. Cada línea de código debe tener una consecuencia práctica. La funcionalidad es la única norma. Es inconcebible que una línea de código pueda apreciarse no por su utilidad sino por su belleza intrínseca.

La idea del pragmatismo, tal como evolucionó en lenguajes como C++, es una simplificación y contracción radical de la esfera de la razón. La razón ya sólo se las ve con unas cuantas cosas, todas las cuales se miden por sus consecuencias prácticas. Todo lo que carece de consecuencias prácticas se excluye de la esfera de la razón y se remite a una esfera inferior. En otras palabras, la cultura estadunidense no se ocupa fácilmente de lo verdadero y lo bello. Valora que las cosas se lleven a cabo, y no le inquieta demasiado por qué es importante lo que se hace.

Esto concede a la cultura estadunidense su verdad central y su enorme empuje. Se le acusa de haber elevado lo práctico por encima de todas las demás formas de verdad. Esta acusación es válida, pero no aprecia lo persuasivo de esa reducción. La historia se hace en lo práctico.

Si se busca la esencia de la cultura estadunidense, está no sólo en el pragmatismo como filosofía, sino en la computadora como encarnación del pragmatismo. Nada ejemplifica mejor a la cultura estadunidense que la computadora, y nada ha transformado al mundo más rápida y cabalmente que su advenimiento. La computadora, mucho más que el automóvil o la Coca-Cola, representa la manifestación por excelencia del concepto estadunidense de la razón y la realidad.

También la cultura de la computación es bárbara por definición. La esencia de la barbarie es la reducción de la cultura a una simple fuerza impulsora que no tolera desviación ni competencia. La forma en que la computadora está diseñada, el modo en que se la programa y la manera en que ha evolucionado representan una poderosa fuerza reduccionista. Ésta no constituye una razón que contempla su complejidad, sino una razón que se reduce a su más simple expresión y que se justifica por sus logros prácticos.

El pragmatismo, las computadoras y Microsoft (o cualquier otra corporación estadunidense) están implacablemente focalizados, extremadamente útiles y sumamente efectivos. La fragmentación de la cultura estadunidense es real, pero se descompone lentamente en la barbarie de la computadora y en el instrumento que en última instancia se sirve de la computadora y la define, la corporación. Las corporaciones son la adaptación estadunidense de un concepto europeo. En su forma estadunidense, este concepto se convierte en un modo de vida. Las corporaciones están tan fragmentadas como el resto de la cultura de Estados Unidos. Pero en su diversidad expresan el mismo aplomo de toda ideología estadunidense.

**Resumen**

A Estados Unidos se le imita socialmente y se le condena políticamente. Se ubica en la línea de falla ideológica del sistema internacional. Conforme la población disminuye debido a cambios en los patrones reproductivos, Estados Unidos se convierte en el centro de modos de vida social radicalmente redefinidos. No puede tenerse una economía moderna sin computadoras ni corporaciones; y si van a programarse computadoras, hay que saber inglés, el lenguaje de la computación. Por un lado, quienes desean oponerse a esta tendencia deben evitar enérgicamente el modelo estadunidense de vida y pensamiento. Por el otro, quienes no adoptan los modos estadunidenses no pueden tener una economía moderna. Esto es lo que otorga a

Estados Unidos su fuerza y frustra sin cesar a sus críticos. La merma de la población restructura el patrón de la familia y la vida diaria. Las computadoras transforman, simplifican y concentran la manera de pensar de las personas. Las corporaciones reorganizan constantemente el modo en que trabajamos. En medio de estos tres factores, amor, razón y vida diaria son objeto de transformaciones, las cuales acrecientan el poderío estadunidense.

Antiguas instituciones se han hecho añicos, pero las nuevas aún no emergen. El siglo XXI será un periodo en el que una amplia variedad de nuevas instituciones, sistemas morales y prácticas iniciará su aparición tentativa. La primera mitad de este siglo estará marcada globalmente por intensos conflictos sociales. Todo esto enmarcará las refriegas internacionales del siglo XXI.

# LAS NUEVAS LÍNEAS DE FALLA

¿Dónde ocurrirá el próximo terremoto y cómo será? Para responder esta pregunta debemos examinar las líneas de falla geopolíticas del siglo XXI. Como las geológicas, hay muchas líneas de falla geopolíticas. Sin llevar demasiado lejos la analogía, tenemos que identificar las líneas de falla activas para señalar áreas donde las fricciones podrían derivar en conflictos. Al menguar la atención en el mundo islámico, ¿cuál será el punto más inestable del globo en la etapa siguiente?

En este momento existen cinco áreas que son candidatas viables. Primero está la importantísima cuenca del Pacífico. La marina estadunidense domina el Pacífico. La orilla asiática de este océano consta por entero de países cuyo comercio dependen de su acceso a altamar, y por lo tanto de Estados Unidos. Dos de ellos —China y Japón— son grandes potencias que podrían desafiar la hegemonía de ese país. De 1941 a 1945, Estados Unidos y Japón se enfrentaron por la cuenca del Pacífico, cuyo control sigue siendo hoy un posible problema.

Segundo, debemos considerar el futuro de Eurasia tras la caída de la Unión Soviética. Desde 1991, esta región se ha fragmentado y deteriorado. El Estado heredero de la Unión Soviética, Rusia, emerge ya de este periodo con renovada seguridad en sí mismo. Pero se encuentra en una posición geopolítica insostenible. A menos que se esfuerce en crear una esfera de influencia, la propia Federación Rusa podría fragmentarse. Por otra parte, crear esa esfera podría generar conflictos con Estados Unidos y Europa.

Tercero, el marco definitivo de Europa aún está en duda. Durante cinco siglos este continente fue escenario constante de guerras. En los últimos sesenta años fue ocupado o intentó forjar una federación que hiciera imposible el retorno de la guerra. Quizá deba vérselas con el resurgimiento de Rusia, las intimidaciones de Estados Unidos o tensiones internas. Es un hecho que la puerta al conflicto sigue abierta.

En el cuarto sitio está el mundo islámico. Lo preocupante en este caso no es su inestabilidad, sino el surgimiento de una nación-Estado que, más allá de su ideología, pueda servir de base a una coalición. Históricamente, Turquía ha sido el centro de poder más exitoso del mundo musulmán. Es también un país dinámico y en rápida modernización. ¿Cuál es su futuro, y el de otras naciones-Estado musulmanas?

En quinto lugar está la cuestión de las relaciones entre México y Estados Unidos. Normalmente, la condición de México no tendería al nivel de línea de falla global, pero su ubicación en América del Norte lo vuelve importante por encima de su poder obvio. Siendo el país con el decimoquinto producto interno bruto (PIB) del mundo, sus méritos no deben subestimarse. México tiene hondos problemas históricos con Estados Unidos, y en el siglo próximo pueden surgir fuerzas sociales que ninguno de los dos gobiernos sea capaz de controlar.

Para precisar los acontecimientos del futuro, debemos examinar ahora cuáles tienen probabilidades de ocurrir y en qué orden. Una línea de falla no necesariamente es garantía de terremoto. Líneas de falla pueden existir durante milenios y causar apenas temblores ocasionales. Pero es casi seguro que estas numerosas e importantes líneas de falla provocarán conflictos en el siglo XXI.

## La cuenca del Pacífico

El litoral oeste del Pacífico fue la región del mundo de más rápido crecimiento en el último medio siglo. Contiene dos de las economías más grandes del orbe, Japón y China. Junto con otras economías del este asiático, éstas dependen intensamente del comercio maríti-

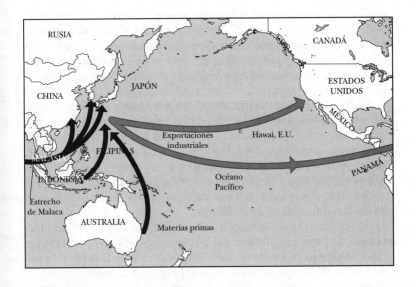

mo, pues despachan bienes a Estados Unidos y Europa e importan materias primas del golfo Pérsico y el resto de la cuenca del Pacífico. Cualquier interrupción en el flujo de mercancías sería perjudicial para ellas. Una interrupción prolongada resultaría catastrófica.

Consideremos a Japón, la segunda economía del mundo y la única gran potencia industrial en no poseer valiosos recursos naturales de ninguna especie. Japón debe importar todos sus minerales principales, desde petróleo hasta aluminio. Sin estas importaciones —en particular de petróleo—, dejaría de ser una potencia industrial en cuestión de meses. Para calibrar la relevancia de este flujo, téngase en cuenta que Japón atacó Pearl Harbor en 1941 porque Estados Unidos interfirió en su acceso a materias primas.

China también emergió como gran potencia industrial en la última generación, con un crecimiento superior al de las demás

95

economías principales del mundo, aunque su economía sigue siendo mucho más pequeña que la de Japón o Estados Unidos. No obstante, hoy es un actor clave en la cuenca del Pacífico. Antes era mucho más autosuficiente que Japón en términos de mercancías primarias. Pero conforme creció, sobrepasó sus recursos y se convirtió en importador neto de materias primas.

Así, el Pacífico cuenta ahora con dos grandes potencias asiáticas que dependen en alto grado de las importaciones para impulsar su economía y de las exportaciones para hacerla crecer. Japón y China, junto con Corea del Sur y Taiwán, dependen de su acceso al Pacífico para transportar bienes y mercancías. Puesto que la marina estadunidense controla el océano Pacífico, dependen de Estados Unidos en lo referente a su bienestar económico. Apostar tanto por una nación diferente es muy riesgoso.

La otra cara de la moneda es que Estados Unidos utiliza gran cantidad de productos industriales asiáticos, lo que le permite brindar a sus consumidores bienes de bajo precio. Al mismo tiempo, este patrón comercial devasta a ciertos sectores y regiones económicos estadunidenses, pues debilita a la industria nacional. Algo beneficioso para los consumidores puede simultáneamente aumentar el desempleo y reducir los salarios, lo que crea complejas contracorrientes políticas en Estados Unidos. Una de las características de este país es que tiende a ser demasiado sensible a sus asuntos políticos internos, ya que dispone de amplio margen de maniobra en política exterior. Por tanto, sin importar los beneficios generales del comercio con Asia, Estados Unidos podría terminar en una situación en la que consideraciones políticas internas lo obligaran a cambiar su política en torno a las importaciones asiáticas. Por remota que parezca, esta posibilidad representa una amenaza seria para los intereses del este asiático.

China envía a Estados Unidos casi la cuarta parte de sus exportaciones. Si éste prohibiera los productos chinos o les impusiera aranceles que los volvieran poco competitivos, China enfrentaría una grave crisis económica. Lo mismo podría decirse de Japón y otros países asiáticos. Las naciones que encaran el desastre económico son impredecibles. Podrían volverse agresivas al tratar de abrir otros mercados, a veces mediante la presión política o militar.

Militarmente, sin embargo, Estados Unidos podría cerrar a su gusto el acceso al océano Pacífico. Depende económicamente del comercio con Asia, aunque en absoluto tanto como ésta depende del comercio con él. Estados Unidos es asimismo susceptible a presiones políticas internas de los grupos desproporcionadamente afectados por las baratas importaciones asiáticas. Es posible entonces que, en respuesta a presiones internas, intente redefinir las relaciones económicas en la cuenca del Pacífico. Uno de los medios que puede usar para ello son las leyes proteccionistas, con el respaldo de su fuerza militar. Así, el este asiático no tendría cómo contrarrestar real y efectivamente una acción militar o económica estadunidense.

Lo último que cualquier país de la región desea son conflictos. Sin embargo, en ella priva un enorme desequilibrio de poder. Cualquier cambio en las políticas estadunidenses podría causar estragos en el este asiático, y un cambio en esas políticas está lejos de ser inimaginable. La amenaza de sanciones a China, por ejemplo, con las que Estados Unidos podría tratar de limitar la importación de petróleo por ese país, atenta contra el núcleo mismo del interés nacional chino. Así, los chinos deberán usar su creciente fuerza económica para desarrollar opciones militares contra Estados Unidos. Actuarán simplemente de acuerdo con el principio fundamental de la planeación estratégica: esperar lo mejor, planear para lo peor.

En los últimos cincuenta años, el Pacífico occidental ha incrementado drásticamente su poderío económico, pero no su poderío militar, y ese desequilibrio deja vulnerable al este asiático. En consecuencia, Japón y China no tendrán otra opción que acrecentar su poderío militar en el siglo que viene, lo que Estados Unidos juzgará una posible amenaza a su control del Pacífico occidental. Interpretará una acción defensiva como agresiva, lo que en efecto es en términos objetivos, sea cual fuere su propósito subjetivo. Añádase a esto la evolución constante de naciones como Corea del Sur y Taiwán, y es seguro que esta región se convertirá en un polvorín durante el siglo XXI.

Cualquier país asiático que crea que los megaumentos al precio del petróleo son una posibilidad realista no puede descartar la amenaza de que Estados Unidos proceda a arrebatarle energía. A corto plazo —los próximos veinte a cincuenta años—, este escenario es muy real. Todas las potencias asiáticas racionales deben prepararse para él. Las dos únicas con recursos para desafiar a Estados Unidos en el mar, son China y Japón, hostiles entre sí pero que comparten el temor a la conducta estadunidense durante un alza de precios de los energéticos.

El control del Pacífico se cruza con un asunto más específico: el control de las rutas marítimas para el transporte de energía. Cuanto más alto sea el precio del petróleo y más tarden en hacerse realidad las fuentes de energía distintas a los hidrocarburos, más probable será un enfrentamiento por esas rutas marítimas. El desequilbrio de poder en esta región es severo. Esto, las cuestiones propias del transporte de energéticos y el acceso a los mercados estadunidenses confieren a la cuenca del Pacífico su inmensa línea de falla geopolítica.

## Eurasia

Durante casi toda la segunda mitad del siglo XX, la Unión Soviética controló Eurasia, del centro de Alemania al Pacífico, y al sur hasta el Cáucaso y el Hindu Kush. Al desplomarse, su frontera oeste se movió al este cerca de millar y medio de kilómetros, de los límites de Alemania occidental a la frontera rusa con Bielorrusia. Desde el Hindu Kush su frontera se recorrió millar y medio de kilómetros al norte, hasta el límite ruso con Kazakhistán. A partir de la frontera de Turquía, Rusia fue empujada hacia arriba, hasta el norte del Cáucaso, donde sigue batallando por mantener su punto de apoyo en la región. Así, el poderío ruso se replegó más al este de lo que estuvo en siglos. Durante la guerra fría había avanzado al oeste más que nunca. En las décadas venideras se asentará en algún punto entre esas dos líneas.

Tras la disolución de la Unión Soviética, a fines del siglo XX, potencias extranjeras llegaron a Rusia para aprovechar la economía de esta nación, lo que generó un periodo de caos y pobreza. También actuaron rápidamente para incluir en su esfera de influencia la mayor parte posible del imperio ruso. Europa oriental fue integrada a la Organización del Tratado del Atlántico Norte (OTAN) y la Unión Europea (UE), y los Estados bálticos fueron asimismo incorporados a la OTAN. Estados Unidos estableció estrechas relaciones tanto con Georgia, en el Cáucaso, como con muchos de los "puntales" de Asia central, en particular después del 11 de septiembre, cuando los rusos permitieron la presencia de fuerzas estadunidenses en el área para librar la guerra en Afganistán. Más significativamente, Ucrania se alineó con Estados Unidos y se apartó de Rusia, lo que constituyó un punto límite en la historia rusa.

La Revolución Naranja en Ucrania, de diciembre de 2004 a enero de 2005, marcó el momento en que de verdad terminó para Rusia el mundo posterior a la guerra fría. Los rusos vieron los sucesos en Ucrania como un intento de Estados Unidos por atraer esa república a la OTAN, y sentar de este modo las bases de la desintegración de su país. Francamente, había algo de cierto en esa percepción.

Si Occidente hubiera conseguido el dominio de Ucrania, Rusia se habría visto desprovista de defensas. La frontera sur con Bielorrusia y el límite suroeste del país habrían quedado abiertos de par en par. Además, entre Ucrania y el oeste de Kazakhistán hay una distancia de apenas seiscientos cincuenta kilómetros, la brecha por la cual Rusia ha podido proyectar su poder sobre el Cáucaso (véase mapa, página 100). Es de suponer entonces que, en esas circunstancias, Rusia habría perdido la posibilidad de controlar el Cáucaso y habría tenido que replegarse más al norte desde Chechenia. Los rusos habrían abandonado partes de la propia Federación Rusa, y el flanco sur de su nación se habría vuelto muy vulnerable. Rusia habría seguido fragmentándose hasta regresar a sus fronteras medievales.

La fragmentación de Rusia hasta este punto habría generado

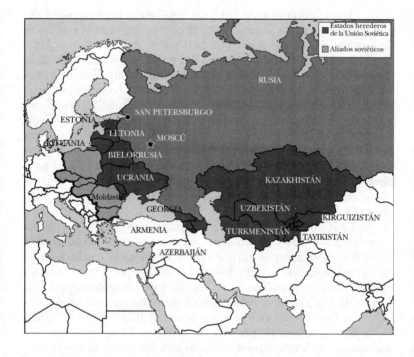

caos en Eurasia, a lo que Estados Unidos no se habría opuesto, pues su gran estrategia ha perseguido siempre la fragmentación de Eurasia como primera línea de defensa para controlar los mares, como ya vimos. Así, Estados Unidos tenía todas las razones imaginables para alentar ese proceso; Rusia, todas las razones imaginables para bloquearlo.

Luego de lo que Rusia estimó como un intento estadunidense por hacerle más daño aún, Moscú retomó su estrategia de reafirmación de su esfera de influencia en las áreas de la antigua Unión Soviética. El gran repliegue del poderío ruso terminó en Ucrania. Hoy

la influencia rusa crece en tres direcciones: Asia central, el Cáucaso e, inevitablemente, Occidente, los países bálticos y Europa oriental. Para la generación siguiente, hasta alrededor de 2020, la preocupación primordial de Rusia será reconstruir su Estado y reafirmar su poderío en la región.

Curiosamente, el cambio geopolítico se alinea con un cambio económico. Vladimir Putin veía a Rusia menos como una potencia industrial que como exportadora de materias primas, las más importantes de las cuales son los energéticos (gas natural en particular). Al actuar para poner la industria energética bajo supervisión, si no es que control directo, del Estado, Putin echó fuera a intereses extranjeros y reorientó la industria hacia la exportación, en especial a Europa. El alto precio de la energía ayudó a estabilizar internamente la economía rusa. Pero Putin no restringió sus esfuerzos a la energía. También buscó sacar provecho de la agricultura, maderas, oro, diamantes y otras mercancías rusas. Transformó a Rusia de un desastre empobrecido en un país pobre pero más productivo. Le dio asimismo el medio para intimidar a Europa: la válvula de un gasoducto.

Rusia ha vuelto a la carga en sus fronteras. Ha concentrado su atención en Asia central, y con el tiempo tendrá éxito ahí; pero en el Cáucaso, más decisivo, no se las verá tan fácil. Los rusos no piensan permitir que se separe parte alguna de la Federación Rusa. En particular en la década siguiente, habrá fricciones con Estados Unidos y otros países de la región a medida que Rusia se reafirme.

Perp con toda probabilidad, el verdadero punto álgido será la frontera oeste de Rusia. Bielorrusia se alineará con Rusia. De todos los países de la antigua Unión Soviética, éste es el que menos reformas económicas y políticas ha hecho y el más interesado en recrear a un heredero de la Unión Soviética. Asociada de alguna manera con Rusia, Bielorrusia llevará de nuevo el poderío ruso hasta los límites de la antigua Unión Soviética.

Del sur de los países bálticos a la frontera con Rumania está una región cuyos límites han sido históricamente inciertos y el conflicto frecuente. En el norte se encuentra una llanura larga y angosta, que se extiende de los Pirineos a San Petersburgo. Ahí se libraron las mayores guerras europeas. Es la ruta que Napoleón y Hitler siguieron para invadir Rusia. Tiene pocas barreras naturales. Así, los rusos deben empujar lo más posible su frontera al oeste para crear un área tapón. Tras la segunda guerra mundial, por esta llanura llegaron hasta el centro de Alemania. Hoy se han replegado al este. Tienen que regresar, y desplazarse lo más posible al oeste. Esto significa que los Estados bálticos y Polonia son, de nueva cuenta, problemas que Rusia deberá resolver.

La definición de los límites de la influencia rusa será controvertida. Estados Unidos y los países de la antigua esfera soviética no querrán que Rusia llegue muy lejos. Lo último que los Estados bálticos desean es volver a caer bajo dominio ruso. Igual los Estados al sur de la llanura del norte de Europa, en los Cárpatos. Los antiguos satélites rusos —en particular Polonia, Hungría y Rumania— comprenden que el retorno de las fuerzas rusas a sus fronteras representaría una amenaza a su seguridad. Y como hoy estos países forman parte de la OTAN, sus intereses afectan necesariamente los de Europa y Estados Unidos. La incógnita es dónde se trazará la línea en el oeste. Ésta ha sido una pregunta histórica, y fue un desafío clave para Europa en los cien últimos años.

Rusia no se convertirá en una potencia global en la próxima década, pero no tiene otra opción que ser una potencia regional importante. Y esto significa que chocará con Europa. La frontera rusoeuropea sigue siendo una línea de falla.

## Europa

Europa todavía está en proceso de reorganizarse tras la pérdida de su imperio y dos devastadoras guerras mundiales, y aún está por verse si esa reorganización será pacífica. El Viejo Continente no recuperará su imperio, pero la complaciente certeza de que las guerras intraeuropeas han concluido debe examinarse. Para esto es central la pregunta de si Europa es un volcán apagado o sólo inactivo. El PIB total de la UE es de más de 14 billones de dólares, un billón más que el estadunidense. Es posible pero no seguro que una región tan rica —y tan diversa en su riqueza— se mantenga inmune al conflicto.

Resulta poco razonable hablar de Europa como si fuera una sola entidad. No lo es, pese a la existencia de la UE. Europa se compone de una serie de naciones-Estado soberanas y belicosas. Hay una entidad general llamada Europa, pero es más razonable pensar en cuatro Europas (se excluye de esta lista a Rusia y las naciones de la antigua Unión Soviética: aunque geográficamente europeas, tienen una dinámica muy distinta):

- Europa atlántica: las naciones que dan directamente al océano Atlántico y el mar del Norte, las principales potencias imperiales en los últimos quinientos años.
- Europa central: esencialmente Alemania e Italia, que no nacieron como naciones-Estado modernas hasta fines del siglo XIX. La afirmación de su interés nacional fue lo que llevó a las dos guerras mundiales del siglo XX.
- Europa oriental: las naciones de los mares Báltico a Negro ocupadas por tropas soviéticas en la segunda guerra mundial y que desarrollaron su reciente identidad nacional a partir de esa experiencia.
- Está, desde luego, una cuarta Europa menos importante, los países escandinavos.

En la primera mitad del siglo XX, la Europa atlántica fue el centro imperial del mundo. Los europeos centrales eran recién llegados y rivales. Los europeos orientales fueron las víctimas. Desgarrada por dos guerras mundiales, Europa enfrentó una pregunta fundamental: ¿cuál era la condición de Alemania en el sistema europeo? Los alemanes, excluidos del sistema imperial creado por la Europa atlántica, intentaron derribar ese sistema e imponer su dominio. La conclusión de la segunda guerra halló a Alemania destruida, dividida y ocupada, controlada por los soviéticos en el este, e Inglaterra, Francia y Estados Unidos en el oeste.

Alemania occidental fue indispensable para Estados Unidos y sus aliados en la OTAN a causa de la confrontación con los soviéticos. La formación de un ejército alemán planteaba obviamente un pro-

blema. Si el origen de las dos guerras mundiales fue el incremento del poderío alemán y se alentaba a Alemania a ser poderosa otra vez, ¿qué impediría una tercera guerra europea? La respuesta radicaba en integrar el ejército alemán a la OTAN, para ponerlo bajo el mando estadunidense en el terreno. Pero la respuesta de fondo estribaba en integrar Alemania a Europa en su conjunto.

Durante la década de los cincuenta, cuando se fundó la OTAN, se concibió también la Comunidad Económica Europea. La UE, que emergió de ella, es una entidad esquizofrénica. Su principal propósito es crear una economía europea integrada, dejando la soberanía en manos de cada nación. Simultáneamente, se le ve como el preámbulo de una federación de Estados europeos, en la que un gobierno central, con un parlamento y servicio civil profesional, gobernaría una Europa federal donde la soberanía nacional se limitaría a asuntos locales y las políticas de defensa y exterior recaerían en el grupo.

Europa no ha cumplido esta meta. Ha creado una zona de libre comercio y una moneda común, que algunos miembros de la zona usan y otros no. Pero no ha creado una Constitución política, dejando así soberana a cada nación, y por lo tanto jamás ha producido una política de defensa o exterior unida. La política de defensa, en la medida en que está coordinada, se halla en manos de la OTAN, y no todos los miembros de ésta lo son de la UE (destacadamente Estados Unidos). Con el desplome del imperio soviético, países particulares de Europa oriental fueron admitidos en la UE y la OTAN.

En síntesis, la Europa posterior a la guerra fría está sumida en un caos benigno. Es imposible desenmarañar las relaciones institucionales extraordinariamente complejas y ambiguas que se han producido. Dada la historia de Europa, esa confusión conduciría normalmente a la guerra. Pero, con excepción de la antigua Yugoslavia, el Viejo Continente no tiene fuerzas para guerrear ni apetito de inestabilidad, y ciertamente ningún deseo de conflicto. Su transformación psicológica ha sido notable. Ahí donde, antes de 1945, la matanza y la guerra habían sido durante siglos pasatiempos regulares, después de 1945 ni siquiera el caos conceptual de las instituciones federales puede causar conflictos más allá de la retórica.

Bajo la superficie de la UE siguen haciéndose valer los antiguos nacionalismos europeos, aunque poco a poco. Esto puede verse en las negociaciones económicas de la UE. Los franceses, por ejemplo, reclaman el derecho a proteger a sus agricultores de la competencia excesiva, o a no firmar tratados que controlen sus déficit. Por tanto, en un contexto geopolítico, Europa no se ha convertido en una entidad trasnacional unificada.

Por estas razones, es ilusorio hablar de Europa como si fuera una sola entidad, a la manera de Estados Unidos o China. Es una serie de naciones-Estado, aun traumatizadas por la segunda guerra, la guerra fría y la pérdida de su imperio. Esas naciones-Estado son muy cerradas y determinan sus acciones geopolíticas según sus intereses particulares. Las interacciones primordiales no ocurren entre Europa y el resto del mundo, sino entre naciones europeas. En este sentido, Europa se conduce más como América Latina que como una gran potencia. En América Latina, Brasil y Argentina dedican mucho tiempo a pensar uno en otro, sabiendo que su efecto en el globo es limitado.

Rusia constituye la amenaza estratégica más inmediata para Europa. Pero no le interesa conquistarla, sino reafirmar su control sobre el área de la antigua Unión Soviética. Desde el punto de vista ruso, establecer una esfera de influencia mínima es tanto una pretensión razonable como una medida esencialmente defensiva. Sin embargo, es una medida defensiva que afectará al instante a los tres Estados bálticos, ahora integrados a instituciones europeas.

Resulta obvio que los europeos orientales desean impedir el resurgimiento ruso. La verdadera pregunta es qué podría hacer el resto de Europa, y en especial Alemania. Los alemanes están hoy en una posición cómoda, con un área tapón entre ellos y los rusos, y en libertad de concentrarse en sus problemas económicos y sociales. Además, la herencia de la segunda guerra les pesa mucho. No quieren actuar solos, sino como parte de una Europa unificada.

La postura de Alemania es impredecible. Es una nación cuya posición geopolítica le ha enseñado que resulta muy peligroso imponer su interés nacional. En 1914 y 1939 intentó actuar contundentemente en respuesta a amenazas geopolíticas, y en cada ocasión sus esfuerzos terminaron en catástrofe. El análisis de Alemania es que participar en maniobras político-militares fuera de una coalición amplia la expone a un peligro extremo. La Europa atlántica ve a Alemania como un Estado tapón contra Rusia, y juzgará irrelevante para sus intereses cualquier amenaza en los países bálticos. En consecuencia, no se unirá a la coalición que Alemania necesita para enfrentar a los rusos. El resultado más probable será la inacción alemana, la limitada participación estadunidense y un retorno gradual del poderío ruso a la zona fronteriza entre Europa y Rusia.

Pero hay otro escenario. En él, Alemania reconocerá el peligro inminente para Polonia de la dominación por parte de Rusia de los países bálticos. Considerando a Polonia como parte necesaria de su seguridad nacional, ejercerá así una política activa, ideada para proteger a Polonia protegiendo a los países bálticos. Procederá entonces a dominar la cuenca del Báltico. Pero como los rusos no abandonarán el campo fácilmente, los alemanes se verán en una prolongada confrontación con ellos, compitiendo por la influencia en Polonia y en la región de los Cárpatos.

Alemania se encontrará forzosamente escindida, tanto de su pasado agresivo como del resto de Europa. Mientras que el resto de Europa intentará no involucrarse, los alemanes se verán envueltos en la tradicional política de poder. Al hacerlo, aumentará su poder real y potencial, y su psicología cambiará. Una Alemania unida volverá a hacerse valer de súbito. Lo que comenzó como una acción defensiva evolucionará en formas inesperadas.

Éste no es el escenario más probable. Pero la situación podría empujar a Alemania a ver de nuevo a Rusia como una gran amenaza, y a Polonia y el resto de Europa oriental como parte de su esfera de influencia y una protección contra los rusos. Esto depende, en parte, de lo agresiva que sea la conducta rusa, de lo tenaz de la resistencia báltica, del riesgo que los polacos estén dispuestos a correr y de lo distante que quiera ser Estados Unidos. Pero depende, en definitiva, de la política interior alemana.

En lo interno, Europa está inerte, aún en choque por sus pérdidas. Pero fuerzas externas como la inmigración islámica o los intentos de Rusia por reconstruir su imperio podrían dar nueva vida, de modos diversos, a esta antigua línea de falla.

## El mundo musulmán

Ya analizamos al mundo islámico en general como línea de falla. La crisis actual se ha contenido, pero el mundo islámico en su conjunto sigue siendo inestable. Aunque esta inestabilidad no cuajará en una revuelta islamista generalizada, plantea el riesgo de que una nación-Estado musulmana aproveche la inestabilidad, y por tanto las debilidades de otros Estados, para imponerse como potencia regional. Indonesia, el Estado musulmán más poblado del mundo, no está en condiciones de imponerse. Pakistán es el segundo Estado musulmán. También es una potencia nuclear. Pero está tan dividido que es difícil saber cómo podría convertirse en gran potencia o, geográficamente, cómo podría extender su poder, horquillado como está por Afganistán en el oeste, China y Rusia en el norte y la India en el este. Entre la inestabilidad y la geografía, Pakistán no emergerá como Estado musulmán importante.

A Indonesia y Pakistán les siguen otras tres grandes naciones-Estado musulmanas. La mayor es Egipto, con 80 millones de habitantes. Turquía es la segunda, con 71 millones, e Irán la tercera, con 65 millones.

En lo económico, Turquía es la decimoséptima economía del mundo, con un PIB de 660 mil millones de dólares. Irán es la vigesimonovena, con un PIB de poco menos de 300 mil millones. Egipto es la quincuagésima segunda, con un PIB de 125 mil millones de dólares al año. En los últimos cinco, la economía de Turquía ha crecido entre 5 y 8% anual, una de las tasas de crecimiento sostenido más altas para cualquier país. Excepto por dos años de recesión, Irán también ha tenido una tasa sostenida de crecimiento del PIB de más de 6% en los cinco últimos años, lo mismo que Egipto. Estos dos países crecen rápido, pero parten de una base mucho menor que la de Turquía.

En comparación con los países europeos, Turquía es ya la séptima economía y crece más rápido que la mayoría de ellos.

Ahora bien, es cierto que las dimensiones económicas no son todo. En términos geopolíticos, Irán parece ser el más agresivo de esos tres países, pero en realidad ésta es su debilidad básica. Puesto que intenta proteger su régimen contra Estados Unidos, los musulmanes sunitas y los árabes que se le oponen (Irán no es un país árabe), sin cesar se ve obligado a ser prematuramente enérgico. Así, llama la atención de Estados Unidos, que inevitablemente repara en él como una potencia peligrosa.

A causa de sus intereses en el golfo Pérsico e Irak, las metas de Irán son contrarias a las de Estados Unidos. Esto significa que tiene que distraer recursos para protegerse contra la posibilidad de un ataque estadunidense en un momento en que su economía debe desarrollarse muy rápido para ascender al primer rango regional. En resumidas cuentas, esto implica que Irán irrita a Estados Unidos. Alarmado lo suficiente, éste podría devastarlo. Irán sencillamente no está preparado para asumir la condición de potencia regional. Se ve obligado de continuo a disipar su poder en forma prematura. Querer ser una gran potencia regional mientras la mayor potencia del mundo está atenta a cada movimiento propio se antoja difícil, por decir lo menos.

Está también la cuestión geográfica. Irán se ubica en los márgenes de la región. Tiene a Afganistán al este, y hay poco que ganar ahí. En cualquier ampliación de su influencia al norte, chocaría con los rusos. Irak es una dirección de desplazamiento posible, pero puede volverse un pantanal y foco de contramedidas árabes y estadunidenses. No es fácil incrementar el poderío regional iraní. Todo tránsito costará más de lo que vale.

Egipto es el país más grande del mundo árabe y ha sido su líder tradicional. Bajo la conducción de Gamal Abdel Naser, se empeñó en convertirse en cabeza del mundo árabe. Pero éste estaba muy fragmentado, y Egipto consiguió enfadar a actores clave como Arabia Saudita. Luego de los acuerdos de Camp David con Israel, en 1978,

Egipto abandonó el propósito de ampliar su poder. De todas maneras había fracasado. Dada su economía, y su relativo aislamiento y cerrazón, difícilmente lo veremos convertirse en potencia regional en un plazo significativo. Es más probable que caiga en la esfera de influencia de otros, como los turcos, estadunidenses o rusos, el cual ha sido su destino durante varios siglos.

Turquía es un caso muy diferente. Es no sólo una gran economía moderna, sino también, de lejos, la economía más grande de la región, mucho mayor que Irán, y quizá la única economía moderna de todo el mundo islámico. Más todavía, está estratégicamente situada entre Europa, Medio Oriente y Rusia.

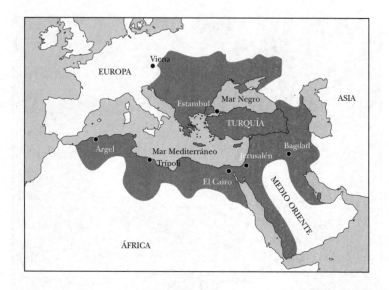

Turquía no está aislada ni maniatada; dispone de múltiples direcciones para movilizarse. Y, sobre todo, no representa un desafío para los intereses estadunidenses, así que no se ve constantemente amenazada por ellos. Esto quiere decir que no tiene que destinar recursos a bloquear a Estados Unidos. Con su economía en ascenso, es probable que pronto recupere su antiguo papel, de fuerza dominante de la región.

Debe recordarse que, hasta la primera guerra mundial, Turquía fue sede de un gran imperio (véase mapa, página 111). Despojada de él, se volvió un Estado secular al mando de una población musulmana. Hasta 1918, fue el país musulmán más poderoso del mundo. Y durante su apogeo, en los siglos XIV a XVI, el imperio turco fue sumamente extenso y poderoso.

En el siglo XVI Turquía era la potencia dominante en el Mediterráneo, ya que controlaba no sólo el norte de África y Levante, sino también el sureste de Europa, el Cáucaso y la península arábiga.

Turquía es una sociedad compleja, con un régimen laico protegido por un ejército constitucionalmente encargado de ese papel y un movimiento islamista creciente. El tipo de gobierno que acabe por tener dista de estar asegurado. Pero cuando se miran las ruinas del mundo islámico tras la invasión estadunidense de Irak en 2003 y se considera qué país ha de tomarse en serio en la región, parece obvio que éste debe ser Turquía, aliado de Estados Unidos y la potencia económica más importante de la comarca.

## México

Si en 1950 alguien hubiera dicho que medio siglo más tarde los principales motores económicos del mundo iban a ser Japón y Alemania, hoy en el segundo y tercer sitios, se le habría ridiculizado. Si en 1970 se hubiese afirmado que China sería la cuarta potencia económica mundial en 2007, la risa habría sido más estridente aún. Pero eso no habría sido más gracioso que sostener en 1800 que Estados Unidos sería en 1900 una potencia mundial. Las cosas cambian, y debe esperarse lo inesperado.

Cabe señalar entonces que, en 2007, México era la decimoquinta economía del mundo, justo después de Australia. México ocupaba por supuesto un lugar mucho más bajo, el sexagésimo, en ingreso per cápita, de 12 mil dólares al año según el Fondo Monetario Internacional, del mismo nivel que Turquía y muy superior al de China, sin duda una gran potencia.

El ingreso per cápita es importante. Pero la dimensión total de la economía es más importante aún para el poderío internacional. La pobreza representa un problema, pero la magnitud de la economía determina qué porcentaje de recursos puede destinarse al ejército y materias afines. El ingreso per cápita de la Unión Soviética y China era bajo. Pero la enormidad de su economía hizo de ellas grandes potencias. De hecho, una economía sustancial y una población numerosa han convertido históricamente a una nación en un factor para tomar en cuenta, sin importar su pobreza.

La población de México era de 27 millones de personas en 1950. Aumentó a 100 millones en los cincuenta años siguientes, y a 107 millones en 2005. El pronóstico de la onu para 2050 es de entre 114 y 139 millones, siendo 114 millones el más probable. Habiéndose casi cuadruplicado en los últimos cincuenta años, la población de México se mantendrá básicamente estable en los próximos cincuenta. Pero este país no perderá población (a diferencia de los países industriales avanzados), y contará con la fuerza de trabajo que necesita para expandirse. Esto le da una ventaja. Así, en términos de población o tamaño, México no es un país pequeño. Claro que es una nación inestable, destrozada por las drogas y los cárteles, pero China estaba sumida en el caos en 1970. El caos puede vencerse.

A muchos otros países como México no los calificaríamos de significativas líneas de falla geopolíticas. Pero México presenta diferencias fundamentales con todos ellos, como Brasil o la India. Está en América del Norte, que, como ya vimos, es actualmente el centro de gravedad del sistema internacional. De igual modo, da a los océanos tanto Atlántico como Pacífico, y comparte una larga y tensa frontera con Estados Unidos. Ya libró una gran guerra con este país por el dominio de América del Norte, y perdió. La sociedad y economía de México están intrincadamente enlazadas con las de Estados Unidos. La ubicación estratégica de México y su creciente importancia como nación lo convierten en posible línea de falla.

Para comprender la naturaleza de esta línea de falla, permítaseme tocar brevemente el concepto de zona fronteriza. Entre dos países vecinos hay con frecuencia un área que, en el transcurso del tiempo, ha pasado de manos entre ellos. Es un área de nacionalidad y cultura mixtas. Por ejemplo, Alsacia-Lorena se sitúa entre Francia y Alemania. Tiene una cultura mixta singular, e individuos con diferente lealtad nacional. Francés, alemán y un argot regional mixto se hablan ahí. Hoy Francia controla la región. Pero más allá de quién la controle en un momento dado, es una zona fronteriza, con dos culturas y una tensión subyacente. El mundo está lleno de zonas fronterizas. Irlanda del Norte puede concebirse como zona fronteriza entre el Reino Unido e Irlanda. Cachemira es zona fronteriza entre la India y Pakistán. Piénsese en la frontera ruso-polaca, o en Kosovo, zona fronteriza entre Serbia y Albania. Piénsese en el límite francocanadiense con Estados Unidos. Todas estas son zonas fronterizas con diversos grados de tensión.

Entre Estados Unidos y México existe una zona fronteriza, con mexicanos y estadunidenses que comparten una cultura mixta. Esta zona se localiza a ambos lados del límite oficial. El lado estadunidense es diferente al resto de Estados Unidos, y el mexicano diferente al resto de México. Como otras zonas fronterizas, ésta es un lugar único, con una salvedad: los mexicanos a ambos lados de la línea mantienen firmes lazos con México, y los estadunidenses firmes lazos con Estados Unidos. Bajo la mezcla económica y cultural, siempre hay tensión política. Esto es particularmente cierto aquí, a causa del tránsito constante de mexicanos a la zona fronteriza, al otro lado de la frontera y en todo Estados Unidos. No puede decirse lo mismo de los estadunidenses que emigran a México, al sur.

La mayoría de las zonas fronterizas cambian de manos muchas veces. La de Estados Unidos y México ha cambiado de manos sólo una vez hasta ahora.

El norte de México fue absorbido lentamente por Estados Unidos a partir de la revolución de 1835-1836 en Texas, lo que culminó en la guerra entre los dos países en 1846-1848. Hoy ésa es la parte suroeste de Estados Unidos. El límite se fijó en el río Bravo, y luego se ajustó en el oeste para incluir el sur de Arizona. La población mexicana nativa no fue desalojada por la fuerza. Mexicanos siguieron viviendo en el área, más tarde ocupada por un número mucho mayor de colonos estadunidenses del este. En la segunda mitad del siglo xx tuvo lugar otro desplazamiento de población de México a la zona fronteriza y más allá, lo que complicó aún más el panorama demográfico.

En una zona fronteriza puede distinguirse entre inmigración convencional y desplazamientos de población. Cuando grupos de inmigrantes llegan a un país, se apartan físicamente de su patria y están rodeados por fuerzas poderosas que atraen a sus hijos hacia la cultura y economía anfitrionas. Un desplazamiento a una zona fronteriza es diferente. Es una prolongación de la patria, no una separación de ella. La frontera representa un límite político, no un límite cultural o económico, y los inmigrantes no se hallan a gran distancia de su nación. Siguen físicamente unidos a ella, y su lealtad es compleja y variable.

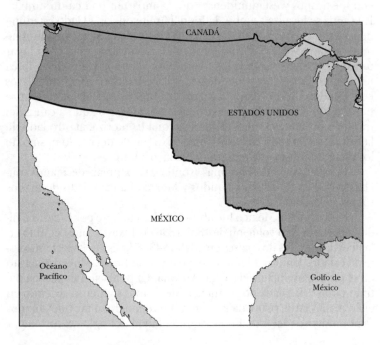

116

Los mexicanos que se trasladan a la zona fronteriza se comportan distinto a los que viven en Chicago. Los de Chicago se parecen a los inmigrantes convencionales. Los mexicanos en la zona fronteriza pueden considerarse a sí mismos habitantes de un territorio ocupado más que de un país extranjero. Esto no se diferencia de la forma en que los colonos estadunidenses en Texas veían su situación antes de la revuelta. Eran ciudadanos mexicanos, pero se concebían principalmente como estadunidenses, y crearon un movimiento separatista que arrancó a Texas de México.

En cierto momento, la condición de la zona fronteriza es sencillamente cuestión de poder militar y político. La zona pertenece al lado más fuerte, y el asunto de la fuerza se determina sobre el terreno. Desde 1848, la frontera política ha sido fijada por el poder arrollador de Estados Unidos La población puede cambiar. Puede haber contrabando. Pero las fronteras políticas las fija la realidad militar.

Ya avanzado el siglo, la delimitación actual habrá estado doscientos años en su sitio. La fuerza nacional de México podría emerger otra vez, y la demografía de la zona fronteriza estadunidense podría cambiar tan drásticamente que sea imposible sostener la frontera política. Es muy factible que para entonces México haya dejado de ser la decimoquinta economía del mundo y ya forme parte de las diez primeras. Cosas más extrañas han pasado, y el libre comercio con Estados Unidos ayuda. Entre los países actualmente clasificados arriba de México hay muchos europeos con problemas demográficos severos.

Dado el impacto de una posible confrontación mexico-estadunidense en la frontera, no cabe duda de que esta línea de falla debe tomarse en serio.

## Resumen

Si se buscan nuevos desafíos una vez concluida la guerra entre Estados Unidos y los jihadistas, hay dos puntos obvios por considerar. Es evidente que México y Turquía no están preparados aún para

117

asumir un papel global de importancia, y que Europa permanecerá cerrada y dividida (reaccionará a los acontecimientos, pero no los pondrá en marcha). Esto deja en pie dos líneas de falla, el Pacífico y Eurasia, lo que en el contexto de 2020 significa que es posible que dos países hagan valer sus derechos: China y Rusia. Una tercera posibilidad, más remota en el contexto de 2020, es Japón, pero su conducta dependerá, en gran medida, de la de China. Así, tenemos que examinar con cierto detenimiento la situación geopolítica de China y Rusia para predecir cuál de estos países se activará primero, y cuál representará por tanto el mayor desafío para Estados Unidos en la próxima década.

Geopolíticamente, de lo que hablamos aquí es de lo que se conoce como conflictos "sistémicos". La guerra fría fue un conflicto sistémico. Opuso a las dos mayores potencias de un modo que definió el sistema internacional entero. Hubo otros conflictos en ese tiempo, pero en su mayoría fueron arrastrados por el torbellino del conflicto mayor. Todo, desde las guerras árabe-israelíes hasta la política interior de Chile y la independencia del Congo, fue magnetizado por la guerra fría y determinado por ella. También las dos guerras mundiales fueron conflictos sistémicos.

Por definición, un conflicto de este tipo debe incluir a la potencia geopolítica dominante de la época. Debe incluir entonces a Estados Unidos. Y, también por definición, Estados Unidos se inmiscuirá en todo enfrentamiento de importancia. Si Rusia y China chocaran, sería muy improbable que Estados Unidos mostrara indiferencia o neutralidad. El resultado de esta confrontación significaría demasiado para él. Rusia y China no podrían combatir, además, sin la absoluta garantía de que Estados Unidos se mantendrá ajeno a la guerra. Esta nación es tan poderosa que su alianza con cualquiera de ellas representaría la derrota de la otra.

¿La acción de cuál de estos países, China o Rusia, tiene más probabilidades de conducir a un enfrentamiento con Estados Unidos? Dado lo que ya vimos acerca de su gran estrategia, Estados Unidos no suele iniciar un conflicto a menos que se vea ante una agresiva potencia regional dispuesta a afianzar su seguridad al grado de amenazar intereses estadunidenses en una masa continental eurasiática fragmentada. Por ello, al considerar, las décadas futuras, debemos ocuparnos de las propensiones de China y Rusia. Comencemos por la potencia que hoy todos toman más en serio: China.

# CHINA 2020:
## EL TIGRE DE PAPEL

Cualquier análisis del futuro tiene que comenzar con un análisis sobre China. Ahí vive la cuarta parte del mundo, y se ha hablado mucho de China como futura potencia global. Su economía ha avanzado drásticamente en los últimos treinta años, y es sin duda una potencia importante. Pero treinta años de crecimiento no significan crecimiento sin fin. Significan que la probabilidad de que China siga creciendo a ese ritmo se reduce. Y en este caso, menos crecimiento quiere decir problemas sociales y políticos sustanciales. No comparto la opinión de que China será una gran potencia mundial. Ni siquiera creo que vaya a mantenerse como país unificado. Pero concuerdo en que no es posible examinar el futuro sin examinar primero a China.

La geografía de China hace improbable que este país se vuelva una línea de falla activa. De convertirse en área de conflicto, sería menos por arremetidas suyas que por ser víctima de abusos por su debilidad. La economía de China no es, con mucho, tan robusta como parece, y su estabilidad política, la cual depende en alto grado de que persista su rápido crecimiento, es aún más precaria. China es importante, sin embargo, porque al parecer se trata del contendiente global más probable a corto plazo, al menos en opinión de los demás.

Una vez más, con la geopolítica como marco, empezaremos considerando lo básico.

Para comenzar, China es una isla. Obviamente no está rodeada por agua, pero sí por territorio infranqueable y páramos que la aíslan efectivamente del resto del mundo (véase mapa abajo).

Al norte están Siberia y las estepas de Mongolia: inhóspitas, poco pobladas y difíciles de atravesar. Al suroeste se encuentran los intransitables Himalaya. La frontera sur con Myanmar, Laos y Vietnam consta simultáneamente de montañas y selvas, y al este hay mares. Sólo la frontera oeste con Kazakhistán puede ser recorrida por un gran número de personas, pero también ahí el tránsito implica un nivel de esfuerzo no frecuentemente justificado en la historia china.

La inmensa mayoría de los habitantes de China viven a lo sumo a millar y medio de kilómetros de la costa, y pueblan el tercio oriental del país, mientras que los otros dos tercios están muy subpoblados (véase mapa, página 123).

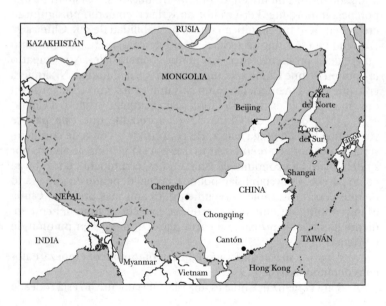

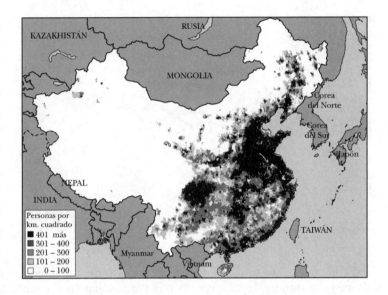

Personas por
km. cuadrado
- ■ 401 más
- ■ 301 – 400
- ■ 201 – 300
- ■ 101 – 200
- □ 0 – 100

China fue conquistada entera sólo una vez, por los mongoles en el siglo XII, y en raras ocasiones ha extendido su poder más allá de sus fronteras actuales. No ha sido agresiva a lo largo de la historia, y sólo intermitentemente se ha involucrado con el resto del mundo. Hay que recordar que no siempre ha participado en el comercio internacional, pues con cierta periodicidad se ha cerrado y evitado el contacto con extranjeros. Cuando interviene en el comercio, lo hace usando vías terrestres, como la Ruta de la Seda por Asia central, y barcos mercantes que zarpan de sus puertos en el este (véase mapa, página 124). A medidados del siglo XIX, los europeos tropezaron con una China que pasaba por uno de sus periodos aislacionistas. Estaba unida, pero era relativamente pobre. Los europeos entraron por la fuerza y comprometieron a la China ribereña en una intensa acti-

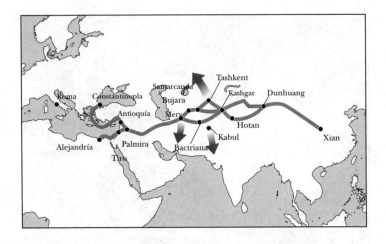

vidad comercial. Esto tuvo dos efectos. El primero fue un aumento drástico en la riqueza de las áreas ribereñas implicadas en el comercio. El segundo, la agudización de la desigualdad entre la costa y las depauperadas regiones del interior del país. Esta disparidad también causó el debilitamiento del control del gobierno central sobre las regiones costeras, y mayor inestabilidad y caos. Las regiones de la costa preferían sus estrechos lazos con (e incluso la dominación por) los europeos.

El periodo de caos duró de mediados del siglo XIX hasta la toma del poder por los comunistas, en 1949. Mao había tratado de instigar una revolución en ciudades ribereñas como Shangai. Habiendo fracasado, emprendió la famosa larga marcha al interior, donde reunió un ejército de campesinos pobres y libró una guerra civil, tras de lo cual recuperó la costa. Luego hizo volver a China a su encierro preuropeo. De 1949 hasta la muerte de Mao, China fue unida y dominada por un gobierno fuerte, pero estaba pobre y aislada.

## La apuesta de China

La muerte de Mao indujo a sus sucesores a intentar, una vez más, el sueño histórico chino. Querían una China rica gracias al comercio internacional pero unida bajo un gobierno fuerte. Deng Xiaoping, el sucesor de Mao, sabía que su país no podía aislarse permanentemente sin poner en riesgo su seguridad. Alguien se aprovecharía de su debilidad económica. Así, Deng se la jugó. Apostó que esta vez China podía abrir sus fronteras, participar en el comercio internacional y no caer presa de conflictos internos.

Las regiones ribereñas prosperaron de nuevo y se asociaron estrechamente con potencias extranjeras. Productos y comercio de bajo costo generaron riqueza para las grandes ciudades costeras como Shangai, pero el interior siguió siendo pobre. Las tensiones entre la costa y el interior aumentaron, pero el gobierno conservó el equilibrio y Beijing continuó imperando, sin perder el control de ninguna de las regiones y sin tener que arriesgarse a engendrar revueltas a causa de excesos represivos.

Esto ha proseguido durante treinta años, lo cual no es mucho tiempo para los estándares de cualquiera (comenzando por los chinos). La incógnita es si las fuerzas internas acumuladas en China pueden manejarse. Y éste es el punto en el que iniciamos nuestro análisis de China y su efecto en el sistema internacional en el siglo XXI. ¿China seguirá formando parte del sistema comercial global? Y de ser así, ¿se desintegrará otra vez?

China apuesta, a principios del siglo XXI, a que puede hacer malabarismos indefinidamente. La premisa es que será capaz de transferir recursos en forma gradual de las ricas regiones costeras al interior sin encontrar resistencia en la costa ni topar con descontento en el interior. Beijing quiere tener contentas a las diversas partes de China, y hace todo lo que está en su poder para alcanzar ese fin.

Pero debajo de este problema hay otro más serio y amenazante. China parece un país capitalista con propiedad privada, bancos y todos los demás avíos del capitalismo. Pero no es auténticamente capitalista, pues los mercados no determinan la asignación del capital. A quién se conoce cuenta mucho más que tener un buen plan de negocios. Entre los sistemas asiáticos de lazos familiares y sociales y los sistemas comunistas de relaciones políticas, se han otorgado créditos por infinidad de razones, ninguna de las cuales tiene mucho que ver con los méritos del proyecto. No es de sorprender entonces que un número extraordinariamente abultado de esos créditos se hayan vuelto incobrables, o "no productivos", en la jerga de la banca. El monto en cuestión se estima en 600 a 900 mil millones de dólares, o entre un cuarto y un tercio del producto interno bruto (PIB) de China, suma indudablemente pasmosa.

Esta deuda incobrable se gestiona mediante tasas de crecimiento muy altas inducidas por exportaciones de bajo costo. El mundo tiene un apetito voraz por exportaciones baratas, y el efectivo que éstas rinden mantiene a flote a empresas sumamente endeudadas. Pero cuanto más bajos son los precios que China fija a sus productos, menos ganancias obtiene de ellos. Exportaciones improductivas propulsan una actividad colosal del motor económico sin conseguir nada. Piénsese en esto como una empresa que gana dinero vendiendo productos al costo o por debajo de él. A la empresa entran, así, grandes cantidades de efectivo, que salen de ella igual de rápido.

Ése ha sido un problema persistente en el este asiático, y el ejemplo de Japón resulta instructivo. A Japón se le consideró en la década de los ochenta una superpotencia económica. Devastaba a las empresas estadunidenses; a los estudiantes de maestría en administración se les instaba a aprender de los japoneses y a emular sus prácticas de negocios. Japón crecía a las claras con rapidez extrema, pero su veloz crecimiento tenía menos que ver con la administración que con su sistema bancario.

Los bancos japoneses, sujetos a la regulación gubernamental, pagaban muy bajas tasas de interés a los depósitos de las personas ordinarias. Conforme a diversas leyes, la única opción para la mayoría de los japoneses era invertir en la oficina de correos, que hacía las veces de banco. La oficina de correos pagaba tasas de interés mínimas. El gobierno tomaba ese dinero y lo prestaba a los principales bancos del país, también a tasas de interés muy inferiores a los niveles internacionales. Por su parte, los bancos lo prestaban a muy bajo costo a las empresas con las que estaban asociados, así que Sumitomo Bank extendía crédito a Sumitomo Chemical. Mientras que las compañías estadunidenses obtenían préstamos a tasas de dos dígitos en la década de los setenta, las japonesas los obtenían a una fracción de ese monto.

No es de sorprender entonces que las empresas japonesas hayan superado a las estadunidenses. El costo del dinero para ellas era mucho menor. Tampoco es de sorprender que los japoneses tuvieran tasas de ahorro muy altas. En ese tiempo, en Japón prácticamente no había planes públicos de retiro, y las pensiones de las compañías eran mínimas. Los japoneses planeaban su retiro ahorrando. No eran más frugales, sino más desesperados. Y esta reserva de depositantes desesperados no tenía otra opción que efectuar depósitos a muy bajas tasas de interés.

En tanto que altas tasas de interés imponían disciplina a las economías occidentales, sacrificando a las compañías más débiles, los bancos japoneses hacían préstamos a tasas artificialmente bajas a corporaciones amigas. No había un mercado real. Fluía dinero, y las relaciones eran la clave. Se otorgaron así muchos créditos incobrables.

El principal medio de financiamiento en Japón no era reunir capital en el mercado de valores. Era conseguir préstamos de los bancos. Los consejos de administración se componían de empleados de las compañías y banqueros, a quienes las ganancias les interesaban menos que el flujo de efectivo, el cual mantenía a flote sus compañías y saldaba sus deudas. Japón tenía una de las tasas de rendimiento del capital más bajas del mundo industrializado. Pero también una fabulosa tasa de crecimiento en términos de su magnitud, dada la forma en que estructuraba su economía. Vivía de la exportación.

Tenía que hacerlo. Impulsado el sistema por una tasa de ahorro muy elevada, los japoneses promedio no gastaban dinero, así que Japón no podía basar su economía en la demanda interna. Y como las compañías no eran controladas por inversionistas sino por empleados y banqueros, lo que querían era incrementar las entradas de efectivo. Las ganancias generadas, si las había, eran menos importantes. En consecuencia, las exportaciones de bajo costo aumentaron vertiginosamente. Se prestaba más dinero, se necesitaba más efectivo y se despachaban más exportaciones. La economía creció. Pero en el fondo se gestaba una crisis.

El modo informal en que los bancos otorgaban créditos elevó el número de créditos no productivos, es decir no rembolsados. Muchas malas ideas se financiaron. Pero en vez de cancelarlas y dejar que las empresas involucradas quebraran, los bancos lo cubrían todo con más créditos para mantener vivas a las compañías. El crédito se disparó; y como el dinero de los depositantes se gastaba en sostener el sistema, las exportaciones para conseguir todavía más dinero resultaban esenciales. El sistema nadaba en billetes, pero abajo una serie enorme de compañías a las que se mantenía artificialmente con vida —y de otras empeñadas en aumentar su efectivo sin considerar las ganancias— socavaban todo el sistema financiero. Grandes incrementos en las exportaciones producían muy pocas ganancias. El sistema se forzaba sólo para mantenerse a flote.

Desde afuera, Japón iba en ascenso, apoderándose de mercados mediante productos increíbles a bajo precio. No le obsesionaban las ganancias como a las empresas estadunidenses, y los japoneses parecían tener la llave del futuro. De hecho, lo cierto era lo contrario. Japón vivía de una subvención de dinero barato controlado por el gobierno, y sus precios bajos eran un intento desesperado por garantizar entradas de efectivo para que el sistema bancario se mantuviera en pie.

Sin embargo, la estructura de la deuda se hizo demasiado pesada y fue imposible seguirla afrontando con exportaciones. Los bancos comenzaron a derrumbarse y fueron rescatados por el gobierno.

Pero en vez de permitir una recesión severa para imponer disciplina, Japón usó varios medios de salvamento para posponer el dolor extremo, a cambio de un malestar prolongado que aún persiste. El crecimiento se desplomó, los mercados se fueron a pique. Curiosamente, aunque la crisis se desató a principios de la década de los noventa, muchos occidentales no se dieron cuenta hasta años después de que la economía japonesa había fallado. A mediados de los noventa seguían hablando del milagro económico nipón.

 ¿Qué relevancia tiene esto para China? China es Japón con esteroides. No sólo es un Estado asiático que valora las relaciones sociales por encima de la disciplina económica, sino también un Estado comunista que asigna sus recursos financieros con motivos políticos y que manipula los datos económicos. Es asimismo un Estado en el que los accionistas —que exigen ganancias— son menos importantes que los banqueros y los funcionarios gubernamentales, que exigen efectivo. Esas dos economías dependen, en alto grado, de las exportaciones, las dos tienen tasas de crecimiento asombrosamente altas y ambas enfrentan el colapso cuando su tasa de crecimiento empieza a reducirse, por poco que sea. Según mis cálculos, la tasa de deudas incobrables de Japón era, en 1990, de 20% del PIB. Conforme a la estimación más conservadora, la de China es de 25%, aunque yo diría que se acerca a cuarenta. Pero incluso la de 25% es extremadamente alta.

 La economía de China parece sana y radiante; y considerando sólo lo rápido que crece, es imponente. Sin embargo, el crecimiento es apenas uno de los factores por examinar. La cuestión más importante es si ese crecimiento resulta rentable. Gran parte del crecimiento de China es sumamente real, y genera el dinero necesario para tener contentos a los bancos. Pero, en estricto sentido, no fortalece a la economía. Y si decae, a causa, por ejemplo, de una recesión en Estados Unidos, toda la estructura podría desmoronarse muy rápidamente.

 Esta historia no es nueva en Asia. Japón fue un motor de crecimiento en la década de los ochenta. La opinión ortodoxa era que aniquilaría a Estados Unidos. Pero aunque su economía crecía rápido, sus tasas de crecimiento eran insostenibles. Cuando el crecimiento cayó en picada, Japón sufrió una crisis bancaria profunda, de la que casi veinte años después aún no termina de recuperarse. De igual forma, cuando la economía del este asiático hizo implosión en 1997, muchos se sorprendieron, dada la celeridad con que había crecido.

China se ha expandido extraordinariamente en los últimos treinta años. Pero la idea de que sus tasas de crecimiento puedan sostenerse indefinida o permanentemente quebranta los principios básicos de la economía. En algún momento el ciclo económico, sacrificando empresas débiles, debe asomar su feo rostro, y lo hará. En algún momento, una simple falta de mano de obra calificada detendrá el crecimiento ininterrumpido. Hay límites estructurales al crecimiento, y China está a punto de alcanzarlos.

## Crisis política de China

Japón resolvió su problema con una generación de bajo crecimiento. Tuvo la disciplina política y social para hacerlo sin provocar disturbios. El este asiático lo resolvió de dos maneras. Algunos países, como Corea del Sur y Taiwán, impusieron medidas dolorosas y salieron vigorizados, aunque esto sólo fue posible gracias a que tenían un Estado fuerte capaz de infligir dolor. Otros, como Indonesia, nunca se recuperaron.

El problema de China es político. Lo que la mantiene unida es el dinero, no la ideología. Cuando haya una depresión económica y deje de llover dinero, no sólo el sistema bancario sufrirá espasmos; también la estructura de la sociedad se estremecerá. En China, la lealtad se compra o se impone. Sin dinero disponible, sólo quedará imponerla. Por lo general, una desaceleración económica puede causar inestabilidad, porque ocasiona quiebra de empresas y desempleo. En un país de pobreza endémica y extendido desempleo, la presión adicional de una desaceleración económica resultará en inestabilidad política.

Recuérdese que China permaneció dividida en las regiones costera y del interior entre la intromisión británica y el triunfo de Mao. Las empresas de la costa, prósperas gracias al comercio y la inversión extranjeros, gravitaron hacia sus intereses foráneos, tratando de librarse del gobierno central. Atrajeron a imperialistas europeos —y estadunidenses— con interés financiero en China. La situación actual es potencialmente la misma. Un empresario en Shangai tiene intereses en común con Los Angeles, Nueva York y Londres. De hecho, gana mucho más de esas relaciones que de Beijing. Cuando Beijing intente tomar medidas drásticas en su contra, él no sólo querrá librarse de su control, sino que además tratará de involucrar a potencias extranjeras para que protejan sus intereses, y los suyos propios. Entre tanto, la gente pobre del interior intentará mudarse a las ciudades ribereñas o presionará a Beijing para que las grave y le dé dinero. Atrapado en medio, Beijing se debilitará y perderá el control, o tomará medidas tan extremas que retrocederá al encierro maoísta del país. La pregunta crítica es cuál de estos resultados es más probable.

El régimen chino descansa en dos pilares. Uno es la enorme burocracia que opera en el país. El otro, el complejo de seguridad militar que impone la voluntad del Estado y del Partido Comunista. Un tercer pilar, los principios ideológicos del partido, ya desapareció. El igualitarismo, el desinterés y el servicio al pueblo son ya valores arcaicos, predicados pero no creídos ni practicados por la gente.

Estado, partido y aparatos de seguridad se ven tan afectados por el declive de la ideología como el resto de la sociedad. Los dirigentes del Partido Comunista se han beneficiado personalmente del nuevo orden. Si el régimen intentara poner bajo control las regiones costeras, es difícil imaginar que el aparato sería particularmente agresivo, ya que forma parte del mismo sistema que enriqueció a esas regiones. En el siglo XIX surgió el mismo problema cuando funcionarios gubernamentales en la costa se negaron a hacer cumplir los edictos de Beijing, pues favorecían los negocios con los extranjeros.

Si en efecto se declara una crisis económica seria, el gobierno central tendrá que sustituir el comunismo por otra ideología. Si la gente ha de sacrificarse, debe ser por algo en lo que cree; y si los chinos no pueden creer en el comunismo, aún pueden creer en China. El gobierno tratará de limitar la desintegración subrayando el nacionalismo y su compañera natural, la xenofobia. China ha desconfiado siempre de los extranjeros, y el partido tendrá que culpar a alguien de la devastación económica. Así como Mao los culpó de la debilidad y pobreza de China, el partido volverá a culpar a los extranjeros de los problemas económicos del país.

Puesto que por razones económicas habrá confrontaciones sustanciales con Estados extranjeros —que defenderán sus inversiones en China—, jugar la carta nacionalista es algo que sobrevendrá fácilmente. La idea de China como gran potencia sustituirá a la desaparecida ideología del comunismo. Las controversias contribuirán a apuntalar la posición del gobierno. Culpando de los problemas a los extranjeros y enfrentando a los gobiernos foráneos tanto con diplomacia como con un poder militar creciente, se generará apoyo público para el régimen. Es muy probable que esto ocurra en la década de 2010.

La confrontación más natural sería con Japón y/o Estados Unidos, enemigos históricos con quienes ya existen enconadas divergencias. Es improbable que a Rusia se le trate como enemigo. Sin embargo, la posibilidad de un enfrentamiento militar con japoneses o estadunidenses es limitada. Sería difícil que los chinos combatieran agresivamente a cualquiera de esos países. Su débil marina no podría sobrevivir a un choque con Estados Unidos. Por tanto, invadir Taiwán sería tentador en teoría, pero es improbable que ocurra. China no tiene poderío naval para abrirse paso por el estrecho de Taiwán, y ciertamente carece de capacidad para proteger convoyes de transporte de suministros a campos de batalla en Taiwán. China no desarrollará en menos de una década una fuerza naval capaz de desafiar a Estados Unidos. Lleva mucho tiempo formar una marina.

Así pues, China tiene tres posibles sendas futuras. De acuerdo con la primera, seguirá creciendo a tasas astronómicas en forma indefinida. Pero ningún país lo ha hecho, y es poco probable que China sea la excepción. El crecimiento extraordinario de los últimos treinta años ha producido en la economía grandes desequilibrios e ineficiencias que deberán corregirse. China tendrá que pasar en algún momento por el doloroso reajuste que el resto de Asia ya sufrió.

La segunda senda posible es la recentralización de China, por la cual los intereses en conflicto que emerjan y compitan tras una desaceleración económica serán controlados por un gobierno central fuerte que impondrá el orden y restringirá el margen de maniobra de las regiones. Este escenario es más probable que el anterior, pero la abundancia en el aparato gubernamental central de personas cuyos intereses son contrarios a la centralización lo hace difícil de alcanzar. El gobierno no necesariamente puede depender de su personal para que se cumplan las reglas. El nacionalismo es la única herramienta a su disposición para mantener todo en pie.

La tercera posibilidad es que, bajo la tensión de una desaceleración económica, China se fragmente siguiendo las líneas regionales tradicionales, mientras el gobierno central se debilita y pierde poder. Conforme a la tradición, éste es un escenario más verosímil, y beneficiará a las clases ricas tanto como a los inversionistas extranjeros. Dejará a China en la posición en que estaba antes de Mao, con competencia regional e incluso conflictos y un gobierno central empeñado en mantener el control. Si se acepta que la economía china tendrá que sufrir un reajuste en algún momento, y que eso dará origen a tensiones graves, como sucedería en cualquier nación, entonces este tercer resultado se ajusta más a la realidad y a la historia del país.

**Una variante japonesa**

El mundo industrial avanzado experimentará, en la década de 2010, una contracción demográfica, y la mano de obra escaseará.

En virtud de sus arraigados valores culturales, para algunos países la inmigración no es una opción, o al menos sería muy difícil. Japón, por ejemplo, es sumamente reacio a la inmigración, pero debe buscar una fuente de mano de obra que esté bajo su control y que pueda gravarse en apoyo a los trabajadores de edad avanzada. La mayoría de los trabajadores con la opción de escoger dónde ir no elegirían a Japón, dado que es muy poco hospitalario con los extranjeros interesados en naturalizarse. Los coreanos en Japón no son ciudadanos japoneses. Aun si trabajan y han vivido ahí toda la vida, la policía les extiende documentos en los que se les llama "coreanos" (ni del norte ni del sur), y no pueden ser ciudadanos japoneses.

Considérese, sin embargo, que China es una vasta reserva de mano de obra relativamente barata. Si los chinos no fueran a Japón, Japón puede ir a China, como lo ha hecho antes. Usar mano de obra china en empresas creadas por los japoneses pero ubicadas en China representará una alternativa a la inmigración, y Japón no será el único en hacerlo.

Recuérdese que Beijing tratará al mismo tiempo de afianzar su control del país. Tradicionalmente, cuando en China el gobierno central toma medidas drásticas, está preparado para aceptar menos crecimiento económico. Mientras que una presencia japonesa concentrada y de gran escala que absorba mano de obra china podría tener enorme sentido económico para empresarios y gobiernos locales, y aun para Beijing, tiene poco sentido político. Se opondría directamente a los intereses políticos de Beijing. Pero Japón no querrá que el gobierno chino desvíe recursos para sus propios fines. Eso frustraría el propósito entero del ejercicio.

Hacia 2020, los japoneses tendrán aliados chinos en la pugna por captar inversión nipona en términos favorables para Japón. Las regiones costeras competirán por atraer inversión japonesa y se resistirán a la presión de Beijing y a su ideología nacionalista. La China interior podría no beneficiarse de la presencia de Japón, a diferencia de empresas y gobiernos de la costa. Los japoneses, con dinero a manos llenas, habrán reclutado en las ciudades costeras aliados que no quieran pagar el precio necesario para satisfacer las demandas del interior. Surgirá así una alianza entre una o más regiones costeras y Japón, contra el poder de Beijing. El dinero que Japón pondrá en juego dividirá rápidamente al propio partido central y restará fuerza al gobierno para imponer su control sobre las ciudades de la costa.

China será vista como parte de la solución por países que, como Japón, sienten la presión intensa de los problemas demográficos pero no pueden manejar la inmigración a gran escala. Desafortunadamente, el momento no será el más propicio. Una depresión inevitable en la economía china volverá más enérgico y nacionalista al gobierno central. Pero él mismo se verá debilitado por el efecto corrosivo del dinero. China seguirá formalmente unida, pero el poder tenderá a pasar a las regiones.

Un futuro muy real para China en 2020 es su antigua pesadilla: un país dividido entre líderes regionales en competencia, potencias extranjeras que aprovechan la situación para crear regiones en las que puedan definir reglas económicas en su beneficio y un gobierno central que trata en vano de mantener las cosas en pie. Una segunda posibilidad es una China neomaoísta, centralizada a expensas del progreso económico. Como siempre, el escenario menos probable es la continuación indefinida de la situación actual.

Todo se reduce a esto: China no representará una línea de falla geopolítica en los próximos veinte años. Su geografía lo vuelve improbable en cualquier circunstancia, y el nivel de su desarrollo militar hace necesaria más de una década para superar esa limitación geográfica. Presiones internas sobre la economía y la sociedad darán a China más problemas internos de los que razonablemente puede resolver, así que tendrá poco tiempo para aventuras de política exterior. En la medida en que se involucre con potencias extranjeras, se defenderá de invasiones antes que proyectar su poder.

# RUSIA 2020:
## LA REVANCHA

En geopolítica, los grandes conflictos se repiten. Francia y Alemania, por ejemplo, libraron múltiples guerras, lo mismo que Polonia y Rusia. Cuando una guerra no resuelve un problema geopolítico de fondo, se libra otra vez hasta que el problema se soluciona al fin. En el último de los casos, aun sin otra guerra, la tensión y confrontación persiste. Los conflictos importantes echan raíces en realidades subyacentes, y no desaparecen con facilidad. Téngase en mente la rapidez con que la geopolítica de los Balcanes llevó a la repetición de guerras libradas un siglo antes.

Rusia es la porción oriental de Europa, con el resto de la cual ha chocado en incontables ocasiones. Las guerras napoleónicas, las dos guerras mundiales y la guerra fría tuvieron que ver, al menos en parte, con la condición de Rusia y su relación con el resto de Europa. Ninguna de ellas zanjó en definitiva la cuestión, porque al final triunfaba o sobrevivía una Rusia unida e independiente. El problema es que la mera existencia de una Rusia unida representa para Europa un posible y significativo desafío.

Rusia es una región enorme con una población muy numerosa. Es mucho más pobre que el resto de Europa, pero tiene dos ventajas: territorio y recursos naturales. Constituye entonces una tentación constante para las potencias europeas, que ven en ella una oportunidad de incrementar al este su magnitud y riqueza. Históricamente, sin embargo, los europeos que han invadido Rusia han tenido un fin

desastroso. Si no son batidos por los rusos, se agotan tanto comba-
tiéndolos que otros los derrotan. Rusia extiende ocasionalmente su
poderío al oeste, amenazando a Europa con sus masas humanas. En
otros momentos, pasiva e ignorada, suele abusarse de ella. Pero a su
debido tiempo, se paga por subestimarla.

La guerra fría resolvió la cuestión de Rusia sólo en aparien-
cia. Si la Federación Rusa se hubiera desplomado en la década de
los noventa y la región se hubiera fragmentado en multiples Estados
menores, el poderío ruso habría desaparecido, y con él el desafío
que supone para Europa. Si estadunidenses, europeos y chinos se
hubiesen abalanzado sobre su presa, la cuestión rusa se habría salda-
do al cabo. Pero a fines del siglo XX los europeos estaban demasiado
debilitados y divididos, los chinos demasiado aislados y preocupados
por sus asuntos internos y, luego del 11 de septiembre de 2001, los estadunidenses demasiado distraídos en la guerra islamista para actuar
de modo contundente. Las acciones emprendidas por Estados Unidos fueron insuficientes y poco focalizadas. De hecho, sólo sirvieron
para alertar a los rusos del gran peligro que Estados Unidos podía
entrañar para ellos, y para garantizar su respuesta.

Dado el hecho simple de que Rusia no se desintegró, la
cuestión geopolítica rusa emergerá de nuevo. Y puesto que Rusia
se revigoriza ya, esa cuestión brotará más temprano que tarde. Este
conflicto no será una repetición de la guerra fría, como la primera
guerra mundial no lo fue de las guerras napoleónicas. Pero será una
reformulación de la cuestión rusa fundamental: si Rusia es una nación-Estado unida, ¿dónde se ubicarán sus fronteras y cuál será su
relación con sus vecinos? Esta pregunta representará la siguiente fase
importante en la historia universal, en 2020 y años precedentes.

## La dinámica rusa

Para comprender la conducta e intenciones de Rusia, debemos comenzar por su debilidad fundamental: sus fronteras, particu-

larmente en el noroeste. Aunque Ucrania está bajo control de Rusia, como lo ha estado durante siglos, y aunque Bielorrusia y Moldavia también forman parte del imperio ruso, no existen límites naturales en el norte de esta zona del país. El centro y sur están protegidos por los montes Cárpatos —hasta la frontera entre Eslovaquia y Polonia en el área septentrional—, al este de los cuales está el pantano de Pripet, cenagoso e infranqueable. Pero en el norte y sur (al este de los Cárpatos) no hay barreras sólidas que protejan a Rusia, o a sus vecinos.

En la llanura del norte de Europa, sin importar dónde se tracen los límites de Rusia, ésta está expuesta a ataques. En esa llanura hay pocas barreras naturales de importancia. Empujar el borde oeste hasta Alemania, como se hizo en 1945, deja de todos modos a las fronteras rusas sin un soporte físico. La única ventaja física que Rusia puede tener es la profundidad. Cuanto más al oeste se extienden sus fronteras, hacia Europa, mayor distancia tienen que recorrer los conquistadores para llegar a Moscú. Así, Rusia siempre ejerce presión hacia el oeste, sobre la llanura del norte europeo, y Europa siempre ejerce presión hacia el este.

No es el caso de las demás fronteras rusas, por lo que aludo a las de la antigua Unión Soviética; la forma aproximada de Rusia desde fines del siglo XIX. En el sur hay una frontera natural segura. El mar Negro conduce al Cáucaso, separando a Rusia de Turquía e Irán. A Irán lo defiende, además, el mar Caspio, y el desierto de Kara Kum en el sur de Turkmenistán, el cual corre por la frontera con Afganistán y termina en los Himalaya. A los rusos les preocupa el segmento Irán-Afganistán, y podrían presionar hacia el sur, como lo han hecho varias veces. Pero no se les invadirá por ese borde. Su frontera con China es larga y vulnerable, pero sólo en el mapa. Invadir Siberia no resulta una posibilidad práctica. Es un páramo inmenso. Hay una debilidad potencial en la frontera oeste de China, pero no es importante. Así, el imperio ruso, en cualquiera de sus encarnaciones, es sumamente seguro, salvo en el norte de Europa, donde enfrenta sus peores peligros: la geografía y naciones europeas poderosas.

Rusia tuvo que hacer acopio de valor tras el derrumbe del comunismo. San Petersburgo, su perla, se hallaba en 1989 a millar y medio de kilómetros de las tropas de la Organización del Tratado del Atlántico Norte (OTAN). Hoy está a menos de centenar y medio. En 1989, Moscú estaba a mil novecientos kilómetros de los límites del poderío ruso. Ahora está a trescientos. En el sur, dado que Ucrania es independiente, el control ruso del mar Negro es endeble, y se ha desplazado al extremo norte del Cáucaso. Afganistán está ocupado, así sea tentativamente, por los estadunidenses, y el soporte de Rusia en los Himalaya se ha esfumado. Si a un ejército le interesara invadirla, encontraría a la Federación Rusa prácticamente desprovista de defensas.

El problema estratégico de Rusia es que es un país enorme con un transporte relativamente deficiente. Si se atacara al mismo tiempo toda su periferia, y pese a la magnitud de sus fuerzas, tendría problemas para protegerse. No le sería fácil movilizar y desplegar sus fuerzas en múltiples frentes, de manera que tendría que contar con un gran ejército permanente capaz de predesplegarse. Esta presión le impone una carga económica inmensa, socava su economía y provoca que se doble desde dentro. Lo mismo le ocurrió al Estado soviético. Por supuesto, ésta no es la primera vez que Rusia está en peligro.

Proteger sus fronteras no es hoy su único problema. Los rusos saben bien que enfrentan una grave crisis demográfica. Su población actual es de 145 millones de personas, y las proyecciones para 2050 son de entre 90 y 125 millones. El tiempo trabaja en su contra. Pronto el problema de Rusia será su capacidad para dotar de personal a un ejército suficiente para sus necesidades estratégicas. Internamente, el número de rusos, en comparación con otros grupos étnicos, va en descenso, lo que empujará a Rusia a actuar más temprano que tarde. En su actual situación geográfica, ése es un accidente a la espera de ocurrir. Dada su trayectoria demográfica, en veinte años podría ser demasiado tarde para actuar, y sus líderes lo saben. Aunque no tiene que conquistar el mundo, Rusia debe recuperar y mantener sus defensas, en esencia las fronteras de la antigua Unión Soviética.

Entre sus problemas geopolíticos, económicos y demográficos, los rusos deben hacer un cambio fundamental. Durante cien años trataron de modernizar su país por medio de la industrialización, a fin de ponerse al nivel del resto de Europa. Nunca lo lograron. Hacia 2000, cambiaron de estrategia. En vez de concentrarse en el desarrollo industrial como lo habían hecho en el último siglo, se reinventaron como exportadores de recursos naturales, en particular de energéticos, aunque también de minerales, productos agrícolas, maderas y metales preciosos.

Restando importancia al desarrollo industrial y enfatizando las materias primas, los rusos tomaron un camino muy distinto, propio de los países en desarrollo. Pero en vista del inesperado aumento de los precios de la energía y las materias primas, este paso no sólo salvó a la economía rusa, sino que además la fortaleció hasta el punto de que pudo permitirse una reindustrialización selectiva. Más aún, dado que la producción de recursos naturales es menos intensiva en mano de obra que la producción industrial, aquélla dio a Rusia una base económica sustentable con una población decreciente.

También le concedió influencia en el sistema internacional. Europa está ávida de energía. Al tender conductos para abastecerla de gas natural, los rusos se encargan de las necesidades energéticas europeas y de sus propios problemas económicos, y hacen que Europa dependa de ellos. En un mundo sediento de energía, las exportaciones energéticas de Rusia son como la heroína. Causan adicción en los países una vez que empiezan a consumirlas. Rusia ya ha utilizado sus recursos de gas natural para obligar a países vecinos a plegarse a su voluntad. Ese poder llega hasta el centro de Europa, donde los alemanes y los antiguos satélites soviéticos de Europa oriental dependen por igual del gas natural ruso. Añádase a esto sus demás recursos, y está claro que Rusia es capaz de ejercer gran presión sobre Europa.

La dependencia puede ser una espada de doble filo. Una Rusia militarmente débil no está en condiciones de presionar a sus vecinos, quienes podrían decidir apropiarse de su riqueza. Así, Rusia debe recuperar su fuerza militar. Riqueza y debilidad son una situación indeseable para las naciones. Si Rusia ha de ser rica en recursos naturales y exportarlos a Europa, debe estar en posición de proteger lo que tiene, y de configurar el entorno internacional en que vive.

En la próxima década, Rusia será cada vez más rica (en comparación con su pasado, al menos), pero también geográficamente insegura. Por tanto, usará parte de su riqueza para crear una fuerza militar adecuada para proteger sus intereses, zonas tapón que la resguarden del resto del mundo, y luego zonas tapón para las zonas tapón. Su gran estrategia implica la creación de defensas profundas en la llanura del norte de Europa, al tiempo que divide y manipula a sus vecinos, produciendo así en Europa un nuevo equilibrio de poder regional. Lo que los rusos no pueden tolerar son fronteras estrechas sin zonas tapón, y a sus vecinos unidos contra ellos. Por eso sus acciones futuras parecerán agresivas, pero en realidad serán defensivas.

Las acciones de Rusia se desenvolverán en tres fases. En la primera, se preocupará por recuperar influencia y control efectivo sobre el territorio de la antigua Unión Soviética, recreando el sistema de defensas que ésta le suministró. En la segunda, intentará crear una segunda fila de defensas más allá de las fronteras de la antigua Unión Soviética. Tratará de hacerlo sin levantar un sólido muro de oposición, como el que la estranguló durante la guerra fría. En la tercera fase —emprendida en realidad desde el principio—, intentará impedir la formación de coaliciones en su contra.

Aquí es importante retroceder y considerar las razones por las que la antigua Unión Soviética permaneció intacta en la segunda mitad del siglo xx. Lo que la mantuvo unida no fue simplemente la fuerza, sino también el sistema de relaciones económicas que la sostenía como había sostenido antes al imperio ruso. La antigua Unión Soviética comparte una geografía —vasta, y prácticamente sin salida al mar— en el corazón de Eurasia. Sus sistemas internos de transporte son sumamente deficientes, como suele suceder en áreas sin salida al mar donde los sistemas fluviales no coinciden con los agrícolas. Por lo tanto, es difícil transportar alimentos y, tras la industrialización, bienes manufacturados.

Piénsese en la Unión Soviética como la parte de la masa continental eurasiática que se extendía al oeste desde el Océano Pacífico por los páramos al norte de la China habitada y al noroeste de los Himalaya, y que continuaba por el borde con el sur de Asia central hasta el mar Caspio, y luego por el Cáucaso. La defendían el mar Negro y, después, los montes Cárpatos. Al norte sólo se hallaba el Ártico. Este espacio estaba cubierto por una masa continental inmensa, ocupada a su vez por repúblicas con economías débiles.

Si concebimos a la Unión Soviética como una agrupación natural de países geográficamente aislados y económicamente disminuidos, podemos ver qué la mantuvo unida. Los países que la componían estaban juntos por necesidad. No podían competir económicamente con el resto del mundo; pero aislados de la competencia global, podían complementarse y apoyarse. Esta agrupación natural era fácilmente dominada por los rusos. Los países más allá de los Cárpatos (que Rusia ocupó tras la segunda guerra mundial y convirtió en satélites) no estaban incluidos en esa agrupación. De no ser por la fuerza militar soviética, se habrían orientado hacia el resto de Europa, no hacia Rusia.

La antigua Unión Soviética constaba de miembros que en realidad no tenían otro lugar adónde ir. Estos antiguos lazos económicos todavía predominan en la región, salvo que el nuevo modelo de Rusia, de exportación de energía, ha vuelto a esos países aún más dependientes que antes. Atraída como se sintió por el resto de Europa, Ucrania no podía competir ni participar ahí. Su relación económica natural es con Rusia; depende de ella para su energía, y en definitiva tiende también a estar militarmente dominada por ella.

Ésta es la dinámica que Rusia aprovechará para reafirmar su esfera de influencia. No recreará una estructura política formal gobernada desde Moscú, aunque esto no es inconcebible. Mucho más importante será su sola influencia en la región en los próximos cinco a diez años, la cual aumentará de manera vertiginosa. Para examinar esto, dividámoslo en tres teatros de operaciones: el Cáucaso, Asia central y el teatro europeo, que incluye a los países bálticos.

## El Cáucaso

El Cáucaso es el límite entre los poderíos ruso y turco, e históricamente ha sido un punto álgido entre ambos imperios. Fue un punto álgido durante la guerra fría. La frontera turco-soviética cruzaba el Cáucaso, y el lado soviético constaba de tres repúblicas: Armenia, Georgia y Azerbaiján, ahora independientes. El Cáucaso también topaba al norte con la Federación Rusa, incluidas las áreas musulmanas de Dagestán y, sobre todo, Chechenia, donde tras la caída del comunismo se desató una guerra de guerrillas contra la dominación rusa.

Desde un punto de vista puramente defensivo, los límites precisos de la influencia rusa y turca no importan mientras ambas se sitúen en el Cáucaso. El accidentado terreno vuelve relativamente fácil la defensa. Sin embargo, si Rusia perdiera por entero su posición en el Cáucaso y se le empujara a las tierras bajas del norte, se vería en una situación difícil. Puesto que la brecha entre Ucrania y Kazakhistán tiene sólo un centenar y medio de kilómetros de ancho, Rusia estaría en un problema estratégico.

Ésta es la razón por la que los rusos se resistan a ceder en Chechenia. La parte sur de Chechenia se incrusta en el norte del Cáucaso. Si se perdiera, toda la posición rusa se deshilvanaría. Dada una opción, los rusos preferirían asegurarse más al sur, en Georgia. Armenia es aliada de Rusia. Si Georgia también lo fuera, la situación de Rusia en la zona sería mucho más estable. Controlar Chechenia es indispensable. Reabsorber Georgia, deseable. Conservar Azerbaiján no brinda ninguna ventaja estratégica, pero a los rusos no les importaría tenerla como área tapón con los iraníes. La situación de Rusia aquí no es intolerable; pero Georgia, no por casualidad estrecha

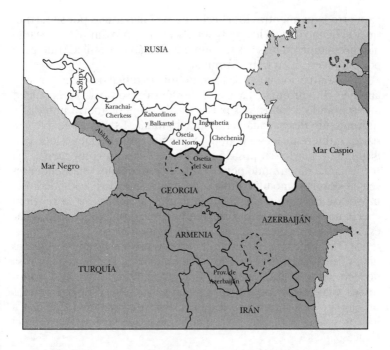

aliada de Estados Unidos, es un objetivo tentador, como se vio en el conflicto de agosto de 2008.

Enconadas rivalidades siguen desatándose en la región, como ocurre siempre en regiones montañosas donde persisten nacionalidades pequeñas. Los armenios, por ejemplo, detestan a los turcos, a los que acusan de haber perpetrado un genocidio en su contra a principios del siglo XX. Armenia busca protección en los rusos. La rivalidad entre armenios y georgianos es intensa y, pese a que Stalin era georgiano, los georgianos son hostiles a los armenios y sumamente desconfiados de los rusos. Éstos creen que los georgianos miraron para otro lado mientras los chechenos recibían armas por su territorio, y el hecho de que los georgianos sean muy próximos a los estadunidenses empeora más la situación. Azerbaiján es hostil a Armenia, y por tanto cercano a Irán y Turquía.

La situación en el Cáucaso no sólo es difícil de entender, sino también de enfrentar. La Unión Soviética resolvió la complejidad incorporando a todos esos países tras la primera guerra mundial y suprimiendo despiadadamente su autonomía. Es imposible que Rusia sea indiferente a esta región hoy o en el futuro, a menos que esté dispuesta a perder su posición en el Cáucaso. En consecuencia, la reafirmará, comenzando por Georgia. Puesto que los estadunidenses ven a Georgia como una ventaja estratégica, la reafirmación de Rusia provocará un enfrentamiento con ellos. Y a menos que la rebelión chechena desaparezca, los rusos tendrán que desplazarse al sur, aislar esa rebelión y asegurar su posición en las montañas.

Dos potencias no querrán que esto suceda. Estados Unidos es una, y Turquía la otra. Para los estadunidenses, la dominación rusa de Georgia socavará la posición que guardan en la región. Para los turcos, vigorizará a los armenios y hará volver a sus propias fronteras un ejército ruso numeroso. Esta resistencia convencerá aún más a los rusos de la necesidad de actuar. El resultado será un duelo en el Cáucaso.

## Asia central

Asia central es una vasta región entre el mar Caspio y la frontera con China. Es principalmente musulmana, así que, como ya vimos, sufrió los efectos de la gran desestabilización del mundo musulmán a la caída de la Unión Soviética. Posee en sí misma cierto valor económico, como región con reservas de energía. Pero para los rusos tiene poca importancia estratégica, a menos que otra gran potencia la domine y utilice como base en su contra. Si esto sucediera, se volvería muy importante. Quien controlara Kazakhistán estaría a

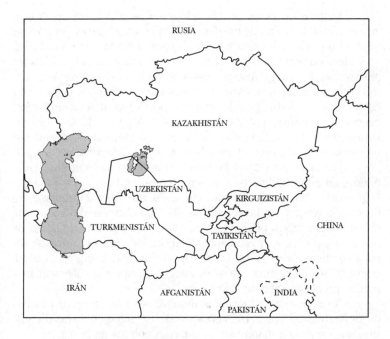

centenar y medio de kilómetros del Volga, río de enorme trascendencia para la agricultura rusa.

En la década de los noventa, compañías energéticas occidentales se arremolinaron en la región. Esto no causó ningún problema a Rusia. No estaba en condiciones de competir, ni de controlar militarmente el área. Asia central era una zona neutral ante la que los rusos eran relativamente indiferentes. Pero todo cambió el 11 de septiembre de 2001, fecha que redefinió la geopolítica de la región. El 11 de septiembre volvió urgente para Estados Unidos invadir Afganistán. Incapaz de montar solo una rápida invasión, pidió ayuda a los rusos.

Entre otras cosas, les pidió lograr que la Alianza del Norte, grupo antitalibán en Afganistán, desempeñara el papel preferente sobre el terreno. Los rusos habían patrocinado a la Alianza del Norte, y efectivamente la controlaban. Los estadunidenses también les pidieron apoyo para conseguir bases en varias naciones de Asia central. Se trataba técnicamente de países independientes; pero como Estados Unidos había pedido ayuda respecto a la Alianza del Norte, no podía permitirse enfadar a los rusos. Los países de Asia central tampoco querían enfadarlos, y los aviones estadunidenses tendrían que sobrevolar la antigua Unión Soviética para llegar hasta ellos.

Los rusos aceptaron la presencia militar estadunidense en la región, en el entendido de que sería temporal. Pero al prolongarse la guerra en Afganistán, Estados Unidos se quedó; y al quedarse, influyó cada vez más en las repúblicas del área. Rusia se dio cuenta de que una zona tapón benigna había caído bajo dominio de la mayor potencia global, que presionaba a Rusia en Ucrania, el Cáucaso y los países bálticos. Además, el alza en los precios de la energía y la adopción por Rusia de una nueva estrategia económica volvieron más significativa la energía de Asia central.

Rusia no quería fuerzas estadunidenses a un centenar y medio de kilómetros del Volga. Debía reaccionar. No actuó en forma directa, sino que empezó a manipular la situación política de la región, para reducir el poder de Estados Unidos. Éste fue un paso ideado para que Asia central retornara a la esfera de influencia rusa. Y los estadunidenses, al otro lado del mundo y aislados por el caos en Afganistán, Irán y Pakistán, no estaban en posibilidad de oponerse. Los rusos reafirmaron su posición natural. Y reveladoramente, ése era uno de los pocos lugares a los que el poderío naval estadunidense no podía llegar.

Asia central es un área en la que Estados Unidos no puede permanecer bajo presión rusa. Es un lugar en el que los chinos podrían causar problemas, aunque, como ya vimos, es improbable que esto suceda. China tiene influencia económica ahí, pero en definitiva los rusos poseen aptitudes tanto militares como financieras con las que pueden batirla. Podrían ofrecerle acceso a Asia central, pero los acuerdos pactados en el siglo XIX y mantenidos por la Unión Soviética se reafirmarán por sí solos. Así pues, soy de la opinión de que Asia central volverá a la esfera de influencia rusa a principios de la década de 2010, mucho antes de que en Europa, en el oeste, se inicie la confrontación mayor.

## El teatro europeo

El teatro europeo es, desde luego, el área justo al oeste de Rusia. En esta región, la frontera occidental de Rusia da a los tres Estados bálticos —Estonia, Letonia y Lituania— y a las repúblicas independientes de Bielorrusia y Ucrania. Todos estos países formaron parte de la Unión Soviética y el imperio ruso. Más allá de ellos se tiende la franja de los antiguos satélites soviéticos: Polonia, Eslovaquia, Hungría, Rumania y Bulgaria. Su propia seguridad nacional básica obliga a los rusos a dominar Bielorrusia y Ucrania. Los países bálticos son secundarios, pero aun así importantes. Europa oriental no es decisiva mientras los rusos estén asegurados en los montes Cárpatos, en el sur, y tengan vigorosas fuerzas en la llanura del norte de Europa. Pero, evidentemente, todo esto puede complicarse.

Ucrania y Bielorrusia son todo para los rusos. Si cayeran en manos de un enemigo —incorporándose a la OTAN, por ejemplo—, Rusia estaría en peligro de muerte. Moscú está a sólo poco más de trescientos kilómetros de la frontera con Bielorrusia, y Ucrania a menos de trescientos de Volgogrado, antes Stalingrado. Rusia se defendió de Napoleón y Hitler con la profundidad. Sin Bielorrusia y Ucrania no hay tal profundidad, ni territorio que canjear por sangre enemiga. Claro que es absurdo suponer que la OTAN pueda representar una amenaza para Rusia. Pero los rusos piensan en términos de ciclos de veinte años, y saben qué rápido es posible lo absurdo.

También saben que Estados Unidos y la OTAN han ampliado sistemáticamente su alcance extendiendo la membresía en la OTAN a Europa oriental y los Estados bálticos. Tan pronto como Estados Unidos trató de reclutar a Ucrania en la OTAN, los rusos cambiaron de opinión sobre las intenciones estadunidenses y sobre Ucrania. Desde su punto de vista, la inclusión de Ucrania en la OTAN amenaza sus intereses de igual modo que si el Pacto de Varsovia se hubiera introducido en México. Cuando un levantamiento proccidental en 2004 —la Revolución Naranja— pareció estar a punto de encuadrar a Ucrania en la OTAN, Rusia acusó a Estados Unidos de intentar rodearla y destruirla. No se sabe qué pensaban hacer los estadunidenses. Pero sí que la presencia de Ucrania en la OTAN podría haber sido devastadora para la seguridad nacional rusa.

Los rusos no movilizaron su ejército. Más bien, movilizaron su servicio de inteligencia, cuyos contactos encubiertos en Ucrania eran magníficos. Rusia minó la Revolución Naranja explotando la división entre el este de Ucrania, prorruso, y el oeste, proeuropeo. No fue difícil hacerlo, y la política ucraniana se paralizó muy pronto. Sólo es cuestión de tiempo antes de que la influencia rusa arrolle a Kiev.

Bielorrusia es un tema más sencillo. Como ya se indicó, es la menos reformada de las antiguas repúblicas soviéticas. Sigue siendo un Estado centralizado y autoritario. Más aún, sus líderes han lamentado repetidamente la desaparición de la Unión Soviética, y propuesto algún tipo de unión con Rusia. Esta unión tendrá que hacerse desde luego bajo las condiciones rusas, lo que ha provocado tensiones, pero no existe la menor posibilidad de que Bielorrusia se integre a la OTAN.

La reabsorción de Bielorrusia y Ucrania en la esfera de influencia rusa será un hecho en los cinco años próximos. Cuando esto ocurra, Rusia habrá vuelto poco más o menos a las que fueron sus fronteras con Europa entre las dos guerras mundiales. Estará asegurada en el Cáucaso, en el sur; mantendrá protegida a Ucrania, y en el norte sus fronteras con la llanura septentrional de Europa colindarán con Polonia y los países bálticos. Esto hará surgir las preguntas de cuál es el país más poderoso en el área y dónde exactamente se localizarán las fronteras. El punto álgido real serán los países bálticos.

La ruta tradicional para invadir Rusia es una brecha de cuatrocientos ochenta kilómetros entre el norte de los Cárpatos y el mar Báltico. Se trata de un territorio plano fácil de atravesar y con pocas barreras fluviales. Esta llanura septentrional en Europa es camino fácil para los invasores. Un invasor europeo puede avanzar directamente al este hasta Moscú o San Petersburgo, en el noroeste. Durante la guerra fría, la distancia de San Petersburgo a la primera línea de la OTAN era de más de millar y medio de kilómetros. Hoy es de ciento diez. Esto explica la pesadilla estratégica que Rusia enfrenta en los países bálticos, y lo que tendrá que hacer para remediar este problema.

Los países bálticos alguna vez formaron parte de la Unión Soviética. Se independizaron después de que ésta se derrumbó. Y entonces, aprovechando una ínfima oportunidad, se incorporaron a la OTAN. Como ya vimos, es muy probable que los europeos estén demasiado inmersos en su ciclo decadente para tener energía para aprovechar la situación. Sin embargo, los rusos no arriesgarán a ese supuesto su seguridad nacional. Vieron a Alemania postrada en 1932, y a las puertas de Moscú en 1941. La inclusión de los países bálticos y Polonia en la OTAN ha aproximado en extremo la frontera de la OTAN al área central rusa. Para un país que fue invadido tres veces en los últimos doscientos años, la cómoda premisa de que la OTAN y sus miembros no representan una amenaza no es algo a lo que se pueda arriesgar.

Desde el punto de vista de los rusos, la principal ruta para invadir su país está no sólo abierta de par en par, sino también en manos de naciones con pronunciada hostilidad contra ellos. Los países bálticos nunca les han perdonado la ocupación. Los polacos están igualmente resentidos, y desconfían por completo de las intenciones rusas. Ahora que forman parte de la OTAN, estos países integran la primera línea. Detrás de ellos está Alemania, de la que Rusia desconfía tanto como los polacos y bálticos desconfían de ella. Es indudable que los rusos son paranoicos, pero esto no quiere decir que no tengan enemigos o estén locos.

Éste sería el meollo de cualquier enfrentamiento. Los rusos pueden vivir con una región báltica neutral. Pero vivir con una región báltica incorporada a la OTAN y cercana a los estadunidenses es un riesgo mucho más difícil de correr. Por otro lado, los estadunidenses, habiendo retrocedido en Asia central y adoptado una actitud prudente en el Cáucaso, no pueden retirarse de los países bálticos. Toda concesión en torno a estos tres miembros de la OTAN sumiría en el pánico a Europa oriental. La conducta de ésta sería impredecible, y la posibilidad de que la influencia rusa se extendiera al oeste aumentaría. Rusia tiene el mayor interés en hacerlo, pero los estadunidenses podrían ejercer un poder sustancial si quisieran.

Es probable que el paso siguiente de Rusia sea un acuerdo con Bielorrusia para establecer un sistema de defensa integrado. Estas dos naciones han estado asociadas desde hace mucho tiempo, así que ésa será una regresión natural. Y llevará al ejército ruso hasta la frontera báltica. También hasta la polaca, lo que pondrá en marcha la confrontación en toda su intensidad.

Los polacos temen a rusos y alemanes. Atrapados entre unos y otros, sin defensas naturales, temen al que sea más fuerte en cualquier momento. A diferencia del resto de Europa oriental, que al menos cuenta con la barrera de los Cárpatos entre él y los rusos —y colinda con Ucrania, no con Rusia—, Polonia está en la peligrosa llanura del norte de Europa. Cuando los rusos vuelvan en gran número hasta ellos al confrontar a los Estados bálticos, los polacos reaccionarán. Polonia tiene casi cuarenta millones de habitantes. No es un país pequeño; y como lo respaldará Estados Unidos, tampoco es trivial.

Polonia dará su apoyo a los países bálticos. Los rusos atraerán a los ucranianos a su alianza con Bielorrusia y tendrán fuerzas a todo lo largo de la frontera polaca, y hasta el mar Negro en el sur. En ese momento emprenderán su tentativa de neutralizar a los bálticos. Supongo que todo esto ocurrirá para mediados de la década de 2010.

Los rusos tendrán tres recursos a su disposición para ejercer influencia en los Estados bálticos. Primero, operaciones encubiertas.

Así como Estados Unidos ha financiado y vigorizado a organizaciones no gubernamentales en el mundo entero, los rusos financiarán y vigorizarán a minorías rusas en esos países, lo mismo que a los elementos prorrusos que existan, o que puedan comprar. Cuando los bálticos repriman esos movimientos, los rusos tendrán un pretexto para usar su segundo recurso, las sanciones económicas, reduciendo en particular el flujo de gas natural. Por último, ejercerán presión militar mediante la presencia de fuerzas sustanciales cerca de esas fronteras. No es de sorprender que los polacos y bálticos recuerden la impredecibilidad de los rusos. La presión psicológica será enorme.

En los últimos años se ha hablado mucho de la debilidad del ejército ruso, la cual fue cierta en la década posterior al desplome de la Unión Soviética. Pero he aquí la nueva realidad: esa debilidad empezó a ceder en 2000, y para 2015 será cosa del pasado. La confrontación por venir en el noreste de Europa no ocurrirá de repente, sino que será prolongada. La fuerza militar rusa tendrá tiempo para desarrollarse. El único campo en que Rusia prosiguió sus actividades de investigación y desarrollo durante los noventa fue el de tecnologías militares avanzadas. Para 2010 tendrá sin duda el ejército más eficiente de la región. Para 2015-2020, sus fuerzas armadas constituirán un desafío para cualquier potencia que intente proyectar su poder en la región, incluido Estados Unidos.

Rusia enfrentará a un grupo de países que no pueden defenderse y a una alianza, la OTAN, sólo eficaz si Estados Unidos está dispuesto a usar la fuerza, y quien, como ya vimos, tiene una política básica en Eurasia: impedir que una potencia la domine toda o en parte. Si China se debilita o fragmenta y los europeos están quebrantados y divididos, Estados Unidos tendrá un interés fundamental: evitar la guerra generalizada, manteniendo a los rusos concentrados en bálticos y polacos, incapaces de pensar globalmente.

Estados Unidos usará su método tradicional para apoyar a esos países: transferencia de tecnología. Conforme nos acerquemos a 2020, este método será cada vez más efectivo. La nueva tecnología bélica requerirá fuerzas militares más reducidas y eficientes, lo cual quiere decir que países menores podrán ejercer un poder militar desproporcionado si tienen acceso a tecnologías avanzadas. Estados Unidos querrá incrementar el poder de Polonia y los países bálticos y hacer que aten de manos a los rusos. Si Rusia ha de ser contenida, ésta es la mejor manera de lograrlo. Georgia, en el Cáucaso, representa un punto álgido secundario, que irrita a los rusos y distrae fuerzas de Europa, así que Estados Unidos se inmiscuirá en el área. Pero lo importante será Europa, no el Cáucaso.

Dado el poderío de los estadunidenses, los rusos no los atacarán directamente, ni aquéllos admitirán aventuras de sus aliados. Más bien, los rusos intentarán presionar a Estados Unidos en otras partes de Europa y el mundo. Por ejemplo, tratarán de desestabilizar a países aledaños, como Eslovaquia y Bulgaria. El enfrentamiento se extenderá a toda la frontera entre Rusia y el resto de Europa.

La estrategia básica de Rusia será tratar de desintegrar a la OTAN y aislar a Europa oriental. La clave para ello serán los alemanes, seguidos por los franceses. Ni unos ni otros desean otra confrontación con Rusia. Las suyas son naciones cerradas, y Alemania depende del gas natural ruso. Los alemanes ya intentan reducir su dependencia, y es probable que lo logren en cierta medida, pero seguirán atenidos a la recepción de sustanciales cantidades de gas natural, sin las que no podrían arreglárselas. Así, los rusos aducirán ante ellos que los estadunidenses los utilizan de nuevo para contener a Rusia; pero que ésta, lejos de amenazar a Alemania, tiene un interés común: un tapón neutral y estable entre ellas, consistente en una Polonia independiente. La cuestión de los Estados bálticos no debería mezclarse en este asunto, alegarán los rusos. Los estadunidenses no se interesarían en los países bálticos si no planearan agredir a Rusia. Ésta estará dispuesta a garantizar la autonomía báltica —así como la seguridad polaca— en el contexto de una confederación amplia a cambio de la reducción de armas y la neutralidad. La alternativa, la guerra, no convendría a alemanes ni a franceses.

Tal vez este argumento surta efecto, pero creo que dará resultados inesperados. Estados Unidos, siempre demasiado agresivo desde el punto de vista europeo, provocará problemas innecesarios en Europa oriental como una amenaza para los rusos. Si los alemanes permiten que la OTAN proceda de ese modo, se verán envueltos en un conflicto que no desean. Por tanto, creo que bloquearán el apoyo de la OTAN a Polonia, los países bálticos y el resto de Europa oriental; la OTAN requiere unanimidad para operar, y Alemania es una gran potencia. La expectativa rusa será que el impacto causado por el retiro del apoyo de la OTAN hará que los polacos y otros se plieguen.

Pero sucederá lo contrario. Atrapada en su pesadilla histórica entre Rusia y Alemania, Polonia se volverá aún más dependiente de Estados Unidos. Este último, advirtiendo una oportunidad de bajo costo para atar a los rusos y dividir a Europa por la mitad, debilitando entre tanto a la Unión Europea, aumentará su apoyo a Europa oriental. Hacia 2015 surgirá un nuevo bloque de naciones, principalmente los antiguos satélites soviéticos en asociación con los Estados bálticos. Mucho más activo que los europeos occidentales, con mucho más que perder y respaldado por Estados Unidos, este bloque desarrollará un dinamismo asombroso.

Los rusos responderán a ese sutil atraco estadunidense de poder tratando de presionar más a Estados Unidos en otras partes. En Medio Oriente, por ejemplo, donde continuará el enfrentamiento interminable entre Israel y los palestinos, los rusos incrementarán la asistencia militar a los árabes. En general, dondequiera que existan regímenes antiestadunidenses, la asistencia militar rusa se hará presente. Una confrontación global de grado inferior estará en marcha para 2015, y se intensificará para 2020. Ningún bando arriesgará la guerra, pero los dos maniobrarán.

Para 2020 esta confrontación será el problema global dominante, y todos lo creerán un conflicto permanente. El enfrentamiento no será tan amplio como la primera guerra fría. Los rusos carecerán de poder para tomar toda Eurasia, y no serán una verdadera amenaza global. Pero serán una amenaza regional, y éste es el contexto en que Estados Unidos responderá. Habrá tensión en toda la frontera rusa, pero Estados Unidos no podrá (o no necesitará) imponer un cordón en torno a Rusia como lo hizo con la Unión Soviética.

Dada esta confrontación, la dependencia europea respecto de los hidrocarburos, derivados en gran parte de Rusia, se convertirá en un asunto estratégico. La estrategia de Estados Unidos será prestar menos atención a las fuentes de energía basadas en hidrocarburos. Esto contribuirá a acelerar su interés en el desarrollo de fuentes alternativas de energía. Rusia se concentrará como antes en las industrias existentes, no en el desarrollo de nuevas. Esto significará mayor producción de petróleo y gas natural antes que nuevas fuentes de energía. En consecuencia, Rusia no estará al frente en los adelantos tecnológicos que habrán de predominar en las porciones posteriores del siglo.

Tendrá que desarrollar, en cambio, sus aptitudes militares. Así, como lo hizo en los dos últimos siglos, destinará el grueso de sus recursos de investigación y desarrollo a aplicar nuevas tecnologías a fines militares y expandir industrias existentes, lo que hará que se rezague de Estados Unidos y el resto del mundo en tecnología no militar, aunque valiosa. Paradójicamente, sus riquezas de hidrocarburos la perjudicarán en especial, porque no se sentirá motivada a desarrollar nuevas tecnologías y el gasto militar la agobiará.

Durante la primera fase de la reafirmación de su poder, hasta alrededor de 2010, Rusia será objeto de extrema subestimación. Se le percibirá como un país fracturado con una economía estancada y un ejército débil. En la década de 2010, cuando la confrontación se intensifique en sus fronteras y sus vecinos inmediatos se alarmen, las grandes potencias seguirán mostrándose desdeñosas.

Estados Unidos tiende en particular a subestimar primero y sobrestimar después a sus enemigos. Para mediados de la década de 2010, volverá a obsesionarse con Rusia. Aquí hay un proceso interesante que señalar. Estados Unidos oscila entre estados de ánimo, pero en realidad, como ya vimos, practica una política exterior muy coherente y racional. En este caso pasará a su estado maniaco, pero se concentrará en mantener anudada a Rusia sin ir a la guerra.

La ubicación de la línea de falla será muy importante. Si el resurgimiento de Rusia ha de ser una crisis mínima, los rusos dominarán Asia central y el Cáucaso y quizá absorban Moldavia, pero no podrán absorber a los Estados bálticos ni dominar las naciones al oeste de los Cárpatos. Si logran absorber a los bálticos y obtener valiosos aliados en los Balcanes, como Serbia, Bulgaria y Grecia —o países de Europa central como Eslovaquia—, su competencia con Estados Unidos será más intensa y alarmante.

Pero al final, eso no importará en realidad. El poderío militar ruso se desgastará en exceso enfrentando la fracción del poderío militar que Estados Unidos decida ejercer en respuesta. Sin importar lo que el resto de Europa haga, Polonia, la República Checa, Hungría y Rumania se comprometerán con la resistencia contra el avance ruso y harán todo lo que Estados Unidos desee con tal de obtener su apoyo. Esta vez, por tanto, la línea se trazará en los montes Cárpatos, no en Alemania como en la guerra fría. Las llanuras del norte de Polonia serán la principal línea de confrontación, pero los rusos no actuarán militarmente.

Las causas de esta confrontación —y de la guerra fría antes que ella— impondrán el mismo resultado que en la guerra fría, esta vez con menos esfuerzo para Estados Unidos. La confrontación anterior ocurrió en Europa central. Ésta tendrá lugar mucho más al este. En la confrontación previa China era aliada de Rusia, al menos en un principio. En este caso China quedará fuera de la jugada. En la ocasión anterior, Rusia tenía pleno control del Cáucaso, pero ahora no, y enfrentará la presión estadunidense y turca hacia el norte. En la confrontación pasada, Rusia tenía una población numerosa, pero esta vez su población será reducida y decreciente. La presión interna, particularmente en el sur, distraerá del oeste la atención de Rusia, la que al final, sin guerra, se desmoronará. Se desmoronó en 1917, y de nuevo en 1991. Y su ejército se vendrá abajo una vez más poco después de 2020.

# EL PODERÍO ESTADUNIDENSE
## Y LA CRISIS DE 2030

Hoy se levanta un muro en la frontera sur de Estados Unidos. La meta es impedir el paso a los inmigrantes ilegales. El país edificó su fuerza económica sobre las espaldas de los inmigrantes, pero desde la década de los veinte ha habido un consenso nacional a favor de limitar el flujo de inmigrantes para que la economía pueda asimilarlos, y para asegurar que no quiten empleos a los ciudadanos. El muro en la frontera con México es la conclusión lógica de esa política.

En los años veinte el mundo estaba inmerso en una explosión demográfica cada vez más acelerada. El problema que enfrentaba Estados Unidos, y el globo, era qué hacer con una creciente reserva de trabajadores. La mano de obra era barata, y tendía a transitar a países ricos. Ante una avalancha de posibles inmigrantes, Estados Unidos decidió limitar su entrada para evitar que el precio de la mano de obra —el salario— se desplomara.

El supuesto en que se basó la política migratoria estadunidense perderá validez en el siglo XXI. El vertiginoso aumento de la población está llegando a su fin, y la gente ya vive más. Esto produce una mayor población de edad avanzada con menos trabajadores jóvenes. Y significa que Estados Unidos no tendrá trabajadores suficientes a más tardar en 2020, que este hecho se agudizará en esa década y que ese país necesitará inmigrantes para llenar ese hueco. Pero precisará de nuevos trabajadores justo al mismo tiempo que el resto del mundo industrial. En el siglo xx el problema fue limitar la inmigración. En el xxi será atraer suficientes inmigrantes.

El segundo derrumbe de Rusia abrirá aparentemente la puerta a una edad de oro para Estados Unidos. Pero una grave crisis económica interna causada por la escasez de mano de obra emergerá precisamente cuando la confrontación con Rusia llegue a su fin.

La punta de esta crisis ya asoma hoy en el envejecimiento de la población de los países industriales avanzados. Parte de esa crisis será social: la estructura de la familia vigente durante siglos seguirá desintegrándose, lo que dejará innumerables ancianos sin nadie que cuide de ellos. Y como ya dije, cada vez habrá más ancianos por cuidar. Esto ocasionará un intenso forcejeo político entre el conservadurismo social y la nueva realidad. Ya lo vemos en la cultura popular —desde los *talk shows* a la clase política—, pero esto se agudizará hasta hacer crisis a mediados de la década de 2020.

Si la historia sirve de guía, esta crisis llegará a su punto más álgido en la elección presidencial estadunidense de 2028 o 2032. Y digo esto porque en la historia de Estados Unidos se da un curioso patrón, no del todo explicable. Cada cincuenta años, más o menos, el país enfrenta una crisis económica y social decisiva. El problema aparece en la década previa a la manifestación de la crisis. Se celebra entonces una elección presidencial fundamental que transforma el panorama político de la nación en la década siguiente. La crisis se resuelve, y Estados Unidos florece. En el transcurso de la nueva generación, la solución del viejo problema genera uno nuevo, que se intensifica hasta que surge otra crisis y el proceso se repite. A veces el momento determinante no salta a la vista hasta más tarde, y en otras no puede soslayarse. Pero siempre está ahí.

Para entender las razones por las que creo que en la década de 2020 se atestiguará una crisis, es importante conocer ese patrón con cierto detalle. Así como no se puede invertir en acciones sin conocer los patrones históricos respectivos, aquí no se podrá dar sentido a mi pronóstico sin comprender los ciclos políticos y económicos estadunidenses.

Estados Unidos ha pasado hasta ahora por cuatro ciclos completos, y actualmente está a la mitad del quinto. Estos ciclos suelen iniciarse con una presidencia determinante y finalizar en una fallida. Así, el ciclo de Washington termina con John Quincy Adams, el de Jackson con Ulysses S. Grant, el de Hayes con Herbert Hoover y el de Franklin D. Roosevelt con Jimmy Carter. Por debajo de la política, las crisis son provocadas por la pugna entre una clase dominante en decadencia asociada con el modelo económico establecido y el surgimiento de una clase nueva y un modelo económico nuevo. Cada facción representa una forma radicalmente distinta de ver el mundo y una definición diferente de lo que significa ser un buen ciudadano, y refleja las maneras variables de ganarse la vida.

## Primer ciclo: de los fundadores a los pioneros

Estados Unidos fue fundado en 1776, con la Declaración de Independencia. A partir de ese momento tuvo identidad nacional, ejército nacional y Congreso nacional. Sus fundadores pertenecían primordialmente a un grupo étnico: ingleses con una pizca de escoceses. Estos hombres prósperos se consideraban los guardianes del nuevo régimen de gobierno, diferentes en carácter a las masas sin tierra ni dinero, y desde luego a los esclavos africanos.

Pero no podían construir solos el país. Necesitaban pioneros que lo ensancharan, y que poblasen el territorio al oeste de los montes Allegheny. Estos pioneros eran hombres completamente distintos a Jefferson y Washington. En general eran inmigrantes pobres y sin estudios, escoceses-irlandeses en su mayoría, que buscaban pequeñas parcelas por desbrozar y cultivar. Eran hombres como Daniel Boone.

Para la década de 1820 ya se había desatado una batalla política entre esos dos grupos, pues los ideales de los fundadores chocaban con los intereses de los colonos. La tensión social se convirtió en crisis económica y culminó en la elección del paladín de la nueva generación, Andrew Jackson, en 1828. A la suya le siguió la presidencia fallida de John Quincy Adams, la última en la generación de los fundadores.

## Segundo ciclo: de los pioneros a los pueblos

Bajo la presidencia de Jackson, la clase más dinámica fue la de los pioneros-agricultores, quienes se establecieron en el centro del país. La antigua clase de los fundadores no desapareció, pero el equilibrio del poder político pasó de ellos a los muy pobres (pero mucho más numerosos) colonos que marchaban al oeste. Los predecesores de Jackson habían favorecido una moneda estable para proteger a los inversionistas. Jackson defendió el dinero barato para proteger a los deudores, las personas que votaron por él. Mientras que Washington, el caballero agricultor, soldado y estadista, fue el héroe emblemático del primer ciclo, Abraham Lincoln, nacido en una cabaña de troncos en Kentucky, lo fue del segundo.

A fines de este ciclo, tras la guerra civil, el oeste ya no se caracterizaba por la afanosa agricultura de subsistencia de los pioneros de la primera generación. Para 1876, los agricultores no sólo eran dueños de sus tierras, sino que además ganaban dinero de la agricultura. También el paisaje cambió, y los caseríos dieron origen a pueblos, desarrollados para atender a los agricultores, cada vez más prósperos. Los bancos de los pueblos tomaban los depósitos de los granjeros y los invertían en Wall Street, el que los invertía a su vez en los ferrocarriles y la industria.

Pero hubo un problema. Las medidas de dinero barato aplicadas durante cincuenta años pudieron haber ayudado a los pioneros, pero perjudicaron a sus hijos, que habían convertido las granjas del oeste en empresas. En la década de 1870, la crisis del dinero barato era ya insoportable. Las bajas tasas de interés impedían invertir las ganancias de las granjas, y en especial de las empresas que atendían a los agricultores.

Una moneda fuerte y estable era esencial para que Estados

Unidos creciera. En 1876 se eligió presidente a Rutherford B. Hayes, quien sucedió al fallido Ulysses S. Grant. Hayes —o, más precisamente, su secretario del Tesoro, John Sherman— abogó por el dinero respaldado en oro, lo que limitó la inflación, elevó las tasas de interés y volvió más atractivas las inversiones. Los agricultores pobres se vieron afectados, pero los agricultores y rancheros ricos y sus banqueros de pueblo se beneficiaron. Esta política financiera impulsó la rápida industrialización de Estados Unidos. Durante cincuenta años, llevó a la economía a una extraordinaria expansión, hasta atragantarse con su propio éxito, justo como en los dos ciclos anteriores.

## Tercer ciclo: de los pueblos a las ciudades industriales

Como a Daniel Boone, también a las virtudes de la vida pueblerina estadunidense se le celebró mucho después de sus mejores días. Se había importado a millones de trabajadores inmigrantes para que laboraran en fábricas y minas, y ellos se establecieron principalmente en las grandes ciudades. Eran sobre todo irlandeses, italianos y europeos orientales. En Estados Unidos jamás se había visto a individuos así. Piénsese en esto: una nación esencialmente blanca y protestante, con una clase marginada negra, se llenó de pronto de inmigrantes que lucían, hablaban y actuaban en forma muy diferente. De ahí que un país provinciano los haya visto con recelo y hostilidad. Las grandes ciudades, donde esos nuevos inmigrantes se asentaron para trabajar en las fábricas, terminaron por considerarse el centro de una cultura ajena y corrupta.

Sin embargo, los valores provincianos empezaron a operar entonces en contra de Estados Unidos. El sistema financiero había funcionado sobre el dinero escaso desde fines de la década de 1870. Eso alentó el ahorro y la inversión, pero limitó el consumo y el crédito. Mientras la población de las ciudades se multiplicaba —a causa tanto de las altas tasas de natalidad como de la inmigración—, los bajos salarios complicaban la vida de los nuevos inmigrantes. Aunque la inversión crecía, la posibilidad de que los obreros compraran los productos que fabricaban se redujo enormemente. El resultado fue la Gran Depresión, durante la que los consumidores no tenían dinero para adquirir los productos que necesitaban, de modo que las fábricas que los hacían despedían obreros, en un ciclo aparentemente sin fin. El trabajo arduo y la frugalidad, propios de la ética del país provinciano, difícilmente bastaban para contener a fuerzas macroeconómicas tan poderosas.

En 1932, Franklin Roosevelt sucedió al fallido Herbert Hoover. Procedió entonces a volver de revés las políticas de la generación política anterior, buscando la manera de elevar el consumo mediante transferencias de recursos de los inversionistas a los consumidores. Roosevelt defendió a los obreros urbanos a expensas de los declinantes pueblos y sus valores.

En última instancia, sin embargo, no fue el New Deal el que puso fin a la depresión, sino la segunda guerra mundial, que permitió al gobierno gastar grandes cantidades en la construcción de fábricas y la contratación de trabajadores. Las secuelas de la segunda guerra fueron aún más decisivas para el fin de la depresión. Al terminar la guerra se promulgaron leyes que permitieron a los exsoldados comprar casas a crédito, financiarse una educación universitaria y hacerse profesionales. El gobierno federal tendió un sistema de carreteras interestatales que abrió las áreas alrededor de las ciudades a la construcción de residencias. Estas medidas constituyeron una gran transferencia de recursos, lo que alentó el empleo en fábricas y oficinas y mantuvo en pie los beneficios económicos de la guerra. Había nacido la clase media estadunidense. Las reformas de Roosevelt —dictadas por la segunda guerra— tuvieron el propósito de apoyar a la clase trabajadora urbana. Convirtieron a los hijos de clase obrera de las minorías étnicas en suburbanitas de clase media.

## Cuarto ciclo: de las ciudades industriales
## a los suburbios de servicios

Como de costumbre, una solución produce el problema siguiente. La depresión se venció incrementando la demanda, creando empleos y apoyos sociales y transfiriendo recursos a los consumidores. Se fijaron altas tasas impositivas a los ricos, se ofrecieron tasas de interés relativamente bajas para facilitar la compra de casas y se introdujo el crédito al consumo para permitir una amplia variedad de adquisiciones. Estas medidas mantuvieron activa la economía.

Pero en la década de los setenta, esa fórmula dejó de funcionar. Las altas tasas impositivas volvían prohibitivo el riesgo de crear empresas y favorecían a las grandes corporaciones, cada vez más ineficientes. Las tasas impositivas marginales —las tasas más altas que se pagaban— eran superiores a 75% para los ricos y las corporaciones. Al castigar el éxito, esta política fiscal desalentó la inversión. Las fábricas se avejentaban y volvían obsoletas al tiempo que el consumo se sostenía en un nivel alto, debido al crédito expedito. Sin inversión, la planta industrial, y la economía en su conjunto, se hicieron cada vez menos eficientes, y menos competitivas globalmente.

A fines de los años setenta, la generación del *baby boom* inició su periodo de formación de familias, y la demanda de crédito llegó a su máximo. Todos estos factores, asociados además con una crisis energética, llevaron la situación al límite. Bajo la presidencia de Jimmy Carter, la economía se tambaleó. Las tasas de interés a largo plazo llegaron a 15%. La inflación rebasó el 10%, igual que el desempleo. La solución de Carter fue reducir los impuestos a las clases media y baja, lo que no hizo sino elevar el consumo y ejercer más presión sobre el sistema. Todos los estímulos económicos útiles en los cincuenta años previos no sólo habían dejado de funcionar, sino que además empeoraron la situación.

En 1980 se eligió presidente a Ronald Reagan. Éste enfrentaba una crisis de subinversión y sobreconsumo. Su solución fue mantener el consumo pero aumentar el monto del capital de inversión. Lo hizo mediante la "economía del lado de la oferta": bajando los impuestos para estimular la inversión. No quería asfixiar la demanda, lo que habría impedido a los consumidores adquirir productos. Su objetivo fue que las clases altas y las corporaciones pudieran modernizar la economía a través de la inversión. Esto representó una restructuración radical de la economía estadunidense en el decenio de 1980, que sentó las bases para el auge del de 1990.

Las medidas de Reagan transfirieron poder político y económico de las ciudades a los suburbios. A causa de las innovaciones de la época Roosevelt-Carter, un gran desplazamiento de población a los suburbios había transformado al país. El sistema de carreteras interestatales y otros caminos en buen estado dieron acceso a la gente a terrenos menos urbanizados y costosos, y le permitieron al mismo tiempo viajar fácilmente a la ciudad. Estos suburbanitas se hicieron cada vez más ricos en la segunda mitad del siglo, y en la década de los ochenta estaban listos para beneficiarse de las medidas económicas de Reagan.

Reagan completó así la reorientación de la economía estadunidense desde los principios del New Deal, que favoreció el consumo de la clase trabajadora urbana sobre cualquier otra consideración, a las clases profesionales y emprendedoras suburbanas. Algunos lo acusaron de traicionar la esencia de la sociedad estadunidense, las ciudades, y el alma de la clase obrera, los trabajadores sindicalizados. Lo mismo que Roosevelt, Hayes y Jackson, también Reagan fue vilipendiado, por traicionar al estadunidense común. Pero igual que ellos, no tuvo otra opción. La realidad había dictado esa evolución.

## Quinto ciclo: de los suburbios de servicios a la clase migrante permanente

Pasemos ahora al futuro.

Si el patrón de cincuenta años es válido —y una serie de ciclos de doscientos veinte años ofrece un historial muy confiable—, hoy los estadunidenses se hallan justo a la mitad de su quinto ciclo, iniciado con la elección de Ronald Reagan en 1980. Este patrón indica que la estructura actual de la sociedad estadunidense estará en vigor hasta alrededor de 2030, y que ningún presidente, sin importar su ideología, podrá alterar las tendencias económicas y sociales básicas.

Electo en 1952, veinte años después de Roosevelt, Dwight Eisenhower no pudo cambiar los patrones básicos establecidos por el New Deal. Teddy Roosevelt, el gran progresista, no pudo alterar significativamente el curso fijado por Rutherford Hayes. Lincoln ratificó los principios de Jackson. Jefferson, lejos de romper con el sistema de Washington, actuó para confirmarlo. En cada ciclo, el partido opositor gana las elecciones, elevando en ocasiones a grandes presidentes. Pero los principios básicos siguen en pie. Bill Clinton no pudo cambiar las realidades básicas fijadas desde 1980, y ningún presidente de cualquier partido las cambiará ahora. Esos patrones son demasiado sólidos, echan hondas raíces en fuerzas fundamentales.

Pero se trata de ciclos, y no hay ciclo que no termine. Si el patrón descrito es válido, los estadunidenses presenciarán tensiones económicas y sociales crecientes en la década de 2020, seguidas por un cambio decisivo en alguna de las elecciones de entonces, probablemente la de 2028 o 2032. Así, la pregunta es ésta: ¿a qué se deberá la crisis de la década de 2020 y cuál será su solución? Una cosa es segura: la solución a la crisis del ciclo anterior engendrará el problema del ciclo siguiente, y la nueva solución cambiará drásticamente a Estados Unidos.

La economía estadunidense se basa hoy en un sistema de crédito fácil tanto para el gasto de consumo como para el desarrollo de los negocios; las tasas de interés presentan bajos históricos. Gran parte de la riqueza procede del aumento de los bienes patrimoniales —casas, planes de ahorro para el retiro, terrenos— antes que del ahorro tradicional. La tasa de ahorro es baja, pero el crecimiento de la riqueza registra un alto nivel.

Este crecimiento no tiene nada de artificial. La restructuración de los años ochenta desató un gran auge de productividad, inducido por la actividad de los emprendedores. La introducción no sólo de tecnologías nuevas sino también de nuevos patrones de hacer negocios elevó drásticamente la productividad de los trabajadores, e incrementó asimismo el valor real de los negocios. Piénsese en Microsoft y Apple como ejemplos de la nueva industria estilo años ochenta. Mientras que en el ciclo anterior corporaciones como General Motors y U.S. Steel dominaron el panorama económico, en este ciclo el crecimiento del empleo se ha centrado en compañías más emprendedoras, menos intensivas en capital.

La demanda de consumo y los precios de los bienes patrimoniales viven en un equilibrio delicado. Si por cualquier razón la demanda de consumo cae, el valor de las cosas, desde casas hasta negocios, disminuirá. Ese valor ayuda a impulsar la economía, desde líneas de crédito al consumo hasta préstamos a las empresas. Define el capital neto de un individuo o negocio. Si el valor de los bienes patrimoniales se reduce, la demanda decrece, creándose así una espiral descendente. Hasta ahora el problema ha sido que la economía crezca tan rápido como la población. Esta vez el reto es asegurar que la economía no decrezca más rápido que la población. Lo ideal sería que siga creciendo pese a que la población disminuya.

Poco más de una década antes del inicio probable de la primera crisis del siglo XXI, ya deberíamos vislumbrarla. Hay tres tormentas en el horizonte. La primera es demográfica. A fines de la década de 2010, la oleada principal de los *baby boomers* llegará a los setenta años de edad, de tal forma que éstos liquidarán su patrimonio y venderán sus casas para vivir de los ingresos resultantes. La segunda tormenta es la energía. Los grandes aumentos recientes del costo del petróleo podrían ser sólo un repunte cíclico tras veinticinco años de bajos precios de la energía. Pero también podrían ser los primeros presagios del fin de la economía de los hidrocarburos.

Por último, el crecimiento de la productividad derivado de la última generación de innovaciones llega ya a su culmen. Las principales compañías emprendedoras de las décadas de 1980 y 1990, como Microsoft y Dell, se han vuelto corporaciones enormes, con márgenes de ganancia decrecientes en reflejo de un menor crecimiento de la productividad. En general, las innovaciones del último cuarto de siglo ya están previstas en el precio de los bienes patrimoniales. Será difícil mantener el ritmo atronador de los últimos veinte años.

Todo esto presionará los precios de los bienes patrimoniales (bienes raíces y valores). Aún no existen herramientas económicas para ajustar los precios de esos bienes. En los últimos cien años se crearon las herramientas para ajustar las tasas de interés y la oferta de dinero: los controles de crédito. Pero los instrumentos para ajustar los precios de los bienes patrimoniales apenas comienzan a aparecer, como lo mostró la debacle hipotecaria de 2008. Se habla ya de una burbuja especulativa en la vivienda y los valores bursátiles, pero está en pañales todavía, y sospecho que no la veremos agudizarse en extremo en otros quince o veinte años. No obstante, cuando este ciclo llegue a su clímax, Estados Unidos estará aquejado por una crisis demográfica, energética y de innovación.

Conviene hacer una pausa para considerar la crisis financiera de 2008. Ésta fue principalmente una culminación de rutina de un ciclo económico. Durante una reactivación económica dinámica, las tasas de interés bajan necesariamente. Los inversionistas conservadores intentan obtener mayor rendimiento sin mayor riesgo. Las instituciones financieras son, antes que nada, organizaciones comerciales, diseñadas para idear productos que satisfagan la demanda. Cuando el ciclo económico se aproxima a su clímax, las instituciones financieras deben ser más agresivas en la factura de esos productos, a menudo aumentando el riesgo oculto en ellos. Terminado el ciclo, la debilidad queda al descubierto, y la casa empieza a derrumbarse. Considérese la debacle de las compañías en internet de fines del siglo pasado.

Cuando la devastación afecta a un sector financiero más que a un sector económico no financiero como las compañías en internet, las consecuencias se duplican. Primero, hay pérdidas financieras. Segundo, la aptitud de ese sector para funcionar, para brindar liquidez a la economía, se contrae. En Estados Unidos, la solución normal ha sido la intervención federal. En el decenio de 1970, el gobierno federal intervino ante un posible colapso de bonos municipales, y rescató a la ciudad de Nueva York garantizando sus bonos. En el de 1980, cuando países del Tercer Mundo empezaron a incumplir el pago de su deuda a causa del descenso de precios de las materias primas, Estados Unidos encabezó una operación de rescate internacional que garantizó, en esencia, la deuda del Tercer Mundo vía el Bono Brady. En 1989, cuando una caída en el mercado de bienes raíces comerciales devastó a las instituciones de ahorro y crédito, el gobierno federal intervino por medio de la Resolution Trust Corporation. La crisis de 2008 fue detonada por la disminución de los precios de la vivienda, lo que obligó al gobierno a intervenir para garantizar los créditos correspondientes y otras funciones del sistema financiero.

La deuda se mide contra el capital neto. Si una persona debe mil dólares y tiene un capital neto negativo, se verá en problemas si pierde su empleo. Pero si debe un millón y tiene un capital neto de mil millones, no está en ningún problema. El capital neto de la economía de Estados Unidos se cuenta en cientos de billones de dólares. Así, una crisis de deuda de unos cuantos billones no puede destruirla. El problema es éste: ¿cómo usar el capital neto para cubrir los créditos incobrables si dicho capital neto se halla en cientos de millones de manos privadas? Sólo el gobierno puede hacer algo al respecto, y lo hace garantizando las deudas, usando el soberano poder impositivo del Estado y utilizando la facultad de la Reserva Federal para imprimir billetes con objeto de poner a salvo el sistema.

En ese sentido, la crisis de 2008 no fue sensiblemente distinta a crisis previas. Aunque la economía subyacente pasará por una recesión, las recesiones son parte común y normal del ciclo económico. Al mismo tiempo, los estadunidenses se hallan ante un presagio importante del futuro lejano. Los precios de la vivienda bajaron por muchas razones, pero detrás de ello acecha una realidad demográfica. A medida que el crecimiento demográfico global se reduce, el supuesto histórico de que los terrenos y otros bienes raíces siempre aumentarán de precio debido a un alza en su demanda cae bajo sospecha. La crisis de 2008 no fue aún una crisis motivada por factores demográficos. Pero exhibió un proceso que quedará plenamente al descubierto en los veinte años próximos: una crisis patrimonial inducida por la demografía. Sorprende que los bienes raíces residenciales bajen de precio. Eso no fue determinante en el pasado. Pero difícilmente este momento es definitivo. Piénsese en él como un indicio, una señal de lo que viene, desde presiones sobre los bienes raíces hasta mayor control gubernamental de la economía.

Cuando se habla de crisis económica, en Estados Unidos todos los temores remiten de inmediato a la Gran Depresión. Pero, de hecho, históricamente la crisis terminal de un ciclo suele asemejarse a una inquietud profunda más que al intenso tormento de la Depresión. La estanflación [estancamiento más inflación] de la década de los setenta o incluso las crisis cortas y agudas de la de 1870 tienen muchas más probabilidades de repetirse que la prolongada quiebra sistémica de la de 1930. Como lo confirmará la crisis de la década de 2020, no es indispensable encarar una Gran Depresión para estar frente a un momento histórico decisivo.

Durante el primer siglo de la historia de Estados Unidos, el mayor problema fue la estructura de la propiedad de la tierra. En los ciento cincuenta años posteriores, la cuestión primordial ha sido cómo manejar la relación entre formación de capital y consumo. La solución ha fluctuado entre favorecer la formación de capital y favorecer el consumo, aunque a veces se ha optado por equilibrarlos. Pero en doscientos cincuenta años de historia, la mano de obra jamás había sido un problema. La población había aumentado siempre, y las jóvenes masas en edad de trabajar eran más numerosas que las de edad avanzada.

Bajo la crisis de 2030 está el hecho de que la mano de obra dejará de ser el componente confiable que había sido hasta entonces. El repentino aumento de la tasa de natalidad tras la segunda guerra mundial y el incremento de la esperanza de vida producirán una inmensa población de edad avanzada, cada vez menos presente en la fuerza de trabajo pero que seguirá consumiendo. Y he aquí un dato que debería hacer pensar: cuando la seguridad social fijó en sesenta y cinco años la edad de retiro, la esperanza de vida promedio de un hombre era de sesenta y uno. Esto deja ver lo poco que la seguridad social debía gastar. El aumento subsecuente de la esperanza de vida ha alterado por completo las matemáticas del retiro.

El descenso de la tasa de natalidad desde los años setenta, en asociación con la incorporación cada vez más tardía a la fuerza laboral, reduce el número de trabajadores por persona retirada. Esta tendencia se intensificará en el decenio de 2020. No es tanto que los trabajadores vayan a sostener a los jubilados, aunque esto tendrá algo que ver. El problema será que, valiéndose de su patrimonio en casas y planes de ahorro para el retiro, los jubilados seguirán consumiendo a altas tasas. Así, se necesitarán trabajadores para satisfacer esa demanda. Dado el decrecimiento de la fuerza de trabajo y la permanencia de la demanda de bienes y servicios, la inflación subirá en forma considerable, pues el costo de la mano de obra se disparará. También se acelerará el ritmo en que los jubilados agotarán sus recursos.

Los retirados se dividirán en dos grupos. Los bastante listos o afortunados para tener reservas patrimoniales en casas y planes de ahorro se verán obligados a vender esos bienes. Un segundo grupo tendrá pocos bienes o ninguno. En el mejor de los casos, la seguridad social hunde a la gente en la miseria. La presión para que los *baby boomers* mantengan un razonable nivel de vida y de atención a la salud será intensa, y procederá de un grupo que, gracias a su número, conservará un poder político desproporcionado. Los jubilados votan desproporcionadamente en comparación con otros grupos, y el voto de los *baby boomers* será particularmente copioso. Aprobarán beneficios para sí mismos.

Gobiernos de todo el mundo —porque esto no sucederá únicamente en Estados Unidos— tendrán que subir los impuestos o pedir préstamos cuantiosos. En el primer caso, gravarán justo al grupo que tenderá a beneficiarse de los altos salarios dictados por la escasez de mano de obra. Si los préstamos aumentan, el gobierno acudirá a un mercado de capital en contracción al tiempo que los *baby boomers* retiran recursos de él, lo que hará subir más todavía tanto las tasas de interés como, repitiendo la década de los setenta, la inflación, a causa de la mayor oferta de dinero. El desempleo será lo único que no se hará eco de los años setenta. Todo el que pueda trabajar tendrá empleo, así como un salario alto, si bien muy exprimido por los impuestos o la inflación.

Los *baby boomers* empezarán a retirarse alrededor de 2013. Si se supone una edad promedio de retiro de setenta años (y la salud y la necesidad financiera la empujarán hasta ahí), en lo sucesivo se presentará un aumento de la población retirada. Un descenso importante no ocurrirá hasta mucho después de 2025, y las repercusiones económicas de ese fenómeno seguirán resonando aún después. Los nacidos en la década de los ochenta toparán con este problema entre sus treinta y cinco y cuarenta y cinco años de edad. Durante parte importante de su vida laboral, vivirán en una economía cada vez más disfuncional. Desde un punto de vista histórico amplio, este problema será pasajero. Pero para los nacidos entre 1970 y 1990 no sólo será gravoso, sino que además definirá a su generación. Es probable que la crisis no sea del orden de otra Gran Depresión, pero quienes recuerden la estanflación de los años setenta tendrán un punto de referencia.

Los *baby boomers* llegaron con una brecha generacional. Se irán con otra.

El presidente estadunidense electo en 2024 o 2028 enfrentará un agudo problema. Como Adams, Grant, Hoover y Carter, usará las soluciones del periodo previo para resolver el nuevo problema. De la misma manera en que Carter intentó usar los principios de Roosevelt para resolver la estanflación, con lo que no hizo sino agravar el problema, el último presidente de este periodo aplicará la solución de Reagan y ofrecerá bajar los impuestos a los ricos para generar inversión. La reducción de los impuestos elevará la inversión justo en el momento de mayor escasez de mano de obra, lo que hará que el precio de ésta aumente más todavía y que el ciclo se exacerbe.

Como los problemas que desembocaron en crisis anteriores, tampoco el problema surgido en la década de 2020 tendrá precedentes. ¿Cómo aumentar el número de trabajadores disponibles? La escasez de mano de obra tendrá dos soluciones. Una será incrementar la productividad por trabajador, y la otra introducir más trabajadores. Dada la magnitud y marco temporal de este problema, la única solución inmediata será elevar el número de trabajadores, y hacerlo aumentando la inmigración. De 2015 en adelante, la inmigración irá en ascenso, aunque no tan rápido como para paliar el problema.

Desde 1932, a la cultura política estadunidense le ha aterrado el excedente de mano de obra, o desempleo. Así, en 2030 se habrá cumplido un siglo de considerar el tema de la inmigración en términos de salarios más bajos. La inmigración se ha visto a través del prisma de la explosión demográfica. La idea de que podía resolver un problema —escasez de mano de obra— habría sido un concepto tan extraño como lo era en 1930 la idea de que el desempleo no se derivaba de la pereza.

En la década de 2020 este concepto cambiará otra vez, y para la elección de 2028 o 2032 habrá ocurrido un cambio enorme en el pensamiento político estadunidense. Algunos alegarán que se dispone de trabajadores en abundancia, pero sin incentivos para laborar a causa de que los impuestos son demasiado altos. El presidente fallido intentará resolver este problema bajando los impuestos para motivar a trabajadores inexistentes a incorporarse a la fuerza laboral a través de la estimulación de la inversión.

La solución real será un aumento drástico y rápido de la fuerza de trabajo mediante la inmigración. El gran salto será la constatación de que la visión histórica de la escasez de mano de obra ya no es válida. En el futuro inmediato, el problema será sencillamente que no hay suficiente mano de obra por emplear. Y este problema no será exclusivo de Estados Unidos. Todos los países industriales avanzados lo enfrentarán, y la mayoría con dificultades mucho mayores. Sin más ni más, estarán ávidos de nuevos trabajadores y contribuyentes. Entre tanto, los países intermedios que son fuente de inmigración habrán logrado mejoras sustanciales en su economía al estabilizarse su población. Toda urgencia de ésta de emigrar a otros países se habrá moderado.

Es difícil imaginarlo ahora, pero en 2030 los países avanzados competirán por inmigrantes. En Estados Unidos, idear la política consecuente ya no implicará buscar la manera de impedirles el paso, sino de inducirlos a entrar en vez de que se dirijan a Europa. Estados Unidos aún tendrá ventajas. Hoy es más fácil ser inmigrante en Estados Unidos que en Francia, y así seguirá siendo. Además, Estados Unidos ofrece oportunidades a más largo plazo que los países europeos, así sea sólo por su menor densidad demográfica. Pero es indudable que tendrá que hacer algo que no ha hecho en mucho tiempo: crear incentivos para atraer inmigrantes.

Los jubilados favorecerán la solución de la inmigración por obvias razones. Pero los trabajadores dividirán su parecer. Los que teman que la competencia reduzca sus ingresos se opondrán a ella con vehemencia. Otros, en condiciones más precarias, apoyarán la inmigración, particularmente en áreas que bajen el costo de los servicios que requieren. A la larga, la política no girará tanto sobre el principio de la inmigración como sobre la identificación de las áreas en que la inmigración será económicamente útil, y de las habilidades que los inmigrantes deberán tener, así como sobre el control de su asentamiento para que no inunden regiones particulares.

Volvamos a los incentivos. Estados Unidos tendrá que ofrecer a los inmigrantes una amplia gama de beneficios competitivos, desde procedimientos muy simplificados para obtener permisos de trabajo y residencia hasta visas especializadas que respondan a sus necesidades y deseos, y muy posiblemente bonificaciones —pagadas directamente por el gobierno o las empresas que los contraten— además de garantías de empleo. Y es indudable que los inmigrantes harán comparaciones antes de comprar.

Este proceso resultará en un ascenso sustancial del poder del gobierno federal. Desde 1980 los estadunidenses han presenciado una erosión constante del poder gubernamental. Sin embargo, la reforma migratoria necesaria alrededor de 2030 requerirá la gestión directa del gobierno. Si el proceso quedara a cargo de empresas privadas, el gobierno federal tendría que imponer al menos ciertas garantías para asegurar que no se defraude a los inmigrantes y que las compañías cumplan sus promesas. De lo contrario, los inmigrantes desempleados serán una carga. El simple hecho de abrir las fronteras no será una opción. La gestión de la nueva fuerza de trabajo —contraparte de la administración de los mercados de capital y de crédito— elevará drásticamente el poder federal, lo que trastocará el patrón del periodo de Reagan.

La mano de obra importada será de dos clases. Una constará de trabajadores que puedan sostener a la población de edad avanzada, como médicos y encargados de casa. La otra será la de quienes sean capaces de desarrollar tecnologías que aumenten la productividad, para atacar la escasez de mano de obra a más largo plazo. Así, profesionales de las ciencias médicas, ingeniería y atención a la salud, junto con trabajadores manuales de diversa índole, serán los principales tipos de trabajadores que se recluten.

Esta afluencia de inmigrantes no alcanzará el orden de la de 1880-1920, pero sin duda será más sustancial que cualquier otra oleada de inmigración desde entonces. Esto también modificará el carácter cultural de Estados Unidos. La plasticidad de la cultura estadunidense es una ventaja, y será crucial para atraer inmigrantes. Asimismo, es de suponer que el proceso de reclutamiento de inmigrantes ocasionará fricciones internacionales. Estados Unidos persigue sus fines de modo implacable, y será más hábil que otros países en el ofrecimiento de mayor número de cosas a cambio de mano de obra escasa, aparte de extraer trabajadores calificados de países en desarrollo. Como veremos, eso afectará la política exterior de esas naciones.

Para Estados Unidos, por otro lado, esto será apenas otro ciclo de cincuenta años recorrido exitosamente, y otra oleada de inmigrantes atraídos y seducidos por el país de las oportunidades. Así procedan de la India o Brasil, en una generación sus hijos serán tan estadunidenses como lo han sido masas previas de inmigrantes en la historia de esa nación.

Esto se aplica a todos los inmigrantes salvo un grupo: los mexicanos. Estados Unidos ocupa territorio que México reclamó alguna vez, y su frontera con esta nación es notoriamente porosa. Los desplazamientos de población entre México y Estados Unidos difieren de la norma, en particular en la zona fronteriza. Esta región será la reserva de la que se obtenga más trabajo manual en la década de 2030, lo cual causará serios problemas estratégicos a Estados Unidos en las décadas posteriores.

Alrededor de 2030, sin embargo, se dará un paso inevitable. Una escasez de mano de obra que desestabilizará la economía obligará a Estados Unidos a formalizar un proceso, implantado hacia 2015, de intensificación de la inmigración. Una vez hecho esto, el país reanudará su desarrollo económico, el cual se acelerará en la década de 2040 conforme los *baby boomers* perezcan y la estructura demográfica vuelva a asemejarse a la pirámide normal, no a un hongo. El decenio de 2040 habrá de ser testigo de un repunte del desarrollo económico similar al de las décadas de 1950 y 1990. Y sentará las bases de la crisis de 2080. Pero de aquí a entonces, aún hay mucha historia por recorrer.

## EMERGE UN MUNDO NUEVO

El desplome de Rusia a principios de la década de 2020 hundirá en el caos a toda Eurasia. La propia Federación Rusa se resquebrajará por completo al fracturarse el control de Moscú. Algunas regiones se escindirán, entre ellas quizá la del Pacífico, escasamente poblada y mucho más interesada en la cuenca del Pacífico que en su relación con Rusia. Chechenia y las demás regiones musulmanas se separarán también. Carelia, con estrechos vínculos con Escandinavia, se escindirá. La desintegración no se limitará a Rusia. También otros países de la antigua Unión Soviética se fragmentarán. Las cargas impuestas por Moscú serán imposibles de sostener. Mientras que, años atrás, el derrumbe de la Unión Soviética indujo a oligarcas a controlar la economía rusa, el de la década de 2020 inducirá a líderes regionales a hacer lo propio.

Esta desintegración tendrá lugar en un periodo de regionalismo chino. La crisis económica de China dará origen a una fase regionalista en su historia, que se intensificará en el decenio de 2020. La masa continental eurasiática al este de los Cárpatos se desorganizará y sumirá en el caos conforme esas regiones compitan por ventajas políticas y económicas locales, con fronteras inciertas e inestables alianzas. De hecho, la fragmentación a ambos lados de la frontera china, de Kazakhistán al Pacífico, quitará sentido a esa delimitación.

Desde el punto de vista estadunidense, este resultado será espléndido. El quinto imperativo geopolítico de Estados Unidos es que ninguna potencia esté en condiciones de dominar Eurasia. Sumidas

China y Rusia en el caos, esa posibilidad es más remota que nunca. De hecho, casi no será necesario siquiera que Estados Unidos contribuya a mantener el equilibrio de poder en esa región. En las décadas por venir, tal equilibrio de poder se sostendrá solo.

Eurasia será entonces el "paraíso del cazador furtivo". Los países en su periferia tendrán extraordinarias oportunidades de hurto. Esa inmensa región es rica en recursos, mano de obra y pericia. El desplome de la autoridad central dará oportunidad a los países periféricos de aprovechar la situación. Temor, necesidad y avaricia son la combinación perfecta de factores que permitirá a la periferia tratar de explotar el centro.

Tres naciones estarán en situación ideal para aprovechar esas circunstancias. Primero, Japón estará en posibilidad de explotar oportunidades en la región marítima rusa y el este de China. Segundo, Turquía lo estará de empujar hacia el Cáucaso, en el norte, y quizá más allá. Por último, una alianza de países de Europa oriental,

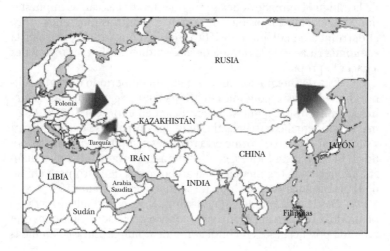

encabezados por Polonia y que incluirá a los Estados bálticos, Hungría y Rumania, considerará eso una oportunidad no sólo para recuperar sus antiguas fronteras, sino también para protegerse contra un Estado ruso futuro. Un importante beneficio secundario para esos países será éste: al acrecentar su fuerza, se protegerán mejor de su enemigo tradicional en Occidente, Alemania. Estas naciones de Europa oriental verán en ello la oportunidad de redefinir el equilibrio de poder en la región. Pese a su magnitud, la India no participará en este juego. Geográficamente aislada por los Himalaya, no podrá aprovechar en serio la situación.

Estados Unidos apoyará toda esta actividad en la década de 2020. Europa oriental, Turquía y Japón serán aliados suyos. Turquía y Japón lo habrán sido para entonces durante setenta y cinco años, y Europa oriental durante treinta. En el enfrentamiento con Rusia, cada uno de ellos en mayor o menor medida, y por sus propias razones, colaborará con Estados Unidos, que los considerará, como lo ha hecho con otros aliados, extensiones de su voluntad.

Pero los acontecimientos de la década de 2020 tendrán implicaciones mucho más amplias, no sólo en Rusia y China. La primera de ellas será la nueva condición de Asia en relación con el Pacífico, y por tanto en relación con Estados Unidos. La segunda, el estado del mundo musulmán tras la guerra estadunidense con los jihadistas. La tercera, el orden interno de Europa en una época de decadencia franco-alemana y de ascenso de Europa oriental. La fragmentación de la Organización del Tratado del Atlántico Norte (OTAN) será un hecho una vez que alemanes y franceses se desentiendan de la defensa de los países bálticos. La OTAN se basa por entero en la defensa colectiva, la idea de que un ataque contra uno de sus miembros es un ataque contra todos. Esta idea parte del entendido de que la OTAN está preparada para salir en defensa de cualquiera de sus países miembros en riesgo. Dado que los Estados bálticos estarán en riesgo, ahí debería desplegarse una fuerza, al igual que en Polonia. La indisposición de algunos miembros a participar en la defensa colectiva significa que esa sóla acción tendría que realizarse fuera del contexto de la OTAN. Ésta, en consecuencia, dejará de existir bajo cualquier modalidad de importancia.

Todas estas cuestiones estarán sobre la mesa en la década de 2010, al desarrollarse la confrontación con Rusia. Pero se les postergará durante este conflicto o, en último caso, no se les priorizará en la agenda global. Al final, no obstante, volverán a emerger. Una vez pasada la amenaza rusa, cada una de esas regiones tendrá que vérselas con su propia geopolítica.

## Asia

La presencia japonesa en China se remonta al siglo XIX. Durante el periodo de confusión entre las intervenciones de Europa en China a mediados del siglo XIX y el fin de la segunda guerra mundial, Japón no dejó de influir en ese país, buscando usualmente alguna ventaja económica. Los chinos tienen malos recuerdos de la conducta de Japón en su territorio en las décadas de 1930 y 1940, aunque no tan malos como para impedirle volver a invertir en la China posmaoísta.

En el decenio de 1930, Japón buscó en China mercados, y en menor medida mano de obra. En el de 2020, el énfasis estará, como ya se señaló, en la mano de obra. La regionalización, y aun fragmentación, de China habrá hecho a Japón rendirse a su antigua tentación por ella en las décadas de 2010 y 2020. Establecer cierta forma de predominio sobre una región china podría contribuir rápidamente a resolver los problemas demográficos de Japón sin obligarlo a pagar el precio social y cultural de la inmigración. Pero los japoneses tendrán que fomentar firmes lazos con la región que terminen por dominar.

Varias regiones chinas buscarán protección contra el gobierno central, lo mismo que capital de inversión y tecnología. Se reafirmará así la simbiótica relación entre chinos y japoneses de fines del siglo XIX y principios del XX, basada en la necesidad de inversión y tecnología de la China costera y en la necesidad de mano de obra de Japón.

Aparte de tenerlo en mano de obra, históricamente Japón ha tenido también otro interés en China: acceso a sus materias primas. Como ya expliqué, Japón es la segunda economía del mundo, pero tiene que importar casi todas sus materias primas. Esto ha sido un reto histórico para él, y fue la principal razón de que entrara en guerra con Estados Unidos en 1941. Muchas personas olvidan que Japón estaba dividido antes de que se tomara la decisión definitiva de atacar Pearl Harbor. Algunos líderes adujeron que invadiendo Siberia obtendrían las materias primas que necesitaban con menor riesgo que atacando a Estados Unidos. Como sea, la seriedad con que los japoneses buscaron (y lo seguirán haciendo) materias primas no debe subestimarse.

La Rusia del Pacífico es muy rica en todo tipo de minerales, entre ellos hidrocarburos. En la década de 2020, Japón enfrentará problemas energéticos y una constante dependencia del golfo Pérsico, lo que significará a su vez meterse en problemas con Estados Unidos. Dado el desmedido orgullo estadunidense tras la segunda caída de Rusia, a Japón, como al resto del mundo, le inquietará cada vez más el paso siguiente que dará Estados Unidos. Así, y puesto que Rusia se fragmentará, sería muy lógico que Japón intentara controlar económicamente la Rusia del Pacífico. Responderá en este sentido cuando su acceso a materias primas se vea amenazado.

Japón tendrá, por consiguiente, un interés directo tanto en el noreste de China como en la Rusia del Pacífico, pero ningún apetito de aventuras militares. Al mismo tiempo, enfrentará el desastre económico para mediados de siglo a menos que empiece a dar pasos decisivos en el decenio de 2020. Para 2050, y contra sus 128 millones de habitantes de hoy, su población podría reducirse a 107 millones, 40 de los cuales serían mayores de sesenta y cinco años y 15 millones menores de catorce. En vista de que 55 millones de personas no formarán parte de su fuerza de trabajo, Japón resentirá muchas presiones para mantener su economía en niveles manejables. Entre sus preocupaciones energéticas y de mano de obra, no tendrá otra opción que tratar de convertirse en potencia regional.

Pero examinemos más de cerca a este país y su historia. Japón es en la actualidad la segunda potencia económica del mundo, y lo seguirá siendo hasta bien entrado el siglo XXI. En muchos sentidos, su estructura social, que persistió a lo largo de su industrialización, la segunda guerra mundial y el milagro económico de los años ochenta, ya existía desde antes de que empezara a industrializarse.

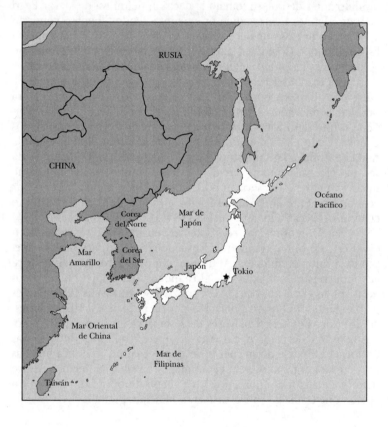

Japón se distingue por su estabilidad interna, que subsiste pese a sus grandes cambios económicos y políticos. Luego de su encuentro inicial con Occidente y la comprensión de que las potencias industriales podían aplastar a países como él, comenzó a industrializarse a un ritmo vertiginoso. Tras la segunda guerra, abandonó su arraigada tradición militarista y se convirtió de pronto en una de las naciones más pacíficas del mundo. Creció entonces a una tasa extraordinaria, hasta los años noventa, cuando su expansión económica se detuvo a causa de insuficiencias financieras, momento en el cual aceptó en forma ecuánime ese vuelco en su fortuna.

La combinación de continuidad cultural y disciplina social ha permitido a Japón preservar sus valores básicos al tiempo que cambia su modo de hacer las cosas. Muchas sociedades son incapaces de cambiar de curso en forma súbita y ordenada. Japón es capaz de hacerlo, y lo hace. Su aislamiento geográfico lo protege de fuerzas sociales y culturales divisionistas. Cuenta además con una competente elite gobernante, que recluta nuevos miembros según sus méritos, y con una población sumamente disciplinada dispuesta a seguir a esa elite. Ésta es una fortaleza que no necesariamente lo vuelve impredecible, sino simplemente capaz de hacer cambios políticos que destruirían a otros países.

No puede darse por sentado que en la década de 2020 Japón conservará su reticencia y pacifismo. Los mantendrá lo más posible; los japoneses no desean un conflicto militar, a causa de su vívido recuerdo nacional de los horrores de la segunda guerra. Al mismo tiempo, su actual pacifismo es una herramienta adaptativa, no un principio eterno. Dada su base industrial y tecnológica, transitar a una postura militar más enérgica sería simple cuestión de un cambio de política. Y en vista de las presiones demográficas y económicas que experimentarán en los años venideros, ese cambio es casi inevitable.

Japón tratará en un principio de obtener lo que necesita por medios económicos. Pero no será el único país que intente aumentar su fuerza de trabajo sin inmigración y controlar fuentes de energía en el extranjero. A los europeos también les interesará crear relaciones económicas regionales. Las fragmentadas regiones de China y Rusia opondrán gustosamente a europeos y japoneses. El reto para Japón es que no puede permitirse perder esta partida. Para él, dadas sus necesidades y ubicación geográfica, ejercer influencia en el este asiático es la única partida posible. El poderío japonés en la región topará con varias formas de resistencia. Primero, el gobierno central chino, promotor de campañas antijaponesas durante años, juzgará que Japón socava deliberadamente su integridad nacional. Las propias regiones chinas, aliadas con otras potencias extranjeras, intentarán dominar a sus homólogas. Surgirá así un conflicto complejo, que podría amenazar los intereses de Japón y forzarlo a intervenir más directamente de lo que querría. Su último recurso será intensificar su militarismo, lo que, por remoto que parezca, terminará por imponerse. En los decenios de 2020 y 2030, conforme la inestabilidad china y rusa y la presencia extranjera en la región aumenten, Japón, como otros países, tendrá que defender sus intereses.

Hacia 2030, Estados Unidos deberá reevaluar su parecer sobre Japón, a medida que éste se vuelva más enérgico. Como Estados Unidos, Japón es inherentemente una potencia marítima. Sobrevive importando materias primas y exportando productos manufacturados. El acceso a rutas marítimas es esencial para su existencia. Cuando en el este asiático empiece a transitar de una participación económica de gran escala a una presencia militar de pequeña escala, le interesará en particular proteger sus rutas marítimas regionales.

El sur de Japón está a ochocientos kilómetros de Shangai. Esta distancia es la misma que la de Japón a Vladivostok, la isla Sajalín y la costa china al norte de Shangai. Ese radio representará el límite exterior de los intereses militares japoneses. Pero aun para proteger esa pequeña área, Japón necesitará una marina, fuerza aérea y sistema de vigilancia espacial muy competentes. Lo cierto es que ya los tiene, pero para 2030 estarán explícitamente orientados a impedir la presencia de intrusos en su esfera de influencia.

Será entonces cuando la recién descubierta firmeza de Japón empiece a desafiar los intereses estratégicos de Estados Unidos, quien desea dominar todos los océanos. El resurgimiento del poderío regional japonés no sólo amenaza ese interés, sino que sienta además las bases para que ese poderío se vuelva global. Al aumentar el interés de Japón en la masa territorial de Asia, también su capacidad aérea y naval tendrá que mejorar. Y al mejorar ésta, nada garantiza que el alcance de su acción no crezca también. Desde el punto de vista estadunidense, ése es un ciclo peligroso.

La situación se desenvolverá probablemente de esta manera: a medida que Estados Unidos comience a reaccionar a su creciente poderío, Japón se sentirá cada vez más inseguro, lo que resultará en una espiral descendente en las relaciones entre ambos países. En beneficio de sus intereses nacionales fundamentales en Asia, Japón deberá controlar sus rutas marítimas. A la inversa, los estadunidenses, considerando el control global de las rutas marítimas como requisito indispensable de su seguridad nacional, presionarán a su vez a los japoneses, tratando de contener lo que percibirán como mayor agresividad en ellos.

Justo en medio de la creciente esfera de influencia de Japón está Corea, que es de suponer que se habrá unificado mucho antes de 2030. Una Corea unida tendrá una población de 70 millones de habitantes, no mucho menos que Japón. Corea del Sur es hoy la duodécima economía del mundo, y ocupará un lugar más alto en 2030, luego de la unificación. Corea ha temido siempre la dominación japonesa. El mayor poder de Japón en China y Rusia la atrapará en medio, y sentirá temor. No será una potencia trivial por sí misma, pero su verdadera importancia procederá de que Estados Unidos la vea como contrapeso al poderío japonés y como base para reivindicar su propio poderío en el Mar de Japón. Corea deseará el apoyo estadunidense contra un Japón en ascenso, y será así como comience a surgir una coalición antijaponesa.

Entre tanto, en China ocurrirán cambios. En los últimos siglos, esta nación ha seguido un ciclo de treinta a cuarenta años.

Cedió Hong Kong a los británicos en 1842. Alrededor de 1875 los europeos empezaron a tomar el control de sus Estados tributarios. En 1911 la dinastía Manchú fue derrocada por Sun Yat-sen. En 1949 los comunistas tomaron el control del país. Mao murió en 1976, y se inició el periodo de expansión económica. En 2010, China se las verá con el trastorno interno y la decadencia económica. Esto quiere decir que es probable que dé un nuevo giro en la década de 2040.

Este giro será una reafirmación del control político por Beijing y una campaña para limitar la presencia extranjera en China. Pero, obviamente, este proceso no comenzará en el decenio de 2040. Culminará entonces. Emergerá en el de 2030, cuando se intensifique la invasión extranjera, en particular la japonesa. Ésta será otra palanca que Estados Unidos usará para controlar la situación. Apoyará los esfuerzos de Beijing por reunificar a China y controlar a Japón, un retorno a la política estadunidense anterior al modelo de la segunda guerra mundial.

Para la década de 2040, Estados Unidos y Japón habrán arribado a una profunda divergencia de intereses. Aquél será aliado de Seúl y Beijing, preocupados por el creciente poderío de Japón. Éste, temiendo la intromisión estadunidense en su esfera de influencia, acrecentará necesariamente su poder militar. Pero estará muy aislado ante la coalición regional creada por Estados Unidos y el poderío militar de este último. Los japoneses no podrán afrontar solos esa presión, pero no habrá nadie cerca para ayudarles. No obstante, los cambios tecnológicos producirán cambios geopolíticos, así que al otro extremo de Asia surgirán oportunidades para que Japón forme su propia alianza.

## Turquía

Durante el enfrentamiento ruso-estadunidense en Europa previo a 2020, habrá un enfrentamiento secundario en el Cáucaso. Los rusos se abrirán camino en esta región, al sur, reabsorbiendo

Georgia y estableciendo contacto con sus aliados armenios. El regreso del ejército ruso a las fronteras de Turquía, sin embargo, generará una enorme crisis en este país. Un siglo después de la caída del imperio otomano y el ascenso de la Turquía moderna, los turcos tendrán que enfrentar otra vez la amenaza que enfrentaron en la guerra fría.

Tras el posterior desmoronamiento de Rusia, alrededor de 2020 tomarán una decisión estratégica inevitable. No repetirán la apuesta de confiar en una caótica zona tapón para protegerse de los rusos. Esta vez penetrarán en el Cáucaso, al norte, tanto como sea necesario para garantizar su seguridad nacional en esa dirección.

Pero en esto hay un asunto más de fondo. Para 2020 Turquía habrá emergido como una de las diez principales economías del mundo. Ya ubicada en el decimoséptimo sitio en 2007, y con un crecimiento estable, Turquía es no sólo un país económicamente viable, sino también crucial desde el punto de vista estratégico. De hecho, disfruta de una de las ubicaciones geográficas más sólidas entre los países eurasiáticos. Tiene fácil acceso al mundo árabe, Irán, Europa, la antigua Unión Soviética y, sobre todo, el Mediterráneo. Su economía crece, en parte, gracias a que es un centro de comercio regional tanto como una productiva potencia económica.

Para 2020, Turquía será una estable potencia económica en ascenso y una potencia militar en medio del caos. Aparte de la inestabilidad del norte, enfrentará retos en todas direcciones. Irán, que no ha sido económica ni militarmente importante durante siglos pero cuyos asuntos internos han sido siempre impredecibles, se sitúa al sureste. Al sur está la permanente inestabilidad y falta de desarrollo económico del mundo árabe. Y al noroeste, el caos perpetuo de la península balcánica, que incluye a Grecia, el enemigo histórico de Turquía.

Ninguna de esas regiones tendrá un desempeño especialmente notable en la década de 2020, por varias razones. La península arábiga, al sur de Turquía, enfrentará en particular una crisis existencial. Salvo por el petróleo, tiene pocos recursos, escasa industria y mínima población. Su importancia ha descansado en el petróleo, la riqueza producida por el cual ha contribuido históricamente a estabilizar la región. Pero en 2020 la península arábiga estará en decadencia. Aunque seguirá teniendo petróleo y estará lejos de haberse empobrecido, las señales serán elocuentes y asomará la crisis. Las luchas entre facciones en la casa de Saúd serán endémicas, lo mismo que la inestabilidad en las demás jefaturas árabes del golfo Pérsico.

Pero lo importante será la extrema fragmentación del mundo islámico. Históricamente dividido, el mundo musulmán quedará muy desestabilizado por la guerra de Estados Unidos con los jihadistas. Durante la confrontación ruso-estadunidense de fines de la década de 2010, Medio Oriente se desestabilizará aún más a causa de los intentos rusos por crear problemas a Estados Unidos al sur de Turquía. El mundo islámico en general, y el árabe en particular, se dividirán en todas las líneas imaginables en la década de 2020.

Los Balcanes, al noroeste de Turquía, también serán inestables. A diferencia de lo ocurrido en la guerra fría en el siglo XX, cuando el poderío estadunidense y soviético fijó a Yugoslavia en su sitio, la segunda ronda de la confrontación ruso-estadunidense desestabilizará a la región. Rusia será mucho menos poderosa que la primera vez, y enfrentará la hostilidad de Hungría y Rumania. Además de tratar de contener a Turquía (a través de los países árabes al sur), intentará contener a Hungría y Rumania tratando de volver en su contra a Bulgaria, Serbia y Croacia. Tenderá una amplia red, a sabiendas de que fallará en algunos casos pero con la esperanza de distraer la atención de Turquía. Conforme Grecia, Macedonia, Bosnia y Montenegro se involucren en los conflictos de los Balcanes, esta región volverá a ser un desastre. La periferia inmediata de Turquía será inestable, por decir lo menos.

El mundo islámico es incapaz de unirse voluntariamente. Pero puede ser dominado por una potencia musulmana. A lo largo de la historia, Turquía ha sido la potencia musulmana a menudo más capaz de crear un imperio con parte del mundo islámico, ciertamente desde las invasiones mongolas del siglo XIII. La centuria transcurrida entre 1917 y 2020 ha sido una anomalía, porque Turquía sólo ha regido sobre Asia menor. Pero el poderío turco —el imperio otomano o un poder turco que gobierna desde Irán— ha sido una realidad duradera en el mundo islámico. De hecho, Turquía dominó alguna vez los Balcanes, el Cáucaso, la península arábiga y el norte de África (véase mapa de la página 112).

En la década de 2020, ese poderío empezará a emerger de nuevo. Más todavía que Japón, Turquía será crítica en el enfrentamiento con los rusos. El Bósforo, el estrecho que une al mar Egeo con el mar Negro, bloquea el acceso ruso al Mediterráneo. Turquía lo ha controlado a lo largo de la historia, y por eso Rusia la ha visto siempre como una potencia que frustra sus intereses. Esto no cambiará en el decenio de 2010, o a principios del de 2020. Los rusos necesitarán el acceso al Bósforo para contrarrestar a los estadunidenses en los Balcanes. Pero Turquía sabe que si se lo concede y ellos cumplen sus metas geopolíticas, su autonomía estará amenazada. Por tanto, se abandonará a su alianza con los estadunidenses contra Rusia.

Así pues, Turquía desempeñará un papel decisivo en la estrategia antirrusa de Estados Unidos. Éste la alentará a empujar hacia el Cáucaso, al norte, y querrá que intensifique su influencia en las áreas musulmanas de los Balcanes, así como en los Estados árabes, al sur. La ayudará a mejorar su capacidad marítima —naval, área y espacial— para desafiar a los rusos en el Mar Negro. Pedirá a la marina turca compartir la carga naval en el Mediterráneo y usar su poder para impedir aventuras rusas en el norte de África. Estados Unidos hará, asimismo, todo lo posible por promover el desarrollo económico turco, que estimulará aún más una economía de suyo ascendente.

Cuando los rusos se desplomen al fin, los turcos quedarán en una posición en la que no habían estado durante un siglo. Rodeados por el caos y la debilidad, tendrán presencia económica en toda la región. También tendrán una presencia militar sustancial. Al derrumbarse Rusia, la geopolítica regional se reorganizará en torno a

Turquía —sin un verdadero esfuerzo de su parte—, la cual se convertirá en la potencia dominante de la región, proyectando influencia en todas direcciones. Turquía no será aún un imperio formal, pero será sin duda el centro de gravedad del mundo musulmán.

Por supuesto que el mundo árabe tendrá grandes dificultades con el resurgimiento del poderío de Turquía. El maltrato turco a los árabes bajo el antiguo imperio otomano no se ha olvidado. Pero los otros actores regionales que podrían ejercer igual poder serán Israel e Irán, y Turquía será mucho menos inaceptable para los árabes. Dada la inminente decadencia de la península arábiga, la seguridad y desarrollo económico de los países árabes dependerán de sus firmes lazos con Turquía.

Los estadunidenses verán este hecho como un paso positivo. Primero, será un premio para un cercano aliado. Segundo, estabilizará una región turbulenta. Tercero, pondrá bajo influencia turca las aún importantes reservas de hidrocarburos del golfo Pérsico. Por último, los turcos bloquearán las ambiciones iraníes en la región.

Pero aunque la reacción inmediata será positiva, el resultado geopolítico de largo plazo será contrario a la gran estrategia estadunidense. Como ya vimos, Estados Unidos crea potencias regionales para bloquear amenazas mayores en Eurasia. Sin embargo, también teme a países hegemónicos regionales. Éstos pueden volverse no sólo rivales regionales, sino también globales. Estados Unidos comenzará a ver a Turquía justo de ese modo. Al acercarse el fin de la década de 2020, las relaciones entre ambas naciones serán cada vez más desagradables.

La percepción turca acerca de Estados Unidos también cambiará. En el decenio de 2030, Estados Unidos será visto como una amenaza para los intereses regionales turcos. Además, podría haber un cambio ideológico en Turquía, que ha sido un Estado laico desde la caída del imperio otomano. Históricamente, los turcos han adoptado un enfoque flexible de la religión, que han usado como instrumento tanto como sistema de creencias. Frente a la oposición estadunidense a la propagación de su influencia, Turquía podría juzgar útil aprovechar las energías islamistas presentándose no sólo como una potencia musulmana, sino también islámica (a diferencia de una fracción como Al Qaeda) deseosa de erigir un super Estado islámico. Esto haría transitar a los musulmanes árabes en la región de una alineación renuente a una participación activa en la expansión de Turquía, sin importar la historia y cinismo de ese paso. En consecuencia, veremos a Estados Unidos confrontar a un Estado islámico potencialmente poderoso que organizará al mundo árabe y al Mediterráneo oriental. La existencia estadunidense será amenazada por la combinación del poder político y el vigor económico de Turquía, al mismo tiempo que seguirán surgiendo desafíos en otros frentes.

## Polonia

Los participantes más entusiastas en el enfrentamiento estadunidense con los rusos serán los antiguos satélites soviéticos, en particular Polonia. En cierto sentido, esas naciones encabezarán a los estadunidenses en igual medida en que serán encabezados por ellos. Polonia tiene todo que perder en el resurgimiento de Rusia, y poco para protegerse de los rusos. Cuando éstos regresen a su frontera, buscará apoyo en el resto de Europa a través de la OTAN. Alemania y Francia no tendrán mucho ánimo de confrontación, así que Polonia hará lo que ha hecho siempre al afrontar a Rusia o Alemania: buscar una potencia extranjera que la proteja. Históricamente, esto no ha surtido efecto. Las garantías ofrecidas por Francia y Gran Bretaña en 1939 no sirvieron para proteger a Polonia de Alemania o Rusia. Estados Unidos será diferente. No es una potencia en decadencia, sino un país joven, arriesgado y vigoroso. Para gran sorpresa de Polonia, Estados Unidos será lo bastante fuerte para bloquear a los rusos.

El resto de Europa, en especial Francia y Alemania, tendrán sentimientos encontrados ante la superioridad estadunidense sobre los rusos. Habiendo pasado por una guerra fría en el siglo XX, tendrán pocos deseos de sufrir otra. En momentos de caída demográfica en todas esas naciones, alemanes y franceses podrían sentirse aliviados al ver que Rusia se disuelve, también con una población decreciente pero aún enorme. En cambio, no les agradará ver a Estados Unidos en una posición fuerte en Europa fuera de instituciones como la OTAN, que en realidad los europeos usaron para controlar y contener a los estadunidenses.

Alemania, Francia y el resto de Europa occidental tampoco serán usados en beneficio de la súbita confianza de Polonia, o de la República Checa, Eslovaquia, Hungría y Rumania. Paradójicamente, el enfrentamiento con Rusia hará sentirse más seguros a estos países, gracias a sus firmes lazos bilaterales con Estados Unidos, con los que intentarán bloquear el poderío ruso. Libres de su temor original a los rusos y cada vez más indiferentes a una Alemania debilitada, se verán relativamente a salvo por primera vez en siglos. En efecto, la decadencia franco-alemana se dejará sentir en toda la periferia europea, a causa de su caída demográfica, su economía moribunda y su mal cálculo geopolítico de desentenderse de la confrontación con Rusia (y de deteriorar por tanto a la OTAN). El resultado neto será la intensificación de la crisis de confianza que ha socavado a Francia y Alemania desde la primera guerra mundial.

Habrá una redefinición general de la estructura europea de poder. El desplome de los rusos dará a los europeos orientales tanto la oportunidad como el apremio de adoptar una política exterior más agresiva en el este. Europa oriental será la región europea más dinámica. Al colapsarse Rusia, las naciones de Europa oriental extenderán su influencia y poder al este. Eslovacos, húngaros y rumanos serán, como siempre, los menos vulnerables a los rusos, gracias a la barrera natural formada por los Cárpatos. Polonia, en la llanura del norte de Europa, será la más vulnerable, pero también la nación más grande y poderosa de Europa oriental.

Al fracasar los rusos, los polacos serán los primeros en querer empujar al este, para crear una zona tapón en Bielorrusia y Ucrania. Conforme ellos reivindiquen su poder, también los países de los

Cárpatos proyectarán el suyo al este de los montes, hacia Ucrania. Europa oriental fue un páramo a lo largo de quinientos años, atrapada como estaba entre las grandes potencias de la Europa atlántica y Alemania, por un lado, y Rusia por el otro. Tras el derrumbe del poderío ruso, el orden europeo se desplazará al este, a una Europa oriental con firmes lazos con Estados Unidos.

Una confederación política entre los países bálticos, Polonia, Eslovaquia, Hungría y Rumania será imposible. Tienen demasiadas diferencias culturales e históricas. Pero una alianza entre al menos algunos de ellos es fácil de imaginar, en particular cuando comparten el interés de movilizarse al este.

Eso es justo lo que harán en la década de 2030. Usando su creciente poder económico —y fuerza militar, resultado de su estrecha colaboración con los estadunidenses—, compondrán una alianza y no hallarán resistencia significativa en su tránsito al este. Al contrario, dado el caos imperante, muchos en la región los acogerán como fuerza estabilizadora. La dificultad estribará en coordinar el desplazamiento y evitar conflictos mayores sobre áreas particulares. La región es especialmente quisquillosa; pero a fines de las décadas de 2020 y 2030, eso será lo último en la mente europea oriental. Cerciorarse de que Rusia no retorne jamás e incrementar su fuerza de trabajo serán las consideraciones principales.

Las líneas precisas del avance europeo oriental son imposibles de predecir. Pero suponer la ocupación de San Petersburgo desde Estonia, la ocupación polaca de Minsk o la ocupación húngara de Kiev no es más difícil de imaginar que la ocupación rusa de Varsovia, Budapest o Berlín. Lo que marcha al oeste puede hacerlo al este; y si los rusos se desmoronan, una movilización al este desde Europa oriental será inevitable. En este escenario, Polonia se convertirá en una gran potencia europea sumamente dinámica, a la cabeza de una coalición de países de Europa oriental.

El equilibrio de poder en Europa para 2040 pasará entonces al este. Toda Europa experimentará un problema demográfico, pero la oriental podrá compensarlo gracias a las complejas relaciones financieras que Estados Unidos suele mantener con sus aliados. Europa oriental podría no superar a la occidental en la magnitud absoluta de su economía, pero es un hecho que la rebasará en términos de dinamismo.

¿Qué significa todo esto para Francia y Alemania? Una cosa era vivir en una Europa desorganizada pero en la que Alemania y Francia eran las potencias decisivas y otra muy distinta vivir en una Europa que se reorganiza y deja atrás a esas naciones. Dada la honda inserción de Gran Bretaña en la órbita económica estadunidense y la igual atracción de la península ibérica por las oportunidades de su trato con Estados Unidos, franceses y alemanes se verán en un grave dilema.

Decadencia significa ya no apetecer grandes aventuras, no que no se quiera sobrevivir. Para 2040, Francia y Alemania serán cosa del pasado. Entre crisis demográficas y la redefinición de la geopolítica europea, franceses y alemanes enfrentarán un momento decisivo. Si no se imponen, otros dictarán su futuro, y ellos pasarán de la decadencia a la impotencia. Y con la impotencia llegaría una espiral geopolítica de la que no podrían recuperarse.

Dentro de sus dificultades existenciales, el problema clave para Francia y Alemania será Estados Unidos. Aunque Europa oriental irá en ascenso al aproximarse el medio siglo, ese ascenso no será sostenible sin el apoyo de Estados Unidos. Si acaso se le obligara a dejar de influir en Europa, los europeos orientales no tendrían capacidad o confianza para perseguir sus intereses estratégicos en el este. El antiguo orden podría reafirmarse, y Francia y Alemania podrían preservar cierto nivel de seguridad.

Es obvio que franceses y alemanes no podrán enfrentar directamente a los estadunidenses, o echarlos ellos solos. Pero terminado su conflicto con Rusia, el interés inmediato de Estados Unidos en la región decaerá. En la medida en que el poderío estadunidense siga cambiando sin cesar y no pueda mantener mucho tiempo su atención, la posibilidad de que reduzca su presencia será real. Franceses y alemanes aún podrían tener una oportunidad de intimidar a Europa oriental, sobre todo si los estadunidenses se distraen en otras partes del mundo, como el Pacífico.

El interés estadunidense en Europa puede menguar inmediatamente después del desplome de Rusia, lo que al parecer abriría la puerta a un mayor poderío franco-germano. Pero esto será transitorio. Al surgir e intensificarse la crisis de Estados Unidos con Japón y Turquía, resurgirá el interés estadunidense en Europa, como veremos más adelante. Tendrá un interés muy real en Europa oriental una vez que los turcos comiencen a actuar, en la década de 2020. Y es probable que esto baste para bloquear el resurgimiento del poderío alemán y francés.

## Resumen

La fragmentación de China en la década de 2010 y la disolución de Rusia en la de 2020 dejarán un vacío enorme, del Pacífico a los Cárpatos. Toda la periferia de esta área ofrecerá a países menores la oportunidad de mordiscos, dentelladas y bocados enteros. Finlandia recuperará Carelia, Rumania recobrará Moldavia, la India ayudará al Tíbet a liberarse y Taiwán extenderá su poder al otro lado del estrecho de Taiwán al tiempo que europeos y estadunidenses crean esferas de influencia regional en China. Habrá incontables oportunidades de caza furtiva.

Pero tres naciones tendrán tanto el poder como la necesidad de hacer algo drástico. Japón ampliará su poderío para incluir lo mismo a la Rusia marítima que a ciertas áreas de China. Turquía ampliará el suyo no sólo al Cáucaso, sino también en las áreas del noroeste y sur. Polonia, a la cabeza de una coalición de potencias de Europa oriental, presionará al este y se introducirá en Bielorrusia y Ucrania.

Estados Unidos verá con buenos ojos todo esto durante el primer decenio, como veía al mundo en los años noventa. Polonia, Turquía y Japón serán sus aliados. Su fortalecimiento será también el de Estados Unidos. Y si hace falta moralismo, podría afirmarse que esos países llevarán prosperidad a sus vecinos.

Pero a mediados de la década de 2030, mientras tales naciones acrecientan su poder, Estados Unidos empezará a sentirse intranquilo. Para la de 2040, se mostrará francamente hostil. Su quinto principio geopolítico es impedir que una potencia controle Eurasia. De pronto emergerán simultáneamente tres países hegemónicos regionales, dos de ellos (Japón y Turquía) potencias marítimas de importancia, una en el Pacífico noroeste y otra en el Mediterráneo oriental. Ambas habrán desarrollado también significativa capacidad espacial, y en el capítulo siguiente veremos que eso adquirirá relevancia a mediados de siglo. Lo esencial es esto: en la década de 2040, Estados Unidos hará lo que hace cuando se siente intranquilo: empezará a actuar.

# LA DÉCADA DE 2040:
## PRELUDIO DE GUERRA

Los años en torno a 2040 serán un periodo de prosperidad en Estados Unidos, comparable a las décadas de 1990, 1950 y 1890. Unos diez a veinte años después de un viraje cíclico de cincuenta años en ese país, los cambios realizados empiezan a propulsar la economía. Los cambios económicos, tecnológicos y migratorios llevados a cabo en la década de 2030 tendrán efecto para fines de esta misma. El aumento de la productividad derivado de la robótica, y la multiplicación de oportunidades de atención a la salud ofrecida por la genética, promoverán el crecimiento. Como en los años noventa, los procesos internos de investigación y desarrollo en Estados Unidos (en particular los acumulados durante la segunda guerra fría) darán fruto.

Pero como se ha visto incontables veces en la historia, los periodos de prosperidad no necesariamente son épocas pacíficas o estables en el ámbito internacional. La pregunta que pasará a primer plano en 2040 será ésta: ¿cómo será la relación entre Estados Unidos y el resto del mundo? En cierto nivel, el país será tan poderoso que prácticamente toda acción que emprenda afectará a alguien en el mundo. Por otro lado, tendrá tanto poder, en particular tras el repliegue ruso y la inestabilidad china, que podrá permitirse brusquedades. Estados Unidos es peligroso en su estado más benigno, pero cuando se fija en un problema puede ser devastadoramente implacable. El impulso global será bloquear a esa nación, pero en la práctica esto será más difícil de hacer que de decir. Quienes puedan evitar una confrontación con ella elegirán esa vía, porque los riesgos de la confrontación serán demasiado altos. Simultáneamente, las recompensas de la colaboración serán sustanciales. Estas contracorrientes serán sorteadas de manera diferente por potencias diferentes.

En 2040, el tema más polémico sobre la mesa será el futuro de la cuenca del Pacífico. Éste se abordará limitadamente como la cuestión del Pacífico noroeste, y más aún como la de la política japonesa en China y Siberia. A primera vista, el asunto será el papel cada vez más agresivo de Japón en la masa territorial de Asia al perseguir sus intereses económicos e interferir con otras potencias, Estados Unidos entre ellas. Además la cuestión del respeto japonés a la soberanía de China y de la autodeterminación de la Rusia marítima.

En un nivel más profundo, a Estados Unidos le alarmará el rápido aumento del poderío marítimo de Japón, el cual incluye sus sistemas militares navales y espaciales. Japón, que aún importará petróleo del golfo Pérsico, incrementará su poderío en el mar Meridional de China y el estrecho de Malaca. A principios del decenio de 2040 le inquietará la estabilidad del golfo y empezará a explorar y patrullar el océano Índico para proteger sus intereses. Tendrá firmes y estrechos lazos con muchos archipiélagos del Pacífico, y hará acuerdos con ellos para el emplazamiento de estaciones de rastreo y control satelital. La inteligencia estadunidense sospechará que esas estaciones servirán también como bases para misiles antinavales hipersónicos japoneses. Los misiles hipersónicos se desplazan a más de cinco veces la velocidad del sonido; para mediados del siglo XXI viajarán a más de diez veces esa velocidad, a trece mil kilómetros por hora y más. Aparte de misiles hipersónicos, que chocan directamente contra su objetivo, también hay aviones hipersónicos no tripulados, que arrojan municiones sobre su blanco antes de volver a su base.

Los japoneses compartirán las aguas con la Séptima Flota estadunidense, y el espacio con el Comando Espacial de Estados Unidos, para entonces un cuerpo independiente de las fuerzas armadas estadunidenses. Ninguna de las partes provocará incidentes en el mar o el espacio, y ambas naciones mantendrán relaciones formalmente cordiales. Pero los japoneses estarán muy al tanto de la preocupación de Estados Unidos: que su lago privado, el Pacífico, contenga una potencia que él no controla del todo.

A Japón le preocupará mucho proteger sus rutas marítimas contra posibles amenazas en el sur, en particular en las aguas de Indonesia, el paso entre los océanos Pacífico e Índico. Indonesia es un archipiélago muy grande y con enorme cantidad de grupos étnicos. Está inherentemente fragmentado, y tiene —y seguirá teniendo— muchos movimientos separatistas. Japón practicará un juego complejo al respaldar a algunos de esos movimientos contra otros para asegurar los diversos estrechos en aguas indonesias.

Japón también querrá impedir que la marina estadunidense tenga acceso al Pacífico occidental. Hará tres cosas con ese fin. Primero, fabricará y desplegará en islas de su propiedad misiles antinavales hipersónicos, capaces de cubrir grandes distancias en el Pacífico. Segundo, llegará a acuerdos para permitir bases de sensores y misiles en islas del Pacífico que ya domine económicamente, como las islas Bonin, las Marshall y Naúru. La estrategia será en este caso producir cuellos de botella que inhabiliten el comercio y transporte militar transpacíficos de Estados Unidos. Esto volverá predecible a su vez la elección de rutas estadunidenses, lo que facilitará a los satélites japoneses monitorear los movimientos de esos barcos. Pero para los estadunidenses lo más inquietante será el grado de la actividad japonesa en el espacio, donde estarán en construcción instalaciones no sólo militares, sino también comerciales e industriales.

La política estadunidense será compleja, como siempre, y estará influida por diferentes factores. La idea de que una China fuerte amenaza la retaguardia rusa se volverá una obsesión en las comunidades estadunidenses militar y de inteligencia en las décadas de 2010 y 2020. En la de 2030, este temor será una *idée fixe* en el Departamento de Estado, donde las políticas antiguas jamás cambian ni se extinguen. Estados Unidos mantendrá entonces su compromiso con una China segura y estable. Pero para 2040 ése será un gran fastidio en sus relaciones con Japón. Obviamente, la conducta japonesa en China será incompatible con la idea estadunidense de una China estable. En 2040, la relación entre Washington y Beijing se habrá estrechado, lo que irritará en extremo a los japoneses.

## Turquía

Entre tanto, Turquía incursionará resueltamente en el Cáucaso tras el desmoronamiento de Rusia. Este acto consistirá en parte en una intervención militar, pero también adoptará la forma de alianzas políticas. Igualmente, la influencia de Turquía será en gran medida económica: el resto de la región tendrá que alinearse con la nueva potencia. Esa influencia se extenderá inevitablemente al norte, más allá del Cáucaso, hasta Rusia y Ucrania, imponiéndose en los valles de los ríos Don y Volga, políticamente inciertos, y al este, hacia el centro agrícola de Rusia. La Turquía musulmana influirá en el Kazakhistán musulmán, llevando su poderío a Asia central. El mar Negro será un lago turco, y Crimea y Odessa comerciarán intensamente con Turquía. Habrá una enorme inversión turca en toda la región.

Rusia habrá creado un sistema de alianzas al sur de Turquía antes de desplomarse, como lo hizo durante la guerra fría. Al debilitarse y replegarse, Rusia dejará tras de sí un área de inestabilidad, de Levante a Afganistán. Turquía no apetecerá trabar combate con Irán, y se contentará con dejarlo solo y aislado. Pero la inestabilidad en Siria e Irak afectará directamente sus intereses, en particular cuando los kurdos se sientan en libertad de ponerse a pensar en erigir de nuevo un Estado propio. Siria e Irak serán débiles sin el apoyo ruso, destrozados por sus tradicionales conflictos internos. Entre el peligro de que la inestabilidad se propague al norte y la amenaza de que otras potencias llenen el vacío, los turcos se movilizarán al sur. Es indudable que no querrán que los estadunidenses intervengan en Irak: ya tendrán suficiente con lo ocurrido en la década de 2000.

En los Balcanes también reinará el caos en este periodo. El debilitamiento de los rusos afectará a sus aliados de esa zona, lo que ocasionará desequilibrios regionales. Húngaros y rumanos tratarán de llenar algunos de esos vacíos, lo mismo que los griegos (enemigos históricos de Turquía). Como nueva potencia regional, Turquía se involucrará en los Balcanes, a raíz de esa extendida inestabilidad. Para entonces ya habrá establecido estrechas relaciones con países musulmanes en el área —Bosnia y Albania—, los que intentarán ampliar su propia esfera de influencia, menos por apetito agresivo que por temor a las intenciones de otros países.

Geográficamente hablando, cualquier potencia en esta región tiene una meta esencial: controlar el Mediterráneo oriental y el mar Negro. Es importante recordar que, a lo largo de la historia, Turquía ha sido una potencia terrestre tanto como naval. Entre más se acerquen al Bósforo, el estrecho que une al mar Negro con el Egeo, más peligrosas serán las potencias europeas para Turquía. El control turco del Bósforo significa echar de los Balcanes a esas potencias, o al menos bloquearlas de modo contundente. Por tanto, el envolvimiento en los Balcanes es esencial para que Turquía se convierta en una gran potencia regional.

Y lo será en efecto para mediados de la década de 2040. Turquía creará sistemas de relaciones en Rusia que le procurarán productos agrícolas y energía. Dominará Irak y Siria, así que su esfera de influencia llegará a la península saudita, con sus menguantes reservas de petróleo y gas natural, que nutrirán a la economía estadunidense. Los turcos llevarán su esfera de influencia al noroeste, en los Balcanes, donde su poderío chocará con los intereses de aliados estadunidenses clave como Hungría y Rumania, que también promoverán su influencia en toda la orilla norte del mar Negro. Habrá conflictos diversos, de la resistencia guerrillera a la guerra convencional local, en torno al eje turco.

Turquía aumentará una fuerza armada de suyo sustancial, que incluye un ejército de tierra considerable y una imponente fuerza naval y aérea, en forma acorde con sus necesidades. Proyectar su poder al mar Negro, proteger el Bósforo e introducirse en el Adriático para dar forma a los acontecimientos en los Balcanes requerirá una fuerza naval. Y requerirá, una posición dominante en el Mediterráneo oriental, hasta Sicilia. No sólo habrá que proteger el estrecho del Bósforo. El canal de Otranto, la puerta al Adriático, también deberá controlarse.

Turquía terminará chocando con aliados estadunidenses en el sureste de Europa, y su creciente poder hará sentir a Italia muy insegura. El límite llegará cuando Egipto, inherentemente inestable, enfrente una crisis interna y Turquía use su posición como principal potencia musulmana para inyectar tropas que lo estabilicen. De pronto, los conciliadores turcos estarán en Egipto, controlando el canal de Suez y en condiciones de hacer lo que Turquía ha hecho tradicionalmente: avanzar hacia el norte de África, al oeste. Si Turquía aprovecha esta oportunidad, será la potencia decisiva en la Eurasia occidental. Israel seguirá siendo un país poderoso, desde luego, pero la capacidad de Turquía de expandir su poder como nación musulmana lo bloqueará, y lo forzará a llegar a un acuerdo con ella, ya vista como potencia amiga.

El control del canal de Suez abrirá otras posibilidades para Turquía. Ésta ya habrá penetrado en la península arábiga, al sur, donde combatirá a insurgentes árabes. Sus líneas de abastecimiento por tierra se verán afectadas, y gracias al control del canal de Suez podrá aprovisionar a sus fuerzas por el mar Rojo. Por su parte, esto consolidará su control sobre la península arábiga y volverá a Turquía mucho más amenazadora para Irán, pues le permitirá bloquear los puertos de esta nación y atacar desde el oeste. Turquía no querrá hacer nada de esto. Pero la sola amenaza de esas acciones apaciguará a Irán, lo cual servirá a sus intereses.

De esto se desprende que Turquía irá más allá del mar Rojo e incursionará en la cuenca del océano Índico. Su foco de atención será el golfo Pérsico, donde consolidará su control sobre la península arábiga y las existencias de petróleo de la región, aún valiosas. Al ha-

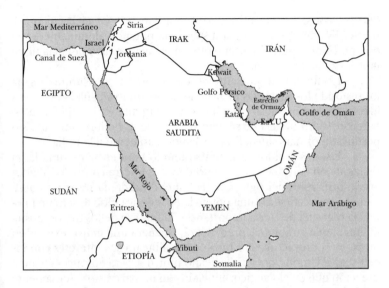

cerlo, se convertirá asimismo en un factor importante en los cálculos de seguridad de Japón. Este país ha dependido históricamente de los suministros de petróleo del golfo Pérsico. Puesto que los turcos dominarán esa zona, Japón tendrá motivos para llegar a un entendimiento con Turquía. Ambas naciones serán grandes potencias económicas, así como potencias militares emergentes. También tendrán motivos para mantener las rutas marítimas del estrecho de Ormuz al de Malaca. Así, entre ellas habrá una cómoda convergencia de intereses, con pocos puntos de fricción.

Obviamente, el ascenso de Turquía en la región y como potencia marítima alarmará a Estados Unidos, en particular porque ocurrirá al mismo tiempo que el de Japón. Y la discreta cooperación entre Turquía y Japón en el océano Índico será especialmente desconcertante. El poderío turco será aplastante entonces en el golfo

Pérsico, como lo será el poderío naval japonés en el Pacífico noroeste. Estados Unidos seguirá siendo la potencia dominante en el océano Índico; pero, lo mismo que en el Pacífico, la tendencia no se moverá en su dirección.

Igualmente inquietante será el modo en que Turquía recoja los restos de los islamistas de la generación anterior, añadiendo peso ideológico y moral a su preminencia emergente en la región. Al esparcirse, su influencia no se derivará sólo de su poderío militar. Esto perturbará obviamente a Estados Unidos, así como a la India.

Estados Unidos ya habrá sostenido para entonces una larga relación con la India, que se remontará a la guerra contra los jihadistas de principios del siglo XXI. Aunque, dividida, la India no habrá logrado convertirse en una potencia económica global, será una potencia regional de cierta importancia. El ingreso de los turcos musulmanes al mar Arábigo le preocupará, y temerá una mayor expansión turca en el propio océano Índico. Así, alineará sus intereses con los de Estados Unidos, que en el océano Índico se verá entonces en igual situación que en el Pacífico: alineado con un país vasto y densamente poblado en la masa territorial, contra potencias marítimas menores y más dinámicas.

Al intensificarse este proceso, el poderío de Japón y Turquía —en extremos opuestos de Asia— se volverá sustancial. Cada cual expandirá sus intereses en la masa territorial de Asia, y movilizará sus activos navales en apoyo a esa acción. Además, cada cual incrementará sus operaciones espaciales, lanzando sistemas tripulados y no tripulados. También habrá cierto grado de cooperación técnica en el espacio; Japón irá a la cabeza en tecnología, pero el acceso a centros de lanzamiento turcos le dará seguridad adicional contra un ataque estadunidense. Esta cooperación será una fuente de inquietud más para Estados Unidos.

A mediados de siglo, la influencia de Turquía abarcará a Rusia y los Balcanes, donde chocará con Polonia y el resto de la coalición de Europa oriental. Turquía será también una gran potencia mediterránea, controlando el canal de Suez y proyectando su fuerza sobre el golfo Pérsico. Amedrentará a polacos, indios e israelíes, pero sobre todo a los estadunidenses.

## Polonia

La pesadilla polaca ha sido siempre el ataque simultáneo de Rusia y Alemania. Cuando tal cosa sucede, como en 1939, Polonia no tiene esperanza alguna. El derrumbe de Rusia en el decenio de 2020 le dará por tanto una oportunidad y un apremio. Así como Rusia no tendrá otra opción que mover sus áreas tapón lo más al oeste posible, Polonia deberá mover su frontera lo más al este posible.

Históricamente, rara vez Polonia ha tenido esa oportunidad, habiendo sido exprimida y dominada por tres imperios: ruso, alemán y austrohúngaro. Pero en el siglo XVII tuvo la oportunidad de expandirse, de cara a una Alemania fragmentada y una Rusia que todavía no era una fuerza poderosa en Occidente.

El problema de los polacos ha sido un flanco sur inseguro. En 2040 esto habrá dejado de ser un problema, pues también el resto de los países de Europa oriental que enfrentarán a los rusos erigirán ansiosamente áreas tapón al este, con las lecciones del pasado aún frescas en su memoria. Sin embargo, este bloque oriental poseerá, asimismo, otra dimensión: la económica. Desde su reunificación en 1871, Alemania fue el motor económico de Europa. Aun después de la segunda guerra mundial, cuando perdió su voluntad política y confianza en sí misma, siguió siendo la potencia económica más dinámica del continente.

Luego de 2020, ya no será así. La economía de Alemania resentirá la carga de una población de edad avanzada. Su proclividad a grandes megaestructuras corporativas causará perdurables ineficiencias y hará que su economía siga siendo enorme, pero lenta. Muchos problemas, comunes a gran parte de Europa central y occidental, acosarán a los alemanes.

Los europeos orientales, en cambio, habrán librado una segunda guerra fría (aliados con la principal potencia tecnológica del
mundo, Estados Unidos). Una guerra fría es la mejor guerra imaginable, porque estimula en extremo a un país sin destruirlo. Muchas
de las capacidades tecnológicas de las que Estados Unidos obtendrá
su enorme ventaja se generarán en la segunda guerra fría, y Polonia
rebosará de tecnología y pericia estadunidenses.

Por sí misma, Alemania no tendrá apetito ni poder para desafiar al bloque polaco, como le llamaremos. Pero estará dolorosamente consciente de la trayectoria que se avecina. A su debido tiempo, el bloque polaco sobrepasará el poder de Europa central y occidental, y logrará justo lo que Alemania soñó alguna vez. Asimilará y desarrollará la porción occidental del antiguo imperio ruso, erigiendo así un bloque económico de proporciones sustanciales.

La debilidad básica del bloque polaco será su casi nula salida al mar. Tendrá puertos en el Báltico, pero éstos podrían ser rápidamente bloqueados por un país aun con mínima capacidad naval. El estrecho de Skagerrak será un cuello de botella peligroso. Si es la única salida de Polonia, la línea marítima de abastecimiento polaco para Estados Unidos y el resto del mundo será notoriamente vulnerable. La única alternativa será buscar un puerto en el Adriático. Croacia, históricamente cercana a los húngaros, controlará el puerto de Rijeka. Aunque limitado, sin duda este puerto será utilizable.

Pero habrá dos problemas para el uso de ese puerto, relacionados ambos con Turquía. Primero, los turcos estarán sumamente envueltos en los Balcanes, como los húngaros y rumanos. Igual que toda circunstancia balcánica, ésta será un embrollo, con lazos religiosos complicados por la hostilidad nacional. Los turcos no querrán que el bloque polaco se desplace al Mediterráneo, y usarán las tensiones entre Bosnia y Croacia para mantener la inseguridad. Pero aun si esto no fuera un problema, el uso del Adriático y el Mediterráneo no se basará simplemente en que el bloque polaco tenga una flota mercante ahí. Dependerá del control del canal de Otranto. Las otras opciones serán que Dinamarca tome el Skagerrak y que Polonia invada Alemania, pero los polacos no estarán en condiciones de hacerlo.

El bloque polaco chocará con los turcos en dos puntos. Uno será los Balcanes, donde la cuestión será el acceso al Mediterráneo. El otro será Rusia, desde donde la influencia turca se extenderá al oeste a través de Ucrania mientras la influencia del bloque se difunde en el este. Este problema no será tan explosivo como el primero, y dejará un amplio margen de maniobra, pero será un asunto secundario de cierta importancia. Nadie habrá definido las esferas de influencia en Ucrania y el sur de Rusia. Y dada la hostilidad ucraniana contra los polacos —con los que tienen un antagonismo histórico que se remonta a los siglos XVI y XVII—, así como contra los turcos, cada bando podría manipular la situación en forma incómoda para el otro.

Los polacos tendrán gran necesidad de los estadunidenses en esta coyuntura. Sólo ellos poseerán el peso necesario para oponer resistencia a los turcos en el Mediterráneo. Y estarán cada vez más inclinados a hacerlo, pues no desearán que se establezca una nueva potencia eurasiática. Aunque Turquía estará lejos de alcanzar esa meta, se moverá en esa dirección. Las estrategias de Estados Unidos de desorganizar a potencias regionales eurasiáticas antes de que sean demasiado fuertes e impedir el surgimiento de otra potencia naval dictarán su intento de bloquear a Turquía.

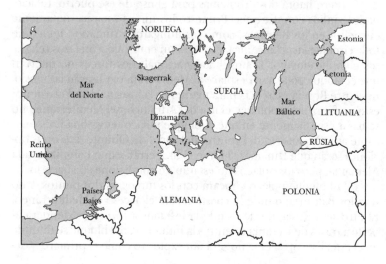

Al mismo tiempo, la política estadunidense requerirá que, más que emprender una acción directa, Estados Unidos apoye a potencias regionales también deseosas de oponerse a los turcos. El bloque polaco no será una amenaza inmediata para los intereses estadunidenses, a diferencia de los turcos. Así, la estrategia estadunidense no consistirá en lanzar sus fuerzas al combate, sino en transferir tecnología al bloque polaco para que pueda seguir su estrategia por sí solo.

Hacia 2045 el bloque polaco habrá asegurado Rijeka, absorbiendo tanto a Eslovenia como a Croacia. Ambos países buscarán protección del bloque contra rivales balcánicos como Serbia y Bosnia. El bloque polaco habrá fortificado muy bien su frontera con estos dos países. Serbia será excluida del bloque porque los polacos y otros grupos no querrán empantanarse en su política. Y usando la fortaleza tecnológica estadunidense, Polonia procederá a integrar y desarrollar rápidamente las capacidades naval y espacial necesarias para confrontar a los turcos en el Adriático y el Mediterráneo. El ritmo de desarrollo del bloque polaco será asombroso, y los turcos empezarán a comprender que encaran un reto no sólo del bloque polaco, sino también de Estados Unidos mismo.

Los alemanes observarán con preocupación esta crisis desde su cercana frontera, obviamente a favor de los turcos. No harán nada, pero estarán suficientemente al tanto de las consecuencias si el bloque polaco derrota a Turquía. En tal caso, y de mantener su unidad, el bloque será en esencia la reencarnación de la antigua Unión Soviética, con la mayoría de sus recursos europeos, a los que se añadiría Medio Oriente. Los alemanes conocerán bastante a los estadunidenses para saber que éstos actuarían contra el bloque en caso de una victoria de esa magnitud, pero también sabrán que ellos mismos serían los más afectados por la nueva confrontación. Si el bloque polaco alcanzara esa situación dominante, Estados Unidos tendría que impedirle dominar también Europa oriental, lo que significaría que Alemania sería, una vez más, un posible campo de batalla. El éxito del bloque polaco plantearía para Alemania amenazas de corto y largo alcance.

En consecuencia, Alemania tendrá motivos para ayudar a los turcos en todas las formas posibles, menos la guerra. Pero lo que los turcos necesitarán será ayuda para estrangular al bloque polaco. La clave para ello sería desligarlo de Estados Unidos y el comercio global. Si los turcos lo aislaran en el Adriático, y los alemanes idearan la manera de obstuir el Báltico, el bloque se vería en un problema grave. Pero para hacer eso, Alemania tendría que estar segura del triunfo turco, para lo cual tendría que estarlo a su vez de que los estadunidenses no intervendrían con toda su fuerza. Como no podrá estar segura de ninguna de ambas cosas, esperará la ocasión adecuada.

Los estadunidenses harán lo propio en todo el globo. Armarán al bloque polaco y alentarán su confrontación con los turcos. Ayudarán a acrecentar el poder de los indios en el océano Índico. Fortalecerán a chinos y coreanos y acumularán fuerzas en el Pacífico y el Mediterráneo. Harán todo lo posible por estrangular tanto a Japón como a Turquía sin actuar directamente contra ellos. Y perseguirán bien esta política, de hecho demasiado bien. Lo mismo Turquía que Japón, sumamente conscientes de la capacidad histórica de Estados Unidos para armar y apoyar a sus aliados, llegarán a la conclusión de que enfrentan el desastre a manos de agentes estadunidenses. Y esto inducirá una enorme escalada bélica.

## Presiones y alianzas

Estados Unidos encaró crisis en múltiples frentes un siglo antes, cuando, en los años cuarenta, Alemania y Japón desafiaron simultáneamente sus intereses. Los estadunidenses siguieron, en este caso, una estrategia de reforzamiento de sus aliados regionales, asistiendo a Gran Bretaña y Rusia contra Alemania y a China contra Japón. Ahora, un siglo más tarde, estará preparada de nuevo para jugar una larga partida. No tendrá el menor deseo de ocupar o destruir a Turquía o Japón, y mucho menos a Alemania. Practicará un juego defensivo, bloqueando a potencias emergentes. No incurrirá en estrategias ofensivas, por más que así lo parezca. Su estrategia será desgastar toda amenaza en un periodo prolongado, para provocar que posibles contrincantes se empantanen en conflictos que no puedan terminar ni abandonar fácilmente. En el marco de esta estrategia, invocará siempre los principios de la autodeterminación y los valores democráticos, describiendo esta vez a Japón y Turquía como agresores que socavan la soberanía nacional al tiempo que violan los derechos humanos.

Junto con la diplomacia pública, habrá también una serie de desafíos más directos.

El primero será económico. El mercado de Estados Unidos, inmenso todavía, consumirá en gran medida productos japoneses, y en menor grado turcos, y ese país seguirá siendo también la principal fuente de nuevas tecnologías. La exclusión del mercado o las tecnologías estadunidenses será lastimosa, por decir lo menos. Estados Unidos usará esas palancas contra aquellos dos países. Suspenderá la exportación de algunas tecnologías, en particular con posibles aplicaciones militares, y limitará la importación de algunos productos de esas naciones.

Al mismo tiempo, apoyará a una amplia gama de movimientos nacionalistas en China, Corea y la India. A través del bloque polaco, apoyará también a los movimientos nacionalistas ruso y ucraniano, dentro de la esfera de influencia turca. Pero su principal foco de atención en esta estrategia serán los Balcanes y el norte de África, en especial Egipto. En los Balcanes, el bloque polaco (muy dependiente de Croacia) evitará alinearse con Serbia, antiguo enemigo de Croacia, produciendo así una especie de área tapón con Turquía. Estados Unidos pondrá en marcha un agresivo programa de apoyo a la resistencia Serbia contra los turcos, y lo extenderá a Macedonia. Los griegos, enemigos históricos de los turcos, se aliarán estrechamente con Estados Unidos y apoyarán ese esfuerzo, aunque eludirán una alineación formal con el bloque polaco.

Desde una perspectiva geopolítica, y en más de un sentido, esas alianzas y maniobras no son difíciles de predecir. Como ya dije, siguen patrones firmes, arraigados en la historia a lo largo de siglos.

Lo que yo hago es ver cómo se aplican esos patrones tradicionales al contexto del siglo xxi. En esta región particular, una vez que Estados Unidos apoye la resistencia contra los turcos, los Balcanes serán un polvorín y los turcos tendrán que destinar una cantidad exorbitante de recursos a un área en la que su interés principal es defensivo. Intentarán proteger el Bósforo y poco más. Si se retiran, su credibilidad (en su aún incierta esfera de influencia) se verá sumamente dañada.

Estados Unidos también probará apoyar al nacionalismo árabe, tanto en Egipto como en la península arábiga. Los turcos se cuidarán de no ser excesivamente agresivos ni codiciosos al imponer su poder, pero de todas formas prevalecerá un sentimiento contra ellos. Ese sentimiento nacionalista será explotado por Estados Unidos, no porque éste desee genuinamente que eso lleve a algún lado, sino para restar fuerzas a los turcos. A Turquía le inquietará la asistencia estadunidense al bloque polaco y el norte de África. La meta de Estados Unidos será reformar y limitar la conducta turca, pero cualquier intromisión estará lejos de ser lo que Turquía considere un desafío a su interés nacional fundamental.

## Espacio y estrellas de combate

El paso más amenazante de Estados Unidos en este periodo ocurrirá en el mar, aunque en realidad no sucederá en el agua, sino en el espacio. Durante la década de 2030 Estados Unidos habrá iniciado un muy discreto programa para la comercialización del espacio exterior, centrado en particular en la producción de energía. Para mediados del decenio de 2040, ese proyecto habrá avanzado un poco, aunque todavía estará muy subsidiado y en la fase de investigación y desarrollo. En el curso de la comercialización del espacio, Estados Unidos elevará su capacidad para operar robóticamente en el espacio, usando a seres humanos sólo para las labores más complejas y exigentes. Se habrá creado ya infraestructura sustancial, lo que le dará una gran ventaja.

A fin de reforzar esa ventaja en el espacio para mejorar su dominio de la superficie terrestre, Estados Unidos empezará a apoyarse en tal infraestructura. Abandonará en forma gradual la estrategia, costosa e ineficaz, de despachar a miles de kilómetros tropas muy armadas en vehículos impulsados por derivados de petróleo para ejercer su poder. En cambio, edificará un sistema de aviones hipersónicos no tripulados basados en suelo estadunidense pero controlados desde centros de comando espaciales en órbita geosíncrona sobre posibles regiones objetivo, plataformas a las que llamaré "Estrellas de Combate" por la sencilla razón de que es un nombre agradable. Para mediados de siglo, un misil hipersónico con base en Hawai podrá impactar a un barco frente a las costas de Japón o a un tanque en Manchuria en media hora.

Estados Unidos también producirá (muy en secreto, pues los tratados del siglo anterior seguirán vigentes) misiles que, con devastadores efectos, puedan arrojarse desde el espacio, a muy alta velocidad, contra blancos en la superficie. Si la plataforma perdiese comunicación con tierra, podrá conducir automáticamente la batalla desde el espacio, si lo que se solicitó fue cierta cantidad de explosivos dirigidos contra un punto exacto a una hora precisa con base en inteligencia espléndida ubicada en el espacio.

El combate en el siglo XXI requerirá sofisticación en las comunicaciones. Lo más importante en la evolución de la guerra espacial será la transferencia al espacio de centros de mando y control primario. El control desde tierra es vulnerable. Para cuando una imagen es captada en el espacio y transmitida a tierra por una serie de satélites para que se emita una orden a sistemas de armas hipersónicas, ya han pasado muchos segundos. Más aún, entre más eslabones haya, mayor será el número de puntos de falla posibles, y un enemigo podría trastocar la señal, o atacar el centro de control en tierra, los receptores y los transmisores. Habrá muchas soluciones de baja tecnología para esos trastornos; pero, ubicados en el espacio, los nuevos centros de mando se considerarán más seguros y capaces de sobrevivir sin daños graves y con habilidad irrestricta para comunicarse de modo permanente con armas y personal.

Gran parte de la ciencia implicada en estos sistemas está en pañales hoy en día. Pero para mediados de siglo estará en línea. Préstenme atención ahora: describo aquí cómo será el mundo tecnológico en términos completamente realistas... no pretendo escribir *Battlestar Galactica*. Estos pronósticos se basan en tecnología real, extrapolaciones razonables sobre tecnología futura y una planeación bélica razonable. Las plataformas espaciales contarán con excelente equipo de detección y sistemas de mando y control. Las Estrellas de Combate controlarán plataformas secundarias no tripuladas que apoyarán al sistema entero. Verán la superficie terrestre con extraordinaria precisión, y podrán ordenar ataques de aviones hipersónicos cuando sea necesario, los que a menudo darán en el blanco en cuestión de minutos. Podrán atacar a un grupo que coloque explosivos a la orilla de una calle, o a una flota haciéndose a la mar. Si la ven, podrán atacarla rápidamente.

Usando lecciones aprendidas durante los proyectos de construcción espacial del decenio de 2030, creo que los futuros planes de Estados Unidos demandarán la creación de un sistema de tres Estrellas de Combate. La principal se pondrá en órbita geosíncrona sobre el ecuador, cerca de la costa de Perú. La segunda, sobre Papúa Nueva Guinea, y la tercera sobre Uganda. Las tres se dispondrán en intervalos casi exactos, dividiendo en tres partes la Tierra.

A casi ningún país le agradará el sistema de Estrellas de Combate, pero los japoneses y turcos se alarmarán en particular. Sucede que una de esas Estrellas estará justo al sur de Turquía, y la otra justo al sur de Japón. Cada una de ellas podrá usar sus sensores a bordo, así como sensores remotos que orbiten alrededor de la Tierra pero puedan detenerse y merodear durante largos periodos, para monitorear a esos países. Serán, en esencia, armas apuntadas a la cabeza de esas dos naciones. Y más todavía, podrán imponer un bloqueo incontenible a cualquiera de ellas de un momento a otro. Las Estrellas de Combate no podrán ocupar Turquía o Japón, pero sí estrangularlos.

Aunque los nuevos sistemas espaciales se habrán planeado

durante años, se les instalará con una celeridad pasmosa. Habiéndose ordenado su rápido despliegue hacia 2040, tales sistemas estarán totalmente en operación en la segunda mitad de esa década... en 2047, por decir algo. Este despliegue se basará en el supuesto de que las Estrellas de Combate son invulnerables: de que ningún otro país podrá atacarlas y destruirlas. Este supuesto ya se ha hecho antes en Estados Unidos, sobre acorazados, portaviones y bombarderos indetectables. Existe una arrogancia intrínseca en la planeación militar estadunidense, basada en la creencia de que ningún otro país puede igualar su tecnología. Pero por riesgoso que sea, suponer invulnerabilidad facilitará el rápido despliegue del sistema.

## Tensión en aumento

El despliegue de las Estrellas de Combate, la introducción de nuevas generaciones de armas manejadas desde el espacio y la agresiva presión política asociada con medidas económicas tendrán por objeto contener a Japón y Turquía. Y desde el punto de vista japonés y turco, las demandas estadunidenses serán tan extremas que parecerán irrazonables. Los estadunidenses exigirán a esos dos países replegar todas sus fuerzas hasta sus fronteras originales, así como garantizar el derecho de paso en el mar Negro, el mar de Japón y el Bósforo.

Si los japoneses aceptaran esas condiciones, toda su estructura económica se vería en peligro. Para los turcos, una convulsión económica merecerá consideración, pero también el caos político que los rodearía entonces. Además, Estados Unidos no impondrá exigencias equivalentes al bloque polaco. En realidad, exigirá a Turquía ceder los Balcanes y Ucrania, así como parte del sur de Rusia, a Polonia, y permitir que el Cáucaso se suma en el caos.

Estados Unidos no esperará en realidad que Turquía y Japón capitulen. No será ése su propósito. Esas demandas serán simplemente la plataforma desde la cual intentará presionar a dichos países, para limitar su crecimiento y agudizar su inseguridad. En verdad no esperará que ninguno de ellos vuelva a su posición de 2020, sino que querrá desalentar su mayor expansión.

Japoneses y turcos, sin embargo, no verán las cosas de esa manera. Desde su perspectiva, y en el mejor de los casos, Estados Unidos intentará distraer su atención de asuntos apremiantes creando problemas internacionales irresolubles. En el peor, allanará el camino para su desplome geopolítico. Comoquiera que sea, Turquía y Japón no tendrán otra alternativa que suponer lo peor, y prepararse para resistir.

Estas naciones no tendrán la amplia experiencia espacial de los estadunidenses. Quizá puedan producir sistemas espaciales tripulados, y hayan creado para entonces sus propios sistemas de reconocimiento. Pero las capacidades militares de Estados Unidos estarán fuera de su alcance, sin duda en un plazo tan largo que podría empujar a los estadunidenses a reconsiderar su política. Pero ni los japoneses ni los turcos estarán en condiciones de reconsiderar la suya.

Los planes de Estados Unidos no serán entrar en guerra con Japón o Turquía. Su intención será sencillamente exprimirlos hasta que reduzcan su dinamismo y se vuelvan más dóciles a sus demandas. En consecuencia, Turquía y Japón tendrán motivos para limitar el poderío estadunidense y formar una coalición natural. Para la década de 2040, los cambios tecnológicos en la guerra habrán vuelto sumamente fácil establecer estrechas alianzas. El espacio cambiará la ecuación geopolítica global.

Turcos y japoneses también podrán apoyarse mutuamente en terminos más tradicionales. Estados Unidos es una potencia norteamericana. Japón y Turquía serán potencias euroasiáticas.

Esto da pie a una alianza muy natural, y a una meta para esos países. El poderío japonés cubre la costa del Pacífico, pero para 2045 se habrá extendido ya por todo el archipiélago asiático, y también a la masa territorial. La esfera de influencia turca se extenderá a Asia central, e incluso a la China musulmana del oeste. Cabrá suponer entonces que, si colaboran, Japón y Turquía podrían formar una potencia paneuroasiática rival de Estados Unidos.

El pelo en la sopa será, desde luego, Polonia, así como el hecho de que la influencia turca no penetre más allá de los Balcanes. Pero esto no impedirá a Japón y Turquía buscar una alianza. Si una potencia europea se integrara a su coalición, Polonia se vería en un problema grave. Tendría que distraer recursos y atención, lo que daría carta blanca a Turquía en Ucrania y Rusia, y un apoyo adicional a la alianza de Turquía con Japón. El país europeo que éstos tendrán en mente será Alemania. Desde la perspectiva turca y japonesa, si pudiera convencerse a Alemania de que la amenaza de un bloque polaco, respaldado por Estados Unidos, será suficientemente peligrosa, y la creación de un pacto tripartita suficientemente amenazante para forzar a Estados Unidos a actuar con cautela, sería factible asegurar Eurasia y explotar conjuntamente sus recursos.

Alemania no creerá ni un solo momento que sea posible disuadir a Estados Unidos. Temerá en realidad que una coalición tripartita detone una inmediata respuesta militar estadunidense. Razonará también que, de eliminarse el bloque polaco, ella enfrentará poco después a los turcos en la cuenca del Danubio, y no apetecerá ese juego. Así, aunque me parece que los alemanes son la opción más probable para formar una coalición con Turquía y Japón, creo que se negarán a participar, pero con una salvedad. Si Estados Unidos termina en guerra con Turquía y Japón y aliado con Polonia, ésta podría debilitarse severamente en ese conflicto. En este caso, una intervención alemana posterior implicaría menos riesgo y más recompensas. La categórica victoria de Estados Unidos no le vendría mal a Alemania. Pero si Estados Unidos y Polonia fueran derrotados —el resultado menos probable—, Alemania tendría la oportunidad de abalanzarse rápidamente sobre la presa. Esperar a ver qué pasa con Polonia tendrá sentido para ella, y ése será su juego a mediados del siglo XXI.

El otro posible miembro de la coalición sería México, por improbable que esto parezca. Recuérdese que México fue invitado por Alemania a pactar una alianza en la primera guerra mundial, así que no puede decirse que esta idea sea insólita. México se desarrollará rápido en los primeros cincuenta años del nuevo siglo, y para fines de la década de 2040 será una gran potencia económica, aunque vivirá todavía a la sombra de Estados Unidos. Experimentará una importante derrama de población a la zona fronteriza del suroeste estadunidense tras la nueva política migratoria en 2030. Eso preocupará a Estados Unidos de diversos modos, pero es difícil que a fines del decenio de 2040 México esté en condiciones reales de unirse a una coalición contra él.

La inteligencia de Estados Unidos interceptará, por supuesto, las conversaciones diplomáticas entre Tokio y Estambul (la nueva capital turca en remplazo de Ankara, y en realidad su asiento tradicional), y sabrá de los sondeos a Alemania y México. Los estadunidenses se percatarán entonces de que la situación se ha vuelto sumamente seria. También tendrán conocimiento de los planes estratégicos conjuntos turco-japoneses para el caso de que estalle la guerra. Ésta no será una alianza formal, pero Estados Unidos ya no estará seguro de enfrentar a dos potencias regionales manejables. Empezará a tener la impresión de que encara una alianza capaz de dominar Eurasia, su temor original. Esto remite a las grandes estrategias que expliqué en las primeras secciones de este libro. Si controlara Eurasia, la coalición de Japón y Turquía se protegería de ataques y podría concentrarse en desafiar a Estados Unidos en el espacio y el mar.

La respuesta de Estados Unidos será una política que ha seguido numerosas veces en la historia: exprimir económicamente a cada potencia. Aquellos dos países dependerán en cierta medida de las exportaciones, difíciles en un mundo en que la población dejará de aumentar rápido. Estados Unidos iniciará la formación de un bloque económico que concederá la categoría de nación más favorecida en exportaciones a Estados Unidos a países dispuestos a suspender sus compras a Turquía y Japón en favor de terceros países —no necesariamente él mismo— capaces de suministrar bienes iguales. En otras palabras, organizará un boicot no especialmente sutil contra los bienes japoneses y turcos.

Estados Unidos limitará, además, la exportación de tecnología a esas dos naciones. Dada la labor de este país en robótica y genética, eso dañará a la capacidad turca y japonesa de alta tecnología. Más aún, habrá un aumento repentino en la asistencia militar estadunidense a China, la India y Polonia, así como a las fuerzas contrarias a Turquía y Japón en Rusia. La política estadunidense será simple: crear el mayor número posible de problemas a esos dos países, para disuadirlos de formar una coalición.

Pero la intensa actividad de Estados Unidos en el espacio será lo más inquietante para Japón y Turquía. El establecimiento de la constelación de Estrellas de Combate los convencerá de que los estadunidenses están preparados para, de ser necesario, librar una guerra agresiva. A fines del decenio de 2040, dadas todas las acciones de Estados Unidos, turcos y japoneses habrán llegado a una conclusión sobre las intenciones estadunidenses. Pero esta conclusión será que Estados Unidos se propone destruirlos. Concluirán también que sólo la formación de una alianza los protegerá, al servir de fuerza disuasora o dejando en claro que Estados Unidos piensa entrar en guerra pase lo que pase. Se establecerá entonces una alianza formal, y con su creación a los musulmanes de toda Asia los animará la idea de una coalición que habrá de ponerlos en la encrucijada del poder.

El resurgimiento del fervor islamista ocasionado por la confrontación de Turquía con Estados Unidos se extenderá al sudeste asiático. En los términos del tratado de la alianza reciente, esto dará a Japón acceso a Indonesia, lo que, junto con su prolongada presencia en las islas del Pacífico, significará que el control de este océano y el acceso al Índico por parte de los estadunidenses ya no estarán asegurados. Pero Estados Unidos seguirá convencido de una cosa: que aunque enfrente retos de turcos y japoneses en la región de éstos y en Eurasia, ellos jamás desafiarán su poderío estratégico, localizado en el espacio.

Habiendo puesto a turcos y japoneses en una posición intolerable, los estadunidenses caerán entonces presa del pánico por las posibles consecuencias de ello, pero al mismo tiempo seguirán confiados en su capacidad superior para manejar este problema. Estados Unidos no verá el resultado final como una guerra declarada, sino como otra guerra fría, semejante a la que sostuvo con Rusia. La superpotencia se creerá incapaz de ser desafiada en una guerra de verdad.

# Preparativos de guerra

L a guerra de mediados del siglo XXI tendrá un origen clásico. Un país, Estados Unidos, ejercerá enorme presión sobre una coalición de otros dos. No será su propósito entrar en guerra con Japón o Turquía, y ni siquiera hacerles grave daño. Simplemente querrá que cambien de conducta. Pero turcos y japoneses pensarán que ese país quiere destruirlos. No querrán la guerra tampoco, pero el temor los empujará a actuar. Tratarán de negociar con Estados Unidos; pero mientras que éste juzgará moderadas sus demandas, turcos y japoneses las considerarán una amenaza a su existencia.

Veremos entonces la colisión de tres grandes estrategias. Los estadunidenses querrán impedir el desarrollo de grandes potencias regionales en Eurasia, y se preocuparán de que esas dos potencias regionales se fusionen en una sola entidad hegemónica eurasiática. Japón deberá tener presencia en Asia para resolver sus problemas demográficos y conseguir materias primas; para ello tendrá que controlar el Pacífico noroeste. Y Turquía será el punto central de tres continentes en grados diversos de caos; deberá estabilizar la región para poder crecer. En tanto que las acciones japonesas y turcas causarán ansiedad a Estados Unidos, Japón y Turquía creerán no estar en posibilidad de sobrevivir a menos que actúen.

Un arreglo será imposible. Cada concesión a Estados Unidos traerá consigo nuevas demandas. Cada negativa de Japón y Turquía acentuará los temores estadunidenses. Todo se reducirá a sumisión o guerra, y la guerra parecerá la opción más prudente. Japón y Turquía no se harán la ilusión de destruir u ocupar Estados Unidos. Sencillamente querrán causar una serie de circunstancias en las que Estados Unidos juzgue conveniente llegar a una solución negociada que garantice sus esferas de influencia, lo que en opinión de esas naciones no afectará intereses estadunidenses fundamentales.

Como no podrán derrotar a Estados Unidos en una guerra, la meta de Turquía y Japón será asestarle un severo revés al inicio del conflicto para ponerlo en desventaja temporal. La meta sería generar en Estados Unidos la sensación de que proseguir la guerra sería más costoso y arriesgado que llegar a un arreglo. Turquía y Japón tendrán la esperanza de que, disfrutando de un periodo de prosperidad y algo intranquilos por el resurgimiento de México, los estadunidenses opten por negarse a un largo combate y acepten una razonable solución negociada. También estarán al tanto de los riesgos en caso de que Estados Unidos no acceda a llegar a un acuerdo, pero no creerán tener otra opción.

Se repetirá la segunda guerra mundial, en este sentido: países débiles interesados en redefinir el equilibrio de poder en el mundo juzgarán necesario iniciar súbitas guerras preventivas antes de que el otro bando esté preparado. Esta guerra será una combinación de ataque sorpresa y explotación de esa sorpresa. En muchos aspectos, la conflagración de mediados del siglo XXI será similar a la de mediados del siglo XX. Los principios serán iguales. La práctica, en cambio, diferirá drásticamente, y por eso este conflicto marcará los albores de una nueva época en la guerra.

## Un nuevo tipo de guerra

La segunda guerra mundial fue la última gran guerra de la era europea. En ese periodo hubo dos tipos de guerra, a veces simultáneos. Uno era la guerra global, en la que todo el mundo era el campo de batalla. Los europeos libraron guerras de esta escala desde el siglo XVI. El otro era la guerra total, en la que se movilizaba a sociedades enteras. En la segunda guerra mundial se movilizó a toda la sociedad de una nación para integrar ejércitos y aprovisionarlos. Siempre endeble, la distinción entre soldados y civiles desapareció por completo en las guerras globales y totales del siglo xx. La guerra se convirtió en un extraordirnario despliegue de mortandad, como no se había visto nunca antes, en enfrentamientos tanto globales como totales.

Las raíces de la guerra total se ubican en la naturaleza de la guerra desde la aparición de las armas balísticas, armas que disparaban balas, obuses y bombas. Un arma balística es simplemente un arma que, una vez disparada o arrojada, no puede cambiar de curso. Esto la vuelve inherentemente imprecisa. Una bala disparada desde un rifle, o una bomba arrojada por un bombardero, depende de la coordinación mano-ojo de un soldado o aviador que intenta concentrarse justo al mismo tiempo que otros intentan matarlo. En la segunda guerra, la probabilidad de que un proyectil diera en el blanco era increíblemente baja.

Cuando la precisión es reducida, la única solución es saturar de balas, obuses y bombas el campo de batalla. Esto quiere decir que debe haber muchísimas armas, lo que a su vez requiere muchísimos soldados. Montones de soldados requieren grandes cantidades de provisiones, desde alimentos hasta municiones. Esto implica un enorme número de hombres que distribuyan las provisiones, e incontables trabajadores que las produzcan. En la segunda guerra, la gasolina era esencial para prácticamente todos los sistemas de armas. Pero hay que considerar que el esfuerzo para extraer petróleo, refinarlo y llevarlo hasta el campo de batalla —y a las fábricas que lo abastecían— era en sí mismo una tarea mucho mayor que el esfuerzo total implicado por la guerra en siglos anteriores.

Para el siglo xx, el resultado por obtener de las guerras requería tanto esfuerzo que sólo movilizando a toda la sociedad podía alcanzarse la victoria. Así, la guerra consistía en que una sociedad se lanzara contra otra. El triunfo dependía de que se hiciera pedazos a la sociedad del enemigo, dañando a tal punto su población e infraestructura que le fuera imposible seguir produciendo la gran cantidad de armas necesarias o integrar los enormes ejércitos requeridos.

Pero atacar una ciudad con un millar de bombarderos es una tarea vasta y costosa. Imaginemos que el mismo resultado pudiera obtenerse con un solo avión y una sola bomba. Esto cumpliría la meta de la guerra total a una fracción del costo y peligro para una nación. Tal fue el razonamiento detrás de la bomba atómica. Esta bomba se diseñó para destruir una sociedad enemiga con tal rapidez y eficiencia que el enemigo capitulara en lugar de hacer frente a la bomba. Técnicamente, la bomba atómica fue radicalmente nueva. Militarmente, fue sólo la continuación de la cultura bélica desarrollada en Europa durante siglos.

La naturaleza brutal de las armas nucleares generó una revolución tecnológica en la guerra. Las armas nucleares fueron la *reductio ad absurdum* de la guerra global y total. Para librar guerras nucleares, las naciones en pugna —Estados Unidos y la Unión Soviética— tenían que estar en posibilidad de ver todo el globo. La única manera de hacer eso con eficiencia era sobrevolar territorio enemigo, y la forma más segura y efectiva de lograrlo era en el espacio. Aunque proyectos espaciales tripulados fueron el lado público de los programas espaciales, su principal motivo —y financiamiento— procedía de la necesidad de saber con exactitud dónde había ubicado el otro bando sus misiles nucleares. Los satélites espía se convirtieron en sistemas en tiempo real capaces de situar exactamente, con un margen de error de metros, a lanzadores enemigos, lo que les permitía seleccionarlos con precisión como objetivos. Y eso creó la necesidad de armas que pudieran dar en tales blancos.

**La era estadunidense: precisión y el fin de la guerra total**

La posibilidad de ver el objetivo produjo la necesidad de armas más precisas. Las municiones con guía de precisión (*Precision-Guided Munitions*, PGM), posibles de guiar a su blanco tras ser disparadas, se desplegaron por primera vez a fines de los años sesenta y en los setenta. Esta innovación podría parecer menor, pero tuvo un impacto enorme. Transformó la guerra. En el siglo XX se necesitaban miles de bombarderos y millones de rifles para librar guerras. En el siglo XXI, esas cifras se reducirán drásticamente, hasta una pequeña fracción, lo que marcará el fin de la guerra total.

Este cambio de escala será un gran beneficio para Estados Unidos, que siempre ha estado en desventaja demográfica al librar guerras. Los principales campos de batalla del siglo XX fueron Europa y Asia. Estas áreas estaban muy pobladas. Estados Unidos se encontraba a miles de kilómetros de ellas. Necesitaba a su reducida población no sólo para combatir, sino también para fabricar provisiones y transportarlas muy lejos, lo que absorbía personal y limitaba el tamaño de la fuerza disponible para el combate directo.

Así pues, el modo de guerra de Estados Unidos se ha concentrado siempre en multiplicar la efectividad de cada soldado en el campo de batalla. A lo largo de la historia ha logrado eso usando tanto tecnología como gran cantidad de armas. Después de la segunda guerra, sin embargo, cada vez se hizo más énfasis en los multiplicadores tecnológicos que en la cantidad. Estados Unidos no tenía otra opción a este respecto. Para poder ser una potencia global, tenía que maximizar la efectividad de cada soldado, aunándolo a armamento avanzado. Esto creó una cultura de guerra en la que fuerzas limitadas pueden vencer a fuerzas numerosas. Al aumentar el uso de tecnología, la magnitud de las fuerzas necesarias decrece hasta requerirse, por último, un número sorprendentemente reducido de guerreros sofisticados y bien adiestrados. Es importante destacar que la cultura de las armas creada por Estados Unidos es paralela a su cambio demográfico. Con una población de edad avanzada y en contracción, mantener fuerzas copiosas se vuelve difícil, si no es que imposible.

La clave de la guerra en el siglo XXI será, entonces, la precisión. Cuanto más precisas son las armas, menos hay que dispararlas. Esto significa menos soldados, y menos trabajadores de defensa, aunque más científicos y técnicos. Lo necesario en las décadas venideras será un arma que pueda ubicarse en Estados Unidos, llegar en menos de una hora al otro lado del mundo, maniobrar con agilidad increíble para evitar misiles tierra-aire, atacar con precisión absoluta y regresar para realizar otra misión casi de inmediato. Si Estados Unidos tuviera este sistema, jamás tendría que volver a mandar un tanque a trece mil kilómetros de distancia.

Un arma de este tipo es el llamado avión hipersónico no tripulado. Estados Unidos está enfrascado actualmente en el desarrollo de sistemas hipersónicos capaces de viajar a mucho más de cinco veces la velocidad del sonido. Propulsado por lo que se conoce como reactores hipersónicos, ese avión tiene motores de respiración de aire, no de cohete. Su alcance actual es limitado. Pero a medida que en el siglo XXI se desarrollen los reactores hipersónicos —junto con nuevos materiales que puedan soportar las altísimas temperaturas causadas por la fricción con el aire—, tanto su alcance como su velocidad aumentarán.

Imaginemos esto: viajando a 13 mil kilómetros por hora, o Mach 10, un misil disparado desde la costa este de Estados Unidos podría dar en un blanco en Europa en menos de media hora. Elévese eso a Mach 20, y un ataque podría completarse en menos de quince minutos. La necesidad geopolítica estadunidense de intervenir rápido y con efectivos suficientes para destruir fuerzas enemigas se satisfaría a tiempo para hacer una diferencia. Fabricar suficientes misiles hipersónicos para devastar a un posible enemigo será muy costoso. Pero considerando los ahorros en la actual estructura de las fuerzas, ese costo sería manejable. Cabe señalar también que este sistema reduciría la necesidad de grandes reservas de petróleo para abastecer a tanques, aviones y barcos justo en un momento en que el sistema de energía basada en hidrocarburos irá en descenso.

El resultado del despliegue de sistemas hipersónicos será revertir la tendencia de la guerra en marcha desde antes de Napoleón. Los ejércitos del siglo XXI serán mucho más reducidos, profesionales y tecnologizados que los de antes. La precisión también permitirá recuperar la distinción entre soldado y civil: no será necesario devastar ciudades enteras para destruir un edificio. Los efectivos se parecerán cada vez más a caballeros medievales sumamente adiestrados, y menos a los soldados rasos de la segunda guerra. Seguirá haciendo falta valor, pero lo más importante será la capacidad de manejar sistemas de armas sumamente complejos.

Velocidad, alcance y precisión —y cuantiosos aviones no tripulados— sustituirán a las fuerzas concentradas que se requerían en el siglo XX para llevar explosivos al campo de batalla. Esos talentos, sin embargo, no resolverán un problema básico de la guerra: la ocupación de territorio hostil. Los ejércitos están hechos para destruir ejércitos, y las armas de precisión lograrán eso con mayor efectividad que nunca. Pero la ocupación de territorio seguirá siendo una actividad intensiva en trabajo. Se trata en muchos sentidos de una labor más parecida a la policial que a la militar. La tarea de un soldado es matar a un enemigo, mientras que la de un policía es identificar a un infractor de la ley y arrestarlo. Lo primero requiere valor, adiestramiento y armas. Lo segundo, todo eso más el conocimiento de una cultura que permita distinguir a enemigos de civiles observantes de la ley. Esta labor nunca será fácil, y será siempre el talón de Aquiles de cualquier gran potencia. Así como romanos y británicos batallaron para ocupar Palestina al tiempo que derrotaban fácilmente a ejércitos enemigos, los estadunidenses ganarán guerras y sufrirán luego las consecuencias.

## Guerra espacial

Independientemente de las modificaciones ocurridas en la forma de practicar la guerra, hay algo que no ha cambiado: un comandante debe conocer el campo de batalla. Aunque tal vez el campo de batalla global sea radicalmente distinto al tradicional, el principio acerca de su conocimiento por el comandante se mantiene en pie. En un campo de batalla global, comando y control deben conjugarse con el conocimiento de lo que el enemigo hace y del modo en que se despliegan las propias fuerzas. La única manera de conseguir esto en un campo de batalla así, en tiempo real, es hacerlo desde el espacio. Uno de los principios esenciales de la guerra ha sido siempre ocupar la zona alta, con base en la teoría de que esa zona brinda visibilidad. Lo mismo se aplica a la guerra global. Una zona alta ofrece visibilidad, y en este caso la zona alta es el espacio, el área en la que plataformas de reconocimiento pueden ver constantemente el campo de batalla global.

La guerra global será, por tanto, guerra espacial. Este cambio no es en absoluto radical. El espacio exterior ya está lleno de satélites de reconocimiento, diseñados para proporcionar inteligencia a gran cantidad de países sobre lo que ocurre en todo el mundo. Para algunos de ellos, Estados Unidos en particular, los sensores espaciales generan ya un campo de batalla global, pues identifican objetivos tácticos y demandan ataques aéreos o misiles crucero. Los sistemas de armas consecuentes no han evolucionado todavía, pero las plataformas ya están ahí, y se dirigen a su madurez.

El espacio brinda línea de vista y comunicaciones seguras. También ofrece un rastreo claro de objetos hostiles. La gestión bélica pasará entonces de la tierra al espacio. Habrá estaciones espaciales —plataformas de mando— a distancias variadas de la superficie terrestre, encargadas de comandar sistemas robóticos y tripulados en tierra y mar al tiempo que eluden el ataque enemigo, conducen operaciones y asaltan plataformas enemigas.

Cegar al enemigo significará entonces destruir los sistemas espaciales que le permiten seleccionar objetivos. También habrá que destruir sistemas de navegación, de comunicaciones y otros sistemas espaciales para inutilizar la capacidad bélica del enemigo. En consecuencia, la destrucción de satélites enemigos será una meta esencial de la guerra del siglo XXI.

De esto se desprende naturalmente que defender los satélites propios será crucial. La forma más sencilla de defender un satélite es permitirle maniobrar para ponerse a salvo. Pero esto no es tan fácil como se oye. Primero, para maniobrar un satélite se requiere combustible, el cual es pesado y y cuya puesta en órbita resulta costosa. Segundo, maniobrar no librará a un satélite de un sistema antisatélite (ASAT) también capaz de maniobrar, y ciertamente no lo librará de un rayo láser. Por último, estas plataformas son orbitales, colocadas en cierta órbita para cubrir el terreno necesario. Las maniobras cambian la órbita, distorsionando así la utilidad de los satélites.

Los satélites tienen que protegerse, ya sea desviando el ataque o destruyendo al agresor. Esta idea habrá evolucionado para mediados del siglo XXI, al modo en que lo han hecho otros sistemas de armas en la historia, y el resultado será el batallón de satélites. Al igual que un batallón de portaviones, en el que el portaviones es protegido por otras naves, el satélite de reconocimiento será protegido por satélites auxiliares con diversas facultades y responsabilidades, desde bloqueo de rayos láser hasta ataque a otros satélites. El problema de defender sistemas espaciales se agudizará rápidamente, conforme cada bando aumente su amenaza, y por tanto las medidas de defensa.

Con el tiempo, también se dispararán armas del espacio a la Tierra, pero esto es más complicado de lo que parece. En el espacio, un arma se desplaza a muchos miles de kilómetros por hora, y la Tierra también rota. Dar, desde el espacio, en un blanco en la superficie terrestre es una capacidad que se desarrollará más lentamente que la vigilancia espacial, pero es indudable que dará fruto a la larga.

Un satélite cuesta varios miles de millones de dólares. Un batallón espacial costará más. Hoy, salvo en casos relativamente raros, un satélite dañado o averiado es una pérdida total: ninguna de sus partes es recuperable. Cuanto más se use el espacio, más valiosas serán las plataformas, y menos funcionará este modelo de pérdida total. En particular, conforme el espacio se vuelva un campo de batalla, será urgente reparar plataformas espaciales. Y para reparar complejos sistemas dañados, los seres humanos tendrán que ir físicamente al espacio.

Lanzarlos al espacio cada vez que deba hacerse una reparación será en sí mismo ineficiente, y lanzar naves espaciales desde la Tierra costará más que movilizar naves que ya estén en órbita. En cierto momento tendrá más sentido, y será más económico, estacionar permanentemente en el espacio a personal que haga reparaciones. Es obvio que estos técnicos se convertirán ellos mismos en un objetivo, así que deberán tener capacidad para defenderse. También deberán poder manejar y supervisar los sistemas espaciales.

La tarea de gestionar eficientemente la guerra desde el espacio no se limita a la rápida reparación de satélites caros. El enlace de comunicaciones entre la tierra y el espacio es complejo, y está sujeto a interferencias. Así, cualquier enemigo probará primero el ataque más lógico y económico: entorpecer las comunicaciones tierra-espacio. Esto puede hacerse con maniobras de baja tecnología; el método más sencillo podría ser destruir transmisores en tierra con autos bomba, por ejemplo. También podrían atacarse sitios de lanzamiento. Supongamos que los dos principales de Estados Unidos, el Kennedy Space Center y la Vandenberg Air Force Base, fueran atacados por misiles enemigos, y que sufrieran daños suficientes para interrumpir sus operaciones varios meses. Estados Unidos no podría lanzar más equipos, y los ya ubicados en el espacio al momento del ataque serían los únicos disponibles. Mantener esos sistemas podría hacer la diferencia entre victoria y derrota. Así, desplegar en el espacio cuadrillas de reparación será decisivo.

Como puede verse, el tema de la guerra espacial es complicado. Entre más se le explora, mayor es el riesgo de que parezca ciencia ficción. Pero no hay duda de que los seres humanos experimentarán realmente todo esto en el siglo que viene. La tecnología está ahí, al igual que las ventajas estratégicas y tácticas.

Lo mismo que la guerra naval en el siglo XVI, la guerra espacial se propagará al exterior. Las órbitas geoestacionarias son estratégicas, y darán por ello motivo a disputas. Pero serán sólo uno de los puntos estratégicos de conflicto. Otro será la superficie de la luna.

Por descabellado que parezca, las bases en la luna brindarán una plataforma estable —no estorbada por la atmósfera— para observar tanto la superficie terrestre como los conflictos que ocurran en el espacio. Un arma en la luna tardaría mucho en llegar a la Tierra, probablemente días. Pero una señal podría arribar a un satélite cazador-exterminador, el cual procedería a destruir en segundos un centro de reparación. Sostener y defender una base en la luna será en realidad más fácil que hacerlo en sistemas en órbita.

Habrá batallas por el control del espacio de órbita baja, el espacio geoestacionario, los puntos de libración (puntos estables entre la Tierra y la luna) y la superficie de la luna. El propósito de esas batallas, como el de todos los prosaicos encuentros que les precedieron, será impedir que un enemigo utilice aquellas áreas, garantizando, al mismo tiempo, el acceso del ejército nacional a ellas. Con tratados o no, donde va la humanidad, va la guerra. Y como la humanidad irá al espacio, habrá guerra en el espacio.

Controlar desde el espacio los océanos del mundo será crucial. Aun hoy, la marina estadunidense depende en alto grado de la vigilancia espacial para la efectividad de su flota. Erigir flotas para desafiar el dominio naval estadunidense sería extraordinariamente difícil, costoso y lento. Dominar las tecnologías y principios operativos de los portaviones puede llevar generaciones enteras. La mayoría de las armadas han abandonado toda tentativa de hacerlo, y pocas estarán en condiciones de intentarlo en el futuro. Pero en el siglo XXI el control de los mares dependerá menos de flotas trasatlánticas que de sistemas espaciales capaces de ver barcos enemigos y apuntar hacia ellos. Por tanto, quien controle el espacio controlará el mar.

Detengámonos un momento en los robots. Aunque supongo que seres humanos en el espacio mantendrán y comandarán sistemas bélicos espaciales, deberán complementarse con sistemas robóticos. Mantener vivo en el espacio a un ser humano es una tarea compleja y costosa, y lo seguirá siendo durante todo el siglo. Pero ya son comunes los sistemas autónomos, así como los de control remoto. El vuelo espacial no tripulado se ha vuelto habitual. En realidad, gran parte de la labor pionera en robótica se ha hecho, y se seguirá haciendo, en el espacio. Esta tecnología está tan desarrollada que el Departamento de Defensa de Estados Unidos ya tiene proyectos muy avanzados en esta área. Pronto veremos —o vemos ya— aviones, módulos de reparación de satélites y torpedos inteligentes en el mar, de índole robótica. Hacia fines de siglo es muy probable que exista una infantería robótica para tareas relativamente simples, como asaltar posiciones fortificadas para evitar bajas humanas.

Todo esto lleva a un cambio vital en la guerra, en realidad una regresión. La precisión significa que no hay necesidad de devastar.

## Planes bélicos

Para mediados de siglo, el poderío de Estados Unidos descansará en el alcance global de su avión hipersónico no tripulado y sus misiles espaciales. Con estos sistemas, podrá imponer un bloqueo naval tanto a Turquía como a Japón, de ser necesario. También podría atacar cualquier instalación de tierra que quisiera destruir. Y podría asestar golpes devastadores contra fuerzas de tierra.

La práctica bélica de Estados Unidos constará de tres etapas. La primera será una embestida contra aviones enemigos que puedan acometerlo, lo mismo que contra defensas aéreas enemigas, incluidos sistemas espaciales. La segunda será un ataque sistemático al resto de la capacidad militar y centros económicos clave del enemigo. La última etapa será la introducción de ejércitos de tierra limitados, integrados por soldados de infantería con armaduras propulsadas y de enorme letalidad, capacidad de sobrevivencia y movilidad, acompañados por una serie de sistemas robóticos.

Estados Unidos dependerá enormemente no sólo de sus satélites, sino también de lo que he llamado sus plataformas de gestión bélica Estrellas de Combate. Las Estrellas de Combate serán los ojos, oídos y puños estadunidenses. Comandarán enjambres de satélites y sus propios sistemas a bordo, así como módulos en órbita que podrán disparar misiles a tierra y contra otros satélites. Proporcionarán información de selección de objetivos a aviones hipersónicos no tripulados ubicados en tierra, e incluso podrán controlar esos aviones desde el espacio. Si se destruye o aísla a Estrellas de Combate, todo el sistema bélico de Estados Unidos se inutilizará; podrá atacar instalaciones fijas cuya ubicación conozca, pero será ciego a todo lo móvil.

Para mediados de siglo, los seres humanos ya llevarán varias décadas en el espacio en misiones militares. El proceso anterior a 2020 de poner en órbita satélites de muy alto costo esperando simplemente que funcionaran ya no tendrá sentido. Los sistemas cruciales que fallen deberán repararse. Hoy el transbordador espacial ya es capaz de tales reparaciones; pero a medida que el espacio cobre importancia, se necesitará un cuadro permanente de técnicos espaciales. Lo más caro en el espacio es el lanzamiento y, como ya dije, lanzar constantemente a personas no será económico. Ubicarlas en el espacio para que intercepten sistemas descompuestos en órbita y los reparen será la norma. A mediados de siglo, se cumplirán veinte años de orbitar estaciones de reparación en el espacio, las que con el tiempo adoptarán más funciones en relación con operaciones de reconocimiento y bélicas, como la destrucción de satélites enemigos.

La Estrella de Combate estará diseñada para sobrevivir. Será una gran plataforma con docenas o aun centenas de personas para ejecutar su misión y mantenerla. Se hará con materiales avanzados, así como con múltiples aditamentos, para que los rayos láser y otros rayos hiperenergéticos no puedan destruirla. También se cargará con sistemas de sensores capaces de ver a muy grandes distancias cualquier objeto que se aproxime, y se le armará de gran cantidad de proyectiles y rayos de energía capaces de destruir cualquier cosa que pueda amenazarla.

La seguridad se basará en la suposición de que todo aquello puesto en órbita para destruir una Estrella de Combate podría no ser suficientemente grande y fuerte para sobrevivir a las armas de ésta. Una Estrella de Combate se hará con numerosos componentes lanzados en miles de misiones. Además, se supondrá que los sensores estadunidenses en tierra o en el espacio reconocerán de inmediato cualquier sistema de mayor tamaño producido por otros países. La Estrella de Combate podrá percibir cualquier peligro y hacer frente a toda amenaza concebible. Los estadunidenses serán los primeros en fabricar estos sistemas, lo que aumentará el riesgo de cualquier otro país que intente fabricar uno.

A la luz de esta increíble ventaja en el sistema de defensa estadunidense, la Coalición Turco-Japonesa tendrá que idear un plan de guerra que, al mismo tiempo, reduzca drásticamente la capacidad bélica de Estados Unidos, prevea un periodo en el que la Coalición pueda atacar intereses estadunidenses por todo el mundo sin provocar un contrataque efectivo y siente las bases para un solución negociada más aceptable para los estadunidenses que el hecho de verse agredidos. Algunos procedimientos serán imprácticos, como la invasión por mar y la guerra naval de superficie. Las armas nucleares, en poder lo mismo de japoneses que de turcos, quedarán fuera del juego. Esta tecnología tendrá para entonces cien años de antigüedad, y fabricarla y operarla no será ningún misterio. Pero como ya vimos, las armas nucleares son más aterradoras antes de usarlas que después. Turquía y Japón tratarán de proteger sus intereses nacionales, no de cometer un suicidio nacional. Un ataque nuclear contra Estados Unidos devastaría al país, pero un contrataque devastaría a Turquía y Japón en mayor grado; y en vista del tamaño relativo de estos países, el riesgo sería más grande para estos últimos que para aquél.

La clave será impedir que Estados Unidos domine el espacio. Para lograrlo, la Coalición tendrá que hacer algo que los estadunidenses creerán imposible: destruir las Estrellas de Combate. Conseguir esto dará oportunidades a las fuerzas de la Coalición de rehacer el mapa del Pacífico y el este asiático, así como de la vasta región en torno a Turquía. Todo dependerá del pequeño problema de hacer lo imposible.

Lanzar un proyectil suficientemente grande para destruir una Estrella de Combate (sin que ésta lo derribe) será un reto enorme. No se le podrá lanzar desde la Tierra, porque Estados Unidos lo detectaría y destruiría de inmediato. Pero la Coalición tendrá una ventaja: la Estrella de Combate no podrá maniobrar. Aparcada en una órbita geoestacionaria, tendrá suficiente propelente a bordo para mantenerse en órbita, pero no podrá ejecutar cambios de órbita sustanciales. Esto requeriría demasiado combustible. Además, una vez que maniobrara, la Estrella de Combate perdería su órbita geoestacionaria, y por tanto la estabilidad que necesita para cumplir su misión. Éste es uno de los aspectos que los planificadores descuidarán. El programa estadunidense de Estrellas de Combate será un programa intensivo en la década de 2040. Producir una estación espacial en órbita que aloje a docenas de tripulantes es una cosa, pero otra muy distinta volverla maniobrable, lo que alargaría los plazos mucho más allá de lo necesario. Así, los planificadores se rendirán a la realidad técnica y racionalizarán. La Estrella de Combate será indestructible, postularán, de manera que no necesitará capacidad para maniobrar. Como del *Titanic*, de ella se dirá que es imposible de hundir.

Los japoneses considerarán el problema de cómo eliminar una Estrella de Combate desde la década de 2030. Desarrollarán un vigoroso programa espacial después de 2020, mucho antes que los turcos, cuya atención se centrará en sucesos más cerca de su frontera. Unos y otros desarrollarán satélites de reconocimiento de órbita terrestre baja y sistemas geoestacionarios de comunicaciones, pero los japoneses estudiarán también los usos comerciales del espacio, y se interesarán en particular en la generación de energía en el espacio. Ávidos de energía a un ritmo que a los nuevos reactores nucleares se les dificultaría seguir, los japoneses habrán invertido durante una generación en todas las variedades de energía alternativa, incluidos los sistemas espaciales.

Una de las ubicaciones de investigación y desarrollo será la superficie de la luna. Como en el caso de la Antártida en los años cincuenta, es probable que varias naciones establezcan bases de investigación ahí, aunque estadunidenses y japoneses serán los más ambiciosos. Para 2040 los japoneses tendrán una colonia sustancial operando en la luna, y habrán creado grandes cámaras subterráneas para su labor. El tráfico de y a la luna será común y pasará inadvertido. Las diversas naciones que trabajen ahí cooperarán e intercambiarán personal sin cesar. Nada que pueda hacerse militarmente en la superficie de la luna podría hacerse de manera más efectiva en la órbita terrestre, o al menos eso se creerá.

Los japoneses planearán, desde luego, soluciones a posibles situaciones bélicas, como se supone que todos los ejércitos hacen. El problema será simple: cómo destruir el centro de gravedad del sistema bélico estadunidense, la Estrella de Combate. Un ataque desde tierra, como ya se indicó, podría fallar, y empujar a los japoneses a la guerra con Estados Unidos en las peores circunstancias posibles.

Japón tendrá que dar con una nueva estrategia. Piénsese en 1941, cuando trató de iniciar la guerra inutilizando el centro de gravedad militar estadunidense en el Pacífico, la flota de Pearl Harbor. Provocar a esa flota estando aún intacta era demasiado peligroso, y los estadunidenses consideraban invulnerables sus acorazados en Pearl Harbor. Así, los japoneses atacaron usando un medio inesperado, un asalto de portaviones con torpedos en un puerto que se creía muy poco profundo para ellos, y atacaron desde una posición inesperada, el noroeste, supuestamente demasiado lejos de su país para estar seguros. Ésta es no sólo la forma en que los japoneses hacen la guerra, sino también su aplicación de principios bélicos universales.

A mediados del siglo XXI, los japoneses enfrentarán el mismo problema en un contexto diferente. Deberán destruir las Estrellas de Combate. Tendrán que atacar desde una dirección inesperada con medios inesperados. La dirección inesperada sería por la retaguardia, el equivalente al Pacífico noroeste. Esto querría decir la luna. Tendrían que usar medios inesperados, armas fabricadas en secreto en la luna, pues despachar armas allá para usarlas más tarde sería detectable. El equivalente de Pearl Harbor en el siglo XXI tendría que implicar los principios de sorpresa en dirección y medios. Bien puede haber opciones al escenario que trazo aquí, pero éste es sin duda un escenario verosímil dada la geometría del espacio.

Un principio geopolítico subyacente determina mis ideas. En la segunda guerra mundial dos potencias emergentes —Alemania y Japón— quisieron redefinir el orden global. A mediados del siglo XXI, este ciclo geopolítico continuo se repetirá. En la segunda guerra, Japón tuvo que atacar inesperadamente para inutilizar el poder estadunidense en el Pacífico y, así lo esperaba, abrir la puerta a una solución negociada en sus propios términos. Su geografía lo ponía en perdurable desventaja con Estados Unidos, así que tuvo que crear una oportunidad mediante un golpe sorpresa al corazón del poderío estadunidense. Japón estará en igual posición ante Estados Unidos a mediados del siglo XXI, sólo que esta vez se aliará con Turquía, no con Alemania. Así, sean cuales fueren los detalles de sus acciones militares —y obviamente sólo podemos especular sobre ellos—, la naturaleza del conflicto echa raíces en la misma dinámica en ambos siglos, y la estrategia general hace lo propio también.

En este libro ya me referí a la historia como una partida de ajedrez en la que hay muchos menos movimientos disponibles de lo que parece. Entre mejor jugador se es, más se advierten las debilidades de las jugadas, y el número de movimientos se reduce a unos cuantos. Este principio puede aplicarse al futuro. He intentado describir la lógica del modo en que Japón y Turquía se volverán grandes potencias y en que esto creará fricciones con Estados Unidos. Considerando tanto la historia como las probables condiciones de la época, he intentado imaginar cómo verán el tablero los japoneses, lo que les preocupará y cómo reaccionarán. Es obvio que ignoramos los detalles. Pero aquí trato de dar sentido al posible desenvolvimiento de la geopolítica, la tecnología y la guerra. No puedo conocer los detalles de esta guerra, y ni siquiera el momento en que sucederá. Pero puedo trazar algunos de sus principios e imaginar ciertos detalles.

Los japoneses habrán establecido ya múltiples bases lunares, pero una de ellas estará diseñada para usos militares, con pantalla civil. En profundas cavernas excavadas en secreto, fabricarán una serie de proyectiles hechos simplemente de roca lunar. Las rocas son muy pesadas para su volumen. Una del tamaño de un auto compacto puede pesar toneladas. A una velocidad altísima, la energía cinética de una roca puede ser fantástica, y esta última destruir grandes estructuras con las que chocara. En la luna, sin aire, fricción ni problemas aerodinámicos, a una roca puede dársele forma aproximada de proyectil. Luego se le podrían añadir fácilmente cohetes y tanques de combustible, y lanzársele.

Estos proyectiles se diseñarán con dos características: peso suficiente para destruir cualquier Estrella de Combate con energía cinética, pero también pequeñez suficiente para ponerlos en órbita con cohetes, aprovechando la menor velocidad de escape de la luna en comparación con la de la Tierra. Dada la velocidad con que el misil impactará la Estrella de Combate, bastará con que pese unos cuantos kilogramos, si acaso. Pero también tendrá que sobrevivir a impactos con misiles defensivos cinéticos mucho más pequeños.

Los japoneses construirán otra base secreta, cuidadosamente camuflada al otro lado de la luna, que usarán para probar su sistema, disparando desde la Tierra y ocultos de ella. El sistema se perfeccionará con el tiempo, poco a poco para que, de ser notado, el tráfico a la base no provoque demasiada inquietud. Se prepararán y camuflarán lanzadores subterráneos. Cuando las Estrellas de Combate entren en operación, las contramedidas japonesas lo harán también. Los japoneses sabrán que todo misil puede ser destruido, así que dispondrán docenas de misiles por disparar a cada plataforma de las Estrellas de Combate, con la esperanza de que uno de ellos acierte. Y se prepararán para dispararlos en una amplia gama de órbitas, esperando que no se les advierta. Por mucho que la tecnología avance, nunca habrá suficiente presupuesto ni personal para tenerlo todo bajo control.

El hecho de que no sean advertidos será importante. Los

misiles lanzados desde la luna tardarán unos tres días en llegar a las Estrellas de Combate. El tiempo entre la detección del ataque y la destrucción de la Estrella será el periodo de mayor peligro para los planes japoneses. Una vez detectados los misiles, la Estrella de Combate, pese a que no sobreviva, podría ordenar asaltos de sistemas hipersónicos contra Japón y disparar sus propios proyectiles en un ataque devastador a ese país y sus centros espaciales, dando todavía tiempo a su tripulación para abandonar la nave en un avión de rescate. La clave será entonces eliminar la Estrella de Combate sin previo aviso, impidiendo a Estados Unidos ver qué sucede.

El éxito de esta operación no puede garantizarse. Los japoneses deberán tener un plan B. Una vez que disparen sus cohetes satisfactoriamente, la destrucción de las Estrellas de Combate estará asegurada. Pero entre el momento del descubrimiento y la destrucción, será posible el desastre. Los japoneses tendrán una ventaja. Las Estrellas de Combate dirigirán su atención a la Tierra y el área entre la Tierra y la órbita geoestacionaria. Su principal misión será ofensiva, y no se verán a sí mismas en papel defensivo. Más aún, no esperarán una amenaza desde atrás. Si prevén que se les alcance, esperarán que sea por abajo. No harán observaciones de rutina a mayores altitudes.

Los estadunidenses mantendrán una simple —y no particularmente efectiva— vigilancia de meteoritos, una necesidad obvia para una plataforma espacial tripulada. El espacio es vasto y, contra lo que podría imaginarse, cubrirlo por completo es imposible hoy y no será posible en 2050. Habrá lagunas, en tecnología y en aplicación. Sabiendo esto, los japoneses no lanzarán un apretado racimo de misiles, sino una profusión de ellos, en todas direcciones. El radar de guardia podrá detectar uno o dos, pero no los interpretará como un ataque. De hecho, los japoneses seleccionarán órbitas que no apuntarán a ninguna Estrella de Combate; los misiles estarán equipados más bien para que un cohete terminal se queme, a fin de cambiar de órbita en las últimas horas de su trayecto para poder impactar a esas estaciones; el recipiente de combustible y el motor para la quema serán más grandes que el misil propiamente dicho, el cual no será en realidad más que una pequeña roca moldeada. Cualquier computadora que detecte un misil lo considerará un meteorito inofensivo, cerca de ser un peligro pero sin llegar a eso. Los sistemas computarizados podrían no reportar siquiera a observadores humanos en la Estrella de Combate los misiles que vean. El sistema será robótico, no dado a sutilezas.

Habrá tres peligros para los japoneses. El primero será que Estados Unidos detecte el lanzamiento de misiles desde la superficie lunar usando tecnología que ellos ignoraban que él tenía. La detección también será posible en el periodo después del lanzamiento y antes del ajuste terminal de la órbita, el cual durará varios días. Y en las últimas horas antes del impacto, Estados Unidos podría contratacar aún. Cuanto más tarde en detectar el ataque, menos tiempo tendrá para reaccionar, y más devastador será el golpe.

El plan B japonés, en caso de detección, será acelerar la fase dos del ataque. Si los japoneses eliminan las Estrellas de Combate, lanzarán asaltos hipersónicos inmediatos contra bases estadunidenses, aéreas y de misiles, en todo el mundo al tiempo que el sistema espacial japonés rastrea submarinos estadunidenses, y harán lo mismo contra todas las comunicaciones basadas en tierra. En caso de detección, los japoneses ejecutarían el plan complementario antes de que las Estrellas de Combate fueran destruidas —disparando desesperadamente sin apuntar, por así decirlo—, con la esperanza de que los estadunidenses tarden en responder. Supondrán que podrán saber si éstos han detectado el ataque porque la detección elevará drásticamente el tráfico de comunicación entre Estrellas de Combate, el mando en tierra y otras plataformas. Los japoneses tal vez no podrán descifrar los códigos, pero verán el aumento repentino del tráfico. Habrán orbitado satélites durante años, con razones oficiales que habrán ido de la navegación al clima, pero con un propósito secreto: interceptar y estimar la cantidad de comunicaciones entre los sistemas espaciales estadunidenses.

Los japoneses no compartirán con los turcos los detalles de sus planes de ataque. Las bases lunares secretas respresentarán las joyas de la corona del ejército japonés. Los turcos serán aliados, pero no parientes. Lo que los japoneses estarán dispuestos a revelar es que en determinada fecha iniciarán las hostilidades, y que planearán un golpe devastador contra Estados Unidos para el que no necesitarán asistencia directa. No obstante, necesitarán cierta asistencia indirecta.

Los japoneses querrán volcar un poco más la mesa dando a la inteligencia y el reconocimiento estadunidenses algo en qué entretenerse, algo que los mantenga distraídos. Planearán atacar durante la festividad estadunidense del Día de Acción de Gracias, cuando la jefatura política se dispersa en todo el país con sus familias. Esto se ajusta tanto al principio militar de sorpresa estratégica como a su aplicación por Japón en guerras precedentes: el ataque contra Pearl Harbor ocurrió al amanecer de un domingo, cuando la flota estaba congregada y la tripulación había salido a divertirse la noche del sábado. Es obvio que eso no se hará necesariamente el Día de Acción de Gracias, pero deberá ser en un momento inesperado, cuando la dirigencia estadunidense no esté en condiciones ideales. Así como Corea del Norte atacó a la del Sur un domingo de verano de 1950, provocando una confusión enorme, los japoneses podrían atacar el Día de Acción de Gracias, y es muy probable que lo hagan. Turcos y japoneses harán todo lo posible por mantener la calma en las semanas previas, cerciorándose de que la dirigencia estadunidense se disperse y el ejército de tierra opere con mínimo personal.

Los japoneses sabrán que la mejor manera de conseguir esto será montar una crisis y resolverla rápidamente. Sin revelar la naturaleza de la sorpresa del Día de Acción de Gracias, pedirán a los turcos generar una crisis cuidadosamente planeada entre sus fuerzas en Bosnia y fuerzas polacas en Croacia. La crisis comenzará a mediados de octubre, con el argumento de que nacionalistas croatas realizaron ataques terroristas en Turquía. Los turcos insinuarán incluso que lo hicieron con aliento estadunidense. Es obvio que hoy no podemos saber si ésta será la crisis y ése el lugar, pero un sistema de engaño será decisivo. Los japoneses mantuvieron sus negociaciones con Estados Unidos hasta el último minuto en 1941. La Ofensiva del Tet en Vietnam ocurrió durante un cese el fuego por una festividad en 1968, etcétera. El engaño es la clave.

Se desatará entonces una crisis, en la que el bloque polaco y los turcos se pondrán en alerta máxima. Dada la presencia de fuerzas suyas en Serbia y su alianza con el bloque polaco, la situación en los Balcanes impactará directamente a Estados Unidos. Los turcos seguirán poniendo en alerta máxima sus sistemas aéreos y de misiles fuera de la región, al punto casi del lanzamiento, aunque luego se moderarán. Tratarán deliberadamente de detonar un ataque polaco. Sabiendo enlazadas las redes de defensa polaca y estadunidense y habiendo preparado durante años la susceptibilidad estadunidense a la diligencia turca, los turcos rebasarán apenas el aparente punto de no retorno en la primera semana de noviembre. Los polacos, tras recibir datos que indicarán un lanzamiento inminente, efectuarán de súbito un ataque aéreo limitado contra una base turca. Los turcos habrán conseguido engañarlos y echarán a andar todo el sistema. Al comprender que en los Balcanes está a punto de estallar una guerra, el presidente de Estados Unidos llamará a los primeros ministros turco y polaco momentos después del ataque y les aconsejará poner fin al conflicto. Los turcos serán particularmente agresivos, habiendo perdido una base aérea y algunos compatriotas, pero aceptarán a regañadientes dar un paso atrás desde el borde de la guerra.

Una conferencia de paz se organizará en Ginebra; ¿dónde más podría celebrarse una conferencia de paz? No habrá ningún acuerdo, pero todas las partes aceptarán ceder y evitar actos de provocación. Estados Unidos se comprometerá a monitorear la situación, compromiso que tomará muy en serio, pues no querrá que polacos o húngaros lo arrastren a una guerra en los Balcanes. El consejero de seguridad nacional ordenará a la vigilancia espacial estadunidense concentrarse en el estado de las fuerzas turcas y del bloque polaco.

Las cosas se habrán calmado para mediados de noviembre, y la situación parecerá volver a la normalidad, pero la Estrella de Combate sobre Uganda seguirá muy atenta a las circunstancias en los Balcanes, mientras las otras dos se encargarán del trabajo excedente de sus recolectores de información. Los turcos continuarán maniobrando sus fuerzas mucho más allá de las líneas enemigas, al igual que el bloque polaco. Eso mantendrá a todos ocupados.

Los japoneses habrán activado sus fuerzas hipersónicas y capacidades espaciales al menos una vez cada trimestre durante varios años. Estados Unidos observará estos ejercicios con regularidad, así que no se alarmará en particular al ver iniciarse otro ejercicio días antes del de Acción de Gracias. No tendrá nada de excepcional ver entrar a los japoneses en alerta máxima de batalla. De hecho, esta vez parecerán algo desprovistos de personal, pues algunas unidades ni siquiera se pondrán en alerta.

# Guerra mundial:
## UN ESCENARIO

Hasta aquí he hecho pronósticos geopolíticos. Me he ocupado de los principales temas que habrán de desarrollarse en el siglo XXI, y pensado en la manera en que afectarán las relaciones internacionales. En este capítulo cambiaré un poco mi método. Quiero describir una guerra que creo que tendrá lugar a mediados del siglo XXI. Obviamente, ignoro por completo cuándo ocurrirá, pero puedo dar un indicio de cómo será una guerra en el siglo XXI. Es imposible imaginar el siglo XX sin una noción de lo que fueron la primera y segunda guerras mundiales, e imposible tener realmente una idea del siglo XXI sin describir antes la guerra.

La guerra es distinta a todo lo que he tratado hasta aquí porque es cuestión de detalles. Sin esto, se pierde la esencia. Para comprender la guerra se debe comprender algo más que las razones de que se le haya librado. Debe pensarse en la tecnología, la cultura y otras materias, en detalle en todas ellas. Así, por ejemplo, al hablar de la segunda guerra mundial nos hemos referido a Pearl Harbor. Geopolíticamente, Pearl Harbor fue un intento por ganar tiempo mientras Japón se apoderaba del sudeste asiático y las Indias Orientales neerlandesas. Pero para entender efectivamente la realidad de Pearl Harbor, se deben conocer los detalles: el uso de los portaviones, la invención de un torpedo eficaz en las aguas poco profundas de ese puerto y la decisión de atacar un domingo en la mañana.

Lo que he intentado mostrar en capítulos anteriores es cómo se enredarán Estados Unidos, Polonia, Turquía y Japón en el próximo siglo, y por qué los japoneses y los turcos se sentirán tan amenazados que no tendrán otra opción que lanzar una guerra preventiva. Este libro trata de mi percepción de los acontecimientos de los cien años próximos, así que ahora deseo hablar de la guerra. Pero para hacerlo, tengo que fingir saber más de lo que sé. Tengo que fingir que sé las horas y fechas de las batallas, y cómo se librarán exactamente. Creo conocer la tecnología militar que se usará en esa guerra. Creo tener una idea aproximada de en qué momento del siglo tendrá lugar, lo mismo que una comprensión satisfactoria de cómo terminará. Sin embargo, no creo que pueda entenderse la naturaleza de la guerra en el siglo XXI a menos que yo llegue más lejos y cuente una historia que en cierto sentido no tengo derecho a contar. Pero si se me concede esto, creo poder transmitir una sensación de la guerra en el siglo XXI —y de esta guerra en particular— tomándome algunas licencias y dándole especificidad real.

**Primeros disparos**

La destrucción de las tres Estrellas de Combate se planeará para el 24 de noviembre de 2050, a las cinco de la tarde. A esa hora del Día de Acción de Gracias, la mayoría de la gente en Estados Unidos estará viendo el futbol y dormitando tras haber digerido una comida abundante. Algunas personas irán camino a casa en su automóvil. Nadie en Washington esperará un problema. Éste es el momento en que los japoneses querrán atacar. Las últimas correcciones al curso de los misiles dirigidos contra las Estrellas de Combate empezarán a realizarse alrededor del mediodía, con base en la teoría de que, aun si los misiles fueran detectados, localizar al equipo de seguridad nacional de Washington consumiría una o dos horas, y de que si fueran detectados para las tres o cuatro de la tarde sería imposible que se reaccionara a tiempo. Para conseguir esto, los lanzamientos desde la base lunar de Japón deberán ocurrir a diversas horas del 21 de noviembre, dependiendo de la órbita. De ahí que la alerta del 20 de noviembre haya de ser la puesta en marcha del plan B, el ya mencionado disparo sin apuntar.

Los lanzamientos desde la luna pasarán inadvertidos. En realidad, muchos misiles serán detectados por sistemas automáticos a bordo de las Estrellas de Combate, pero ninguno seguirá una trayectoria que indique impacto contra esas estaciones o que represente una amenaza importante para la Tierra. Todos serán disparados a diferentes horas en órbitas excéntricas. Esos datos no se transmitirán a observadores humanos. Un técnico que lea el resumen diario sobre el segundo día notará que parecería haber un gran número de meteoritos en el área, varios de los cuales pasarán cerca de su estación; pero como ese suceso no será extraordinario, lo ignorará.

El 24 de noviembre alrededor de mediodía, los cohetes arderán según lo planeado, con lo que la órbita de los misiles cambiará. El radar de rastreo de colisiones en la Estrella de Combate-Uganda recibirá una advertencia aproximadamente a las dos de la tarde. Se pedirá a la computadora confirmar la trayectoria. En el curso de la hora siguiente, las tres estaciones detectarán múltiples proyectiles en trayectoria contra cada una de ellas. El general al mando de las tres plataformas, a bordo de la Estrella de Combate-Perú, reconocerá alrededor de las 3:15 que sus plataformas se hallan bajo un ataque organizado. Lo notificará entonces al cuartel general del Comando Espacial en Colorado Springs, el que lo notificará a su vez a la Jefatura Conjunta y el Consejo Nacional de Seguridad.

Entre tanto, el general al mando en la Estrella de Combate-Perú, en ejercicio de su autoridad, comenzará a disparar rayos láser y misiles cinéticos contra los objetivos, esperando interceptarlos. Pero serán tantos los misiles contra sus plataformas que eso forzará su capacidad de combate, ya que el sistema no estará diseñado para hacer frente a quince misiles simultáneos. El general se percatará pronto de que habrá pérdidas, y de que algunos misiles darán en el blanco.

El presidente será notificado, pero, siendo Día de Acción de Gracias, no podrá reunir de inmediato a la mayoría de sus asesores. Se hará las preguntas cruciales: "¿Quién lanzó el ataque? ¿Desde dónde?". Nadie podrá contestarlas entonces. Se supondrá que fueron los turcos, pues habrán estado envueltos en la crisis más reciente, pero la inteligencia estadunidense estará segura de que no poseen la capacidad necesaria para lanzar un ataque de esa naturaleza. Los japoneses guardarán silencio, y nadie esperaría de Japón un golpe así. Al reunirse más asesores, dos cosas serán evidentes: nadie sabrá quién lanzó el ataque, y las Estrellas de Combate estarán a punto de ser destruidas.

Los japoneses informarán a los turcos de lo ocurrido alrededor de las 4:30 de la tarde. Los turcos serán sus aliados, pero los japoneses no les darán información detallada hasta el último momento; no querrán ser traicionados. Sin embargo, los turcos sabrán que algo se avecina: toda la farsa de principios de noviembre habrá girado alrededor de este hecho, y ellos estarán listos para actuar tan pronto como los japoneses les den la alerta.

Menos de treinta minutos antes del impacto, el presidente de Estados Unidos autorizará la evacuación de las Estrellas de Combate. Con tan poco tiempo, la evacuación no será completa. Cientos de personas quedarán rezagadas. Más aún, aunque nadie sabrá quién ordenó el ataque, los asesores del presidente lo convencerán de ordenar la dispersión de todos los aviones hipersónicos ubicados en tierra, de sus bases principales a lugares diseminados. Esta orden se dará al mismo tiempo que la de evacuación. Habrá muchos problemas técnicos en el sistema. Los controladores —en realidad personal mínimo— no cesarán de pedir confirmaciones. Algunos aviones se dispersarán en el curso de la hora siguiente. La mayoría no.

A las cinco de la tarde, las tres Estrellas de Combate harán explosión, lo que costará la vida a todos los miembros de la tripulación aún en ellas y destruirá al resto de la fuerza espacial estadunidense —sensores y satélites enlazados en su mayoría con el centro de mando de la Estrella de Combate-Perú. Se les dejará orbitando en vano en el espacio. Años antes, los japoneses habrán lanzado satélites cuya única función será monitorear a las Estrellas de Combate. Advertirán el desorden de la comunicación de las estaciones, y radares japoneses detectarán la destrucción de estas últimas.

Los japoneses activarán la fase dos tan pronto como se confirme la destrucción. Lanzarán miles de aviones hipersónicos no tripulados —pequeños, veloces y ágiles para eludir interceptores— contra Estados Unidos y sus barcos y bases en el Pacífico. Los objetivos serán aviones hipersónicos, misiles antiaéreos ubicados en tierra y centros de mando y control estadunidenses. No se afectará a centros de población. Con eso no se lograría nada, y además los japoneses querrán negociar un arreglo, lo que sería inconcebible luego de numerosas bajas civiles. Tampoco querrán destruir al presidente estadunidense y su equipo. Necesitarán alguien con quien negociar.

Al mismo tiempo, los turcos lanzarán ataques contra blancos asignados a ellos en la planeación bélica conjunta con los japoneses a lo largo de los años. Planes conjuntos de contingencia se habrán desarrollado ya entre los dos países. Como los turcos sabrán que algo se avecina, y estarán para entonces en modo de cuasi-crisis, no necesitarán mucha preparación para ejecutar el plan bélico. Los japoneses comunicarán lo que hicieron, y los sensores de Turquía observarán los acontecimientos en órbita geosíncrona. Los turcos procederán luego a aprovechar rápidamente la situación. Muchos objetivos se hallarán al este del Mississippi, pero Turquía también lanzará un ataque contra el bloque polaco y contra la India, no una gran potencia pero aliada de Estados Unidos. El propósito de la Coalición será dejar militarmente indefensos a Estados Unidos y sus aliados.

Minutos después, los misiles de los aviones no tripulados empezarán a alcanzar a las fuerzas estadunidenses en Europa y Asia, pero los dirigidos a Estados Unidos tardarán casi una hora en llegar hasta sus blancos. Esa hora dará tiempo valioso al país. La mayoría de sus sensores espaciales estarán fuera de servicio, pero un antiguo sistema, usado para detectar el calor en el lanzamiento de misiles balísticos intercontinentales y demasiado viejo para conectarse al sistema de las Estrellas de Combate, aún estará localizado en Colorado Springs. Ese sistema detectará numerosos lanzamientos de Japón y Turquía, pero se suministrará poca información adicional. No habrá manera de saber adónde se dirigen aviones y misiles. Pero el hecho de que esos dos países destaquen por sus lanzamientos minutos después de eliminadas las Estrellas de Combate será comunicado al presidente, quien al menos sabrá entonces de dónde procedió el ataque.

Estados Unidos contará con una base de datos de objetivos militares en Japón y Turquía. Los aviones japoneses y turcos ya habrán sido lanzados, así que no tendrá sentido dar en esos blancos. Pero en aquellos dos países habrá blancos fijos, principalmente centros de mando y control, campos de aviación, búnkeres de combustible, etcétera, que sería posible atacar. Además, el presidente querrá su flota hipersónica en el aire, no en las pistas. Ordenará activar un plan bélico preestablecido. Sin embargo, para cuando las órdenes se transmitan y los controladores aéreos estén en sus puestos, faltarán menos de quince minutos para que Japón y Turquía den en sus objetivos. Algunos escuadrones despegarán y arremeterán contra esas dos naciones, pero gran parte de la fuerza será destruida en tierra.

La devastación del bloque polaco será más intensa todavía. En el centro de mando del bloque en Varsovia no se sabrá de la destrucción de las Estrellas de Combate, así que no se tendrá el mismo aviso que Estados Unidos antes de que los misiles empiecen a impactar las bases. De hecho, aviones hipersónicos arrojarán municiones con guía de precisión sobre instalaciones del bloque literalmente sin previo aviso. Esas instalaciones estarán ahí, y de pronto la capacidad de ataque del bloque se habrá esfumado.

A las siete de la noche, la fuerza espacial e hipersónica estadunidense estará devastada. Estados Unidos habrá perdido el dominio del espacio y sólo le quedarán unos cuantos cientos de aviones. Las fuerzas de sus aliados en Europa estarán aplastadas. Buques de guerra estadunidenses en el mundo entero habrán sido atacados y hundidos. También los indios habrán perdido sus efectos. La coalición estadunidense estará militarmente devastada.

## Contragolpe

Al mismo tiempo, sin embargo, la sociedad estadunidense estará intacta, como las de muchos de sus aliados. Ésta será la debilidad de fondo de la estrategia de la Coalición. Estados Unidos será una potencia nuclear, como lo serán también Japón, Turquía, Polonia y la India. Ataques contra objetivos militares no detonarán una respuesta nuclear. No obstante, si la Coalición intentara forzar la capitulación yendo más allá de los objetivos militares para atacar a la población estadunidense, se correría el riesgo de alcanzar el umbral en el que los estadunidenses, o sus aliados, podrían optar por la solución nuclear. Pero como la Coalición no buscará la aniquilación mutua sino una solución política que los estadunidenses en particular puedan aceptar, y como éstos suelen ser por demás impredecibles, usar las fuerzas hipersónicas de la Coalición para infligir daños y bajas a civiles estadunidenses sería sumamente peligroso. La posesión de armas nucleares determinará la guerra en esta misma medida. Eso circunscribirá el grado del conflicto.

No obstante, Estados Unidos sufrirá daños militares y no sabrá hasta dónde llegará la Coalición. La esperanza de ésta será que cuando Estados Unidos reconozca el grado de los daños, y la impredecibilidad de la Coalición, opte por una solución política, la cual supondría aceptar las esferas de influencia turca y japonesa, definir límites a la esfera de influencia estadunidense e introducir un marco viable y verificable para limitar conflictos en el espacio. En otras palabras, la Coalición apostará a que Estados Unidos entienda que es ya una gran potencia entre varias, no la única superpotencia, y acepte una generosa y segura esfera de influencia propia. Y esperará que lo repentino y efectivo de su asalto espacial haga que Estados Unidos sobrestime el poder militar de la Coalición.

Estados Unidos sobrestimará, en efecto, el poder militar de la Coalición, pero eso generará la respuesta contraria a la esperada por ésta. Los estadunidenses no se creerán envueltos en una guerra limitada en la que el enemigo tiene metas políticas limitadas y definibles que ellos podrían aceptar. Creerán más bien que las fuerzas de la Coalición son mucho mayores que las reales, y que ellos enfrentan la posibilidad, si no de la aniquilación, sí de una reducción extrema de poder y de mayor vulnerabilidad a más ataques de la Coalición y otras potencias. Verán esto como una amenaza a su existencia.

Estados Unidos reaccionará visceral y emocionalmente al ataque. Si acepta la solución política que se le habrá transmitido la noche del 24 de noviembre, su futuro será incierto. Turquía y Japón —que es poco probable que se combatan uno a otro— dominarían Eurasia entre ambos. Habría dos países hegemónicos, no uno; pero si cooperaran, Eurasia se uniría, y sería explotada en forma sistemática. La peor pesadilla de la gran estrategia estadunidense se habría hecho realidad, y con el tiempo los miembros de la Coalición —a los que no sería fácil manipular para que pelearan entre sí— usurparían el mando del espacio y el mar. Aceptar el ofrecimiento de la Coalición pondría fin a la guerra inmediata, pero iniciaría un largo declive estadunidense. Esa noche, sin embargo, no se pensará cuidadosamente en todo esto. Igual que tras el hundimiento del *Maine*, el ataque contra Pearl Harbor y el impacto del 9/11, Estados Unidos montará en cólera. Rechazará las condiciones y entrará en guerra.

Estados Unidos no dará un solo paso mientras las naves espaciales de reconocimiento de la Coalición sigan en funciones. La Coalición no contará con nada semejante al complejo y ya destruido sistema estadunidense de Estrellas de Combate, pero dispondrá de una serie de satélites de última generación que proporcionarán inteligencia en tiempo real. Mientras esas naves estén en activo, la Coalición podrá ver y contar cada paso que dé Estados Unidos. El sistema de reconocimiento estadunidense tendrá que rehacerse rápidamente para que los satélites aún disponibles —que serán muchos— transfieran su conexión a tierra desde las destruidas Estrellas de Combate. Eso permitirá a Estados Unidos empezar a rastrear movimientos enemigos, y contratacar. Cuando esto suceda, lo primero que tendrá que hacer será destruir los centros espaciales de lanzamiento que la Coalición tenga, para que no pueda lanzar nuevos sistemas espaciales.

La inteligencia japonesa sobre los haberes estadunidenses, aunque no perfecta, será espléndida. En forma deliberada, Estados Unidos habrá puesto lanzacohetes en varios sitios secretos, cuidadosamente camuflados. Éste será uno de los principales proyectos encubiertos de la década de 2030. Cuando los japoneses comiencen a vigilarlos, tales sitios tendrán ya mucho tiempo de haberse construido, y ocultado. Estos centros secretos de lanzamiento no tendrán personal en tiempo de paz. Trasladarlo a ellos sin detección llevará varios días, durante los que Estados Unidos hará sondeos diplomáticos por medio de los alemanes, quienes serán neutrales, sobre las negociaciones. Los estadunidenses tratarán de ganar tiempo. Las negociaciones serán una pantalla para planear e implementar un contragolpe.

Estados Unidos intentará emparejar un poco el terreno de juego con los recursos aún a su disposición. Para hacerlo, deberá cegar a la Coalición, eliminando su sistema espacial (él habrá almacenado en sus reservas secretas cientos de misiles antisatélite y rayos láser hiperenergéticos). Los técnicos ocuparán su sitio, con todo sigilo para no delatar las ubicaciones a los satélites de reconocimiento. Mientras la Coalición se enfrasca ansiosamente en las negociaciones con Estados Unidos, esos sitios serán preparados. Setenta y dos horas después, Estados Unidos destruirá el grueso de la capacidad de vigilancia de la Coalición, en un periodo de menos de dos horas. La Coalición no quedará ciega, pero casi.

Tan pronto como los satélites sean destruidos, algunos de los aviones hipersónicos sobrevivientes de Estados Unidos iniciarán ataques contra centros de lanzamiento turcos y japoneses, esperando impedir que lancen nuevos satélites o ataquen a los satélites estadunidenses restantes. A diferencia de los japoneses respecto a ellos, los estadunidenses tendrán una idea muy clara de la ubicación de los sitios japoneses de lanzamiento, gracias a reconocimientos anteriores. Tras la segunda guerra fría, Estados Unidos habrá tenido siempre enorme ventaja en capacidad de reconocimiento. Su mapa de la Coalición será mucho mejor que el de ésta sobre él. Los aviones darán en el blanco en todos los casos. Poco después, operadores de satélites estadunidenses empezarán a captar señales de satélites sobrevivientes suyos. La Coalición será entonces la invidente. El fracaso de la inteligencia japonesa en relación con la capacidad secreta antisatélite estadunidense será su ruina.

## Nuevas tecnologías, guerra antigua

Los miembros de la Coalición sabrán que su plan original habrá fallado. No estarán seguros de lo bien que Estados Unidos puede ver, pero sí de que no puede hacerlo idealmente. Lo preocupante será que la creencia de la Coalición de que toda la flota aérea estadunidense había sido aniquilada resultará falsa, y se enterará de que Estados Unidos aún es capaz de atacarla. No podrá saber que esto se debe únicamente a los restos de la fuerza dispersada en el lapso entre la detección del asalto contra las Estrellas de Combate y su propio ataque aéreo. Ignorará qué tan abundantes son las reservas estadunidenses, y no tendrá manera de indagarlo. La niebla de la guerra será tan densa en el siglo XXI como en el pasado.

Estados Unidos dará un paso adicional. Ingenieros analizarán datos que revelen el punto de origen de los misiles que destruyeron a las Estrellas de Combate, y el ejército lanzará un misil contra ese sitio y destruirá la base. Estados Unidos ordenará, asimismo, la discreta concentración de fuerzas militares en sus estaciones experimentales en la luna, para preparar y ejecutar ataques contra todas las bases japonesas ahí. Se asegurará así de que no se le vuelva a tomar por sorpresa.

Como suele ocurrir en la guerra, una vez hecho el ataque inicial, planeado durante años, todos empezarán a improvisar con mucho de incertidumbre. Además, la mayoría de los planes bélicos prevén que la guerra terminará pronto. Rara vez es así. Esta guerra continuará, dividida en tres partes.

Primero, habiendo restablecido un endeble dominio en el espacio, Estados Unidos pondrá en operación un programa intensivo para acrecentar su control y dejar fuera a la Coalición. En el curso del año siguiente, aumentará en forma gradual su capacidad de vigilancia, hasta igualar los niveles previos al ataque. En tiempo de guerra, el ritmo de investigación, desarrollo y despliegue es extraordinario comparado con el tiempo de paz. Menos de un año después del Día de Acción de Gracias, Estados Unidos habrá superado tecnológicamente las capacidades espaciales destruidas.

Segundo, procederá a recuperar su flota hipersónica de cara a los continuos ataques aéreos de la Coalición contra centros conocidos fijos de producción. Sin embargo, la Coalición no podrá vigilar a Estados Unidos lo suficiente y, pese a algunos reveses, dichas plantas estarán otra vez en operación en poco tiempo, fabricando nuevos aviones hipersónicos.

Tercero, la Coalición usará el periodo previo a la reconstrucción de las fuerzas estadunidenses para imponer una nueva realidad sobre el terreno. Los japoneses intentarán tomar otras áreas de China y Asia, pero serán mucho menos dinámicos que Turquía, que verá el periodo de preocupación estadunidense como la posibilidad de hacer frente al bloque polaco y situarse como la potencia decisiva en la región.

La guerra habrá comenzado con un gran engaño al bloque polaco. Se convertirá entonces en un asalto concertado por Turquía sobre el terreno, apoyado por sus capacidades aéreas. La eliminación del bloque polaco daría a ese país carta blanca en todas partes. Así, en vez de desperdiciar su fuerza en el norte de África o en Rusia, apostará todo a su ataque al norte, desde Bosnia, en los Balcanes.

El arma clave será el soldado de infantería blindado, enfundado en una armadura propulsada capaz de levantar pesos enormes y que lo protegerá contra daños. Esa armadura también le permitirá moverse con rapidez. Piénsese en él como un tanque individual, sólo que más letal. Contará con el apoyo de numerosos sistemas blindados, que transportarán provisiones y pilas. La pila será crucial. Todos los sistemas serán eléctricos, y estarán impulsados por unidades avanzadas de almacenamiento de energía eléctrica, baterías muy potentes y durables. Pero por avanzadas que sean, tendrán que recargarse. Esto significa que lo más importante en la guerra será el acceso a las redes eléctricas, junto con las plantas de energía que las abastecen. La electricidad será a la guerra en el siglo xxi lo que el petróleo fue a la del siglo xx.

La meta de Turquía será envolver a las fuerzas del bloque polaco en una batalla de aniquilación. A diferencia del combate con Estados Unidos, éste se planeará como una operación de armas combinadas, que incluirá soldados de infantería blindados, logística robótica y plataformas de armas, así como los, para entonces, ya ubicuos aviones hipersónicos, que servirán como artillería de precisión.

Tras los desvastadores ataques iniciales, el bloque polaco evitará concentrar sus fuerzas de tierra, para eludir ataques aéreos. Los turcos querrán obligarlo a concentrar sus fuerzas atacando de tal forma que deba defender blancos importantes, o de modo que sea destruido cuando los polacos se nieguen a comprometer sus fuerzas en esa defensa.

Los turcos arremeterán hacia el norte desde Bosnia, contra las llanuras croatas y Hungría, de terreno plano y espacioso y sin barreras naturales. Continuarán hasta Budapest, aunque su meta militar última serán los montes Cárpatos en Eslovaquia, Ucrania y Rumania. Si toman los Cárpatos, Rumania y Bulgaria quedarán aisladas y se desplomarán, lo que convertirá al Mar Negro en un lago turco. Hungría será ocupada y Polonia aislada, y enfrentará una amenaza al sur. Pero si los polacos deciden concentrarse en la llanura húngara para proteger Budapest e intentar mantener íntegro el bloque, es probable que la potencia aérea turca destruya las fuerzas del bloque polaco.

Los polacos pedirán apoyo aéreo a Estados Unidos para combatir a las fuerzas turcas mientras avanzan sobre Croacia, pero él no tendrá potencia aérea que ofrecerles. Como resultado, los turcos capturarán Hungría en cuestión de semanas y ocuparán los Cárpatos poco después. Aislados, los rumanos pedirán y recibirán un armisticio. El sureste de Europa, hasta la frontera polaca y Ucrania, estará en manos turcas. Lo único que quedará será Polonia.

Las fuerzas turcas avanzarán entonces sobre Cracovia, con ataques aéreos que destrozarán al ejército polaco. A Estados Unidos le preocupará que los polacos no puedan resistir y se vean obligados a pedir la paz. Su estrategia será ganar tiempo para reconstruir sus recursos estratégicos y lanzar después un súbito ataque global contra Turquía y Japón. No querrá desperdiciar su fuerza apoyando un combate táctico en el sur de Polonia. Al mismo tiempo, no podrá arriesgarse a perder a su aliado, ya que eso pondría fin a la partida contra Turquía. Para lograr que los polacos sigan adelante, tendrá que dañar seriamente a los turcos.

En febrero de 2051, Estados Unidos lanzará una porción sustancial de su fuerza aérea restante, incluidos nuevos aviones con capacidades avanzadas, a atacar fuerzas turcas en todas partes, desde el sur de Polonia hasta centros logísticos en Bosnia y más al sur. Esto causará graves pérdidas a la fuerza aérea de Turquía, pero también su ejército sufrirá serias bajas con la muerte de cientos de soldados de infantería blindados y la destrucción de gran número de sistemas robóticos y provisiones. Turquía estará lejos de quedar inutilizada, pero será herida.

Los turcos repararán pronto en que es imposible que ganen la guerra. Su incapacidad para volver al espacio más la habilidad de los estadunidenses para crear rápidamente una nueva fuerza aérea los vencerían con el tiempo. Se darán cuenta, asimismo, de que los japoneses no estarán en condiciones de apoyarlos, porque estarán atados por sus propios problemas en China. La gran apuesta habrá fracasado, y entonces todo será sálvese quien pueda. Estados Unidos se ocupará expresamente de Turquía antes que de Japón, así que aquélla tendrá que dejar fuera de combate a Polonia lo más rápido posible. Para entonces, las fuerzas de tierra turcas estarán dispersas en un vasto imperio. Concentrarlas en Polonia significará quitar efectivos de otras partes, lo que a largo plazo no será una opción viable. Los turcos quedarían expuestos a la rebelión desde Egipto hasta Asia central.

Antes de iniciada la guerra, la Coalición habrá deseado incorporar a Alemania al ataque contra Polonia, pero los alemanes se habrán negado a hacerlo. Cuando esta vez los busquen, los turcos les ofrecerán un premio suculento. A cambio de ayuda en Polonia, ellos se replegarán a los Balcanes terminada la guerra, conservando sólo Rumania y Ucrania. Turquía erigirá su poderío en torno a los mares Negro, Adriático y Mediterráneo, y los alemanes tendrán carta blanca de Hungría al norte, lo que incluirá a Polonia, los países bálticos y Bielorrusia.

Desde el punto de vista alemán, la quimera turca antes de 2050 será para entonces una propuesta muy práctica. Los turcos serían una potencia mediterránea y del mar Negro, y necesitarían los Balcanes para asegurar su control. El norte no les interesará, pues absorbería fuerzas necesarias en esas otras áreas. Como los polacos y los rusos, los alemanes quedarán expuestos en la llanura del norte de Europa, y este nuevo arreglo aseguraría su flanco este. Más aún, revertiría la tendencia contra ellos y Europa occidental desde la caída de Rusia. Los europeos orientales por fin serán devueltos a su sitio.

Los alemanes sabrán que Estados Unidos volverá a ocuparse en algún momento de la región, pero que tardará en regresar. Ellos podrán aprovechar entonces una oportunidad genuina. Ensimismados y reacios al riesgo, no serán tan audaces como los turcos. Pero la alternativa será una fuerza turca al este o, peor aún, la derrota turca y una fuerza polaca y estadunidense todavía más poderosa frente a ellos. No serán arriesgados en general, pero éste será un riesgo que deberán correr. Movilizarán sus fuerzas, incluida su antigua pero aún competente fuerza aérea, y atacarán a los polacos desde el oeste a fines de la primavera de 2051, mientras los turcos relanzan su ataque desde el sur. Los alemanes reclutarán en la operación a Francia y un puñado de países más, pero su participación será antes política que militar.

A Gran Bretaña, por su parte, le consternará lo sucedido. Aunque una inmensa partida de política global de poder estará en marcha, a los británicos les preocupará en extremo el equilibrio de poder local. Enfrentarán una vez más la posibilidad de un continente dominado por los alemanes, por torpes que éstos puedan ser en ello y por mucho que dependan del apoyo turco. Los británicos reconocerán que, de ocurrir eso, cualquier descuido de Europa por parte de Estados Unidos, cualquier repliegue cíclico a su aislamiento, podría significar la catástrofe. No habrán tenido intención alguna de involucrarse en esta guerra. Pero en ese momento no tendrán otra opción, y podrían aportar algo valioso: una fuerza aérea reducida pero intacta que, en asociación con la inteligencia estadunidense, podría dañar seriamente a alemanes y turcos. Además, sus avanzadas defensas aéreas contra ataques turcos y alemanes harán de Gran Bretaña una base de operaciones segura. Formalmente parecerá contenerse mientras redespliega furtivamente una porción sustancial de su fuerza aérea en Estados Unidos, donde las defensas aéreas y el tiempo para reaccionar a advertencias serán mayores.

Al final, Polonia será atacada por dos flancos, el oeste y el sur. Las fuerzas agresoras avanzarán geográficamente como lo hicieron los antiguos invasores, pero la tecnología será muy distinta. No será la infantería concentrada de Napoleón ni las formaciones blindadas de Hitler; será una fuerza muy reducida en términos de efectivos. La fuerza humana consistirá en soldados de infantería blindados, abiertos en abanico como suelen hacerlo, pero con ángulos de tiro claros y empalmados, que medirán entonces docenas de kilómetros. Enlazados por redes de cómputo, estos soldados comandarán no sólo las armas que porten, sino también sistemas robóticos y aviones hipersónicos a miles de kilómetros de distancia, que podrán solicitar en caso necesario.

Los sistemas robóticos vivirán de datos y energía eléctrica. Sin alguno de éstos, estarán indefensos. Necesitarán un flujo constante de información e instrucciones. También una corriente estable de energía para seguir funcionando. Dado que los sistemas espaciales turcos habrán desaparecido, se les sustituirá por vehículos aéreos no tripulados que se sostendrán en el aire, descenderán en picada y sobrevolarán el espacio de batalla para dar información. Esta información será siempre incompleta, pues a tales vehículos se les derribará sin cesar. Estados Unidos tendrá mucho mejores datos, pero carecerá de la fuerza aérea necesaria para diezmar a los agresores.

Proporcionar energía suficiente para las armaduras de los soldados de infantería y los robots también será un problema. Estas armaduras serán eléctricas, y se les deberá recargar o cambiar baterías, enormes, casi a diario. Habrán de hacerse grandes avances en el almacenamiento de energía eléctrica, pero al cabo las baterías seguirán agotándose. Así, las redes eléctricas conectadas a plantas generadoras de electricidad serán un recurso clave. Si estas plantas son destruidas, los agresores tendrán que cargar sus baterías donde haya energía y distribuirlas más tarde en el campo de batalla. Cuanto más avancen las tropas, más larga será la línea de abastecimiento. Si los defensores estuvieran dispuestos a desactivar su red eléctrica y, de ser necesario, a destruir sus plantas de energía —una estrategia de tierra arrasada—, el ataque menguaría por falta de electricidad. Todo dependerá del suministro táctico de energía.

En una reunión secreta de comandantes estadunidenses, británicos, chinos y polacos se trazará una estrategia: los polacos resistirán, y se retirarán poco a poco bajo la presión de las fuerzas de la Coalición. Las dos ofensivas geográficas, desde el oeste y el sur, convergerán en Varsovia. Se acordará que los polacos resistirán, se replegarán y se reagruparán, ganando el mayor tiempo posible para que los aliados reconstruyan su potencia aérea. Los polacos serán reforzados por miles de efectivos estadunidenses, aerotransportados del Polo Norte a San Petersburgo y desplegados junto con las tropas polacas en su acción dilatoria. Cuando la situación sea desesperada, a fines de 2051, la potencia aérea disponible en Gran Bretaña empezará a liberarse para reducir aún más el avance de los ejércitos turcos. El hercúleo esfuerzo industrial estadunidense estará en marcha, y se fabricarán miles de aviones hipersónicos avanzados, capaces de viajar al doble de velocidad de los sistemas de la preguerra y con una carga explosiva del doble de tamaño. Para mediados de 2052, la fuerza estadunidense estará disponible para un ataque concentrado devastador que, asociado con nuevas mejoras en sistemas espaciales, arrollará a las fuerzas de la Coalición en el mundo entero. Hasta entonces, la regla será resistir, replegarse y ganar tiempo.

La Coalición subestimará por entero la capacidad industrial estadunidense. Creerá disponer de varios años para combatir a los polacos. Al principio optará por no arremeter contra los sistemas polacos de generación de energía, para no tener que reconstruirlos tras la guerra y porque los necesitará para pelear una vez capturados. Los polacos, por su parte, destruirán sus redes al replegarse, a fin de complicar el avance de la Coalición y obligar a alemanes y turcos a distraer recursos para despachar al campo de batalla pesadas unidades de almacenamiento eléctrico. Esas líneas de abastecimiento serán justo lo más vulnerable al llegar el contrataque en el verano de 2052.

Cuando la infantería blindada estadunidense arribe al campo de batalla, con sus sofisticados sistemas conectados al espacio, la Coalición comprenderá que Polonia no caerá pronto. Descubrirá también que las plantas generadoras de energía son el fundamento del poderío aliado y que, a menos que sean eliminadas —y reducidos los estadunidenses a embarcar, desde su país unidades de almacenamiento eléctrico al campo de batalla—, Estados Unidos saldrá victorioso. Entonces, en el verano de 2051, la Coalición empezará a destruir el sistema eléctrico polaco, atacando plantas aun en Bielorrusia, al este. Polonia se apagará.

La Coalición esperará dos semanas, obligando a Estados Unidos y sus aliados (la Alianza) a combatir sin cesar para agotar la energía disponible. Luego atacará todos los frentes en forma simultánea, con la esperanza de que las tropas polacas y estadunidenses se queden sin energía ni suerte. Por el contrario, no sólo hallará intensa resistencia, sino también que las tropas estadunidenses pedirán ataques aéreos que devastarán sus líneas. El mando aliado lanzará al combate a la fuerza aérea británica, y los muy coordinados sistemas espaciales de reconocimiento —asociados con un nuevo y más sofisticado sistema de gestión bélica de Estrellas de Combate— identificarán, focalizarán y destruirán a la infantería blindada alemana y turca.

Resultará que Estados Unidos habrá aprendido a no jugarlo todo, militarmente, a una sola carta, en particular en términos de los sistemas espaciales. Antes de la guerra habrá fabricado otra Estrella de Combate —un sistema de nueva generación—, pero no la habrá lanzado al espacio, por falta de fondos. Por una vez, la inacción del Congreso será una bendición. Esa estación será secreta, y estará en tierra. Se le lanzará justo meses después del ataque sorpresa y la destrucción de la base lunar de Japón. La arquitectura provisional creada inmediatamente después de empezada la guerra se remplazará por otra, centrada en la nueva Estrella de Combate, que se estacionará cerca de Uganda pero que, de ser necesario, será capaz de maniobras rápidas a nuevos puntos a lo largo del ecuador, así como de maniobrar tácticamente para evitar ataques como los que destruyeron a sus tres predecesoras. Estados Unidos recuperará su dominio del espacio, en un grado muy superior al de años atrás.

A turcos y alemanes les sorprenderá una cosa. Habiendo decidido acabar con la generación y distribución eléctricas polacas, supondrán que la resistencia se debilitará drásticamente, ya que hasta sus propias fuerzas se quedarán sin energía. En cambio, la infantería blindada polaca y estadunidense peleará a toda su capacidad. Parecerá imposible que los estadunidenses aerotransporten baterías suficientes para mantener a las tropas. La pregunta será: "¿De dónde proviene la energía?".

Los japoneses no habrán sido los únicos en experimentar con los usos comerciales del espacio. En la primera mitad del siglo, un consorcio de estadunidenses emprendedores habrá destinado grandes cantidades de dinero tanto al desarrollo de los abundantes y baratos lanzadores que los estadunidenses usarán entonces como a probar la generación eléctrica en el espacio, transmitiendo energía a la Tierra en forma de microondas y reconvirtiéndola luego en electricidad utilizable. Cuando los comandantes del ejército estadunidense resuelvan el problema de la defensa de Polonia, gracias a innumerables simulacros de combate comprenderán que el problema será mantener la energía eléctrica. Una vez que a los turcos les lleve unas cuantas semanas invadir el sureste de Europa, Estados Unidos se percatará de que derrotarlos dependerá del suministro de electricidad a las fuerzas de la Alianza y de la destrucción del suministro eléctrico de la Coalición. La clave para la victoria será mantener provista a Polonia de electricidad.

Se habrá desarrollado entonces la tecnología básica. Lanzadores espaciales podrán fabricarse rápidamente, lo mismo que paneles solares y sistemas de transmisión de microondas. El verdadero reto será fabricar los receptores y llevarlos al campo; pero una vez más, con presupuesto y motivación ilimitados, los estadunidenses harán milagros. Sin que la Coalición lo sepa, la nueva Estrella de Combate habrá sido diseñada con dos propósitos: gestión bélica y manejo de la fabricación y operación de grandes conjuntos de paneles solares y sus sistemas de radiación de microondas. Receptores móviles se habrán llevado al campo de batalla.

Cuando se active el interruptor, miles de receptores del lado polaco en el frente recibirán radiación de microondas desde el espacio, y la convertirán en electricidad. En cierto sentido, esto será como el remplazo de líneas terrestres por teléfonos celulares. Toda la arquitectura del poder cambiará. Eso será importante más tarde. Por lo pronto, significará que la resistencia a los turcos no declinará, pues, inexplicablemente, los enemigos tendrán mucha más electricidad de la que Turquía esperaba.

La Coalición no podrá eliminar el sistema de generación de energía en el espacio ni identificar las estaciones receptoras de microondas. Habrá demasiados paneles solares en demasiados lugares, y cambiarán de sitio. Aun si pudiera eliminarlos, serían remplazados más rápido de lo que ella podría destruirlos, dadas sus capacidades.

La Coalición no podrá quebrar con logística la fuerza polaco-estadunidense. Los defensores sobrevivirán porque la Coalición dispondrá de un reconocimiento inadecuado, habiendo perdido tempranamente sus satélites. Su dominio del aire también decaerá entonces, cuando la fuerza aérea aliada, menor, tenga mucho mejor inteligencia y sea por tanto mucho más efectiva.

## El final

Habrá un *impasse* en el terreno hasta el verano de 2052, cuando Estados Unidos liberará por fin su nueva y enorme fuerza aérea. En combinación con la inteligencia y armas de la Estrella de Combate, la fuerza aérea estadunidense devastará a las fuerzas de la Coalición en Polonia y destrozará su sistema de generación de energía. Los estadunidenses harán lo mismo contra las tropas japonesas combatientes en China. Además, atacarán naves de superficie japonesas.

El contragolpe dejará estupefactos a japoneses y turcos y volverá de cabeza a los alemanes. Sus fuerzas de tierra casi se evaporarán en el campo de batalla. Pero en ese momento los estadunidenses enfrentarán el problema nuclear. Si las potencias de la Coalición llegan al punto de creer que su soberanía nacional, por no hablar de su sobrevivencia, está en juego, bien podrían considerar el uso de armas nucleares.

Estados Unidos no exigirá una rendición incondicional que él mismo no estaría dispuesto a ofrecer. Tampoco amenazará la sobrevivencia nacional, ni tendrá por qué quererlo en última instancia. En los cincuenta años anteriores habrá aprendido que la devastación del enemigo, por satisfactoria que sea, no es la mejor estrategia. Su meta será mantener el equilibrio de poder, para que las potencias regionales permanezcan atentas unas a otras, no a él.

Estados Unidos no querrá destruir a Japón. Más bien, querrá mantener un equilibrio de poder entre Japón, Corea y China. De igual forma, no querrá destruir a Turquía ni crear caos en el mundo islámico, sino mantener un equilibrio de poder entre el bloque polaco y Turquía. Los polacos y su bloque clamarán por la sangre turca, como harán los chinos y coreanos por la japonesa. Pero Estados Unidos sacará a relucir a un Woodrow Wilson en Versalles. En nombre de todo lo humano, se asegurará de que Eurasia siga sumida en el caos.

En una conferencia de paz organizada a toda prisa, se obligará a Turquía a replegarse en los Balcanes, al sur, dejando a Croacia y

Serbia como área tapón y retirándose hacia el Cáucaso, aunque sin ocuparlo. En Asia central, Turquía tendrá que aceptar la presencia de China. Los japoneses deberán sacar sus fuerzas de esa nación, a la que Estados Unidos transferirá tecnología de defensa. Los términos serán en realidad muy vagos, precisamente al gusto de los estadunidenses. Se crearán muchas naciones nuevas. Muchas fronteras y esferas de influencia serán ambiguas. Los ganadores no ganarán del todo ni los perdedores perderán igual. Los estadunidenses habrán dado un gran paso a la civilización.

Entre tanto, Estados Unidos tendrá el dominio total del espacio, una economía en auge a raíz del gasto de defensa y un nuevo y avanzado sistema de generación de energía, que empezará a transformar el modo en que los seres humanos reciben electricidad.

A mediados del siglo XX, la segunda guerra mundial costó quizá cincuenta millones de vidas. Cien años después, la primera guerra espacial segará tal vez cincuenta mil, la mayoría de ellas en Europa durante la ofensiva terrestre turco-germana, y otras en China. Estados Unidos perderá varios miles de efectivos, muchos de ellos en el espacio, otros durante los primeros ataques aéreos en su contra y otros más en los combates de apoyo a los polacos. Ésta será una guerra mundial en todo el sentido de la palabra; pero dados los avances tecnológicos en precisión y velocidad, no será una guerra total, de sociedades que tratan de aniquilar sociedades.

Esta guerra tendrá algo en común con la segunda guerra. Al final, Estados Unidos —habiendo sido el que menos perdió— será el que gane más. Así como salió clamorosamente de la segunda guerra con un gran salto en tecnología, una economía reactivada y una posición geopolítica aún más dominante, esta vez emergerá a lo que habrá de considerarse una edad de oro para él, y a una madurez nueva y creciente en el manejo de su poderío.

# LA DÉCADA DE 2060:
## EL DECENIO DORADO

Las consecuencias de la guerra confirmarán inequívocamente la posición de Estados Unidos como la mayor potencia internacional del mundo, y de América del Norte como el centro de gravedad del sistema internacional. Esto permitirá a ese país consolidar su dominio del espacio, y con él su control de las rutas marítimas internacionales. Asimismo, empezará a crear el patrón de relaciones del que dependerá en las décadas por venir.

El resultado más importante de la guerra será un tratado que cederá formalmente a Estados Unidos derechos exclusivos para militarizar el espacio. Otras potencias podrán usar el espacio con propósitos no militares sujetos a la inspección estadunidense. Éste será simplemente el reconocimiento oficial de una realidad militar. Estados Unidos habrá derrotado a Japón y Turquía en el espacio, y no dejará que ese poder se le vaya de las manos. El tratado limitará, asimismo, el número y tipo de aviones hipersónicos que Turquía y Japón podrán tener, aunque todos sabrán que eso no podrá hacerse cumplir, y que será meramente la humillación gratuita que los vencedores gustan de imponer a los vencidos. El tratado servirá a los intereses de Estados Unidos y estará en vigor mientras su poderío pueda hacerlo cumplir.

Polonia habrá sido la gran vencedora, pues ampliará enormemente su alcance, aunque sus pérdidas habrán sido las más sustanciales entre los participantes principales. Los chinos y coreanos se sentirán liberados de los japoneses, quienes habrán perdido un imperio pero preservarán su país, habiendo sufrido apenas unas cuantas miles de bajas. Japón seguirá padeciendo problemas demográficos, pero ése será el precio de la derrota. Turquía continuará siendo el líder del mundo islámico, y gobernará un imperio descontento por su descalabro.

Pese a su victoria, Polonia estará disgustada. Su territorio habrá sido invadido directamente por Alemania y Turquía, y sus aliados ocupados. Sus bajas se contarán en decenas de miles, resultado de pérdidas civiles en combates de tierra, el enfrentamiento casa por casa en el que los soldados de infantería blindados están más protegidos que los civiles. Su infraestructura habrá sido destruida, y su economía junto con ella. Aunque Polonia podrá inclinar en su favor la situación económica de la región, explotando sus conquistas para reconstruir rápidamente su economía, la victoria será gravosa de todas maneras.

Al oeste, su enemigo tradicional, Alemania, quedará debilitado, subordinado y resentido, mientras que los turcos, batidos por el momento, conservarán su influencia a unos cientos de kilómetros al sur, en los Balcanes y el sur de Rusia. Los polacos habrán tomado el puerto de Rijeka y mantendrán bases en el oeste de Grecia para impedir la agresión turca en la entrada al Adriático. Pero los turcos seguirán ahí, y los europeos tienen muy buena memoria. Quizá lo más irritante es que Polonia será incluida entre las naciones a las que se prohibirá el uso militar del espacio. Estados Unidos no hará excepciones en esto. De hecho, Polonia le preocupará mucho tras la guerra. Habrá recuperado el imperio que tenía en el siglo XVII, y más.

Polonia creará un sistema confederado de gobierno para sus antiguos aliados y controlará directamente Bielorrusia. Será débil económicamente y quedará muy lastimada por la guerra, pero tendrá tiempo y territorio para recuperarse.

La derrota de Francia y Alemania por Polonia desplazará decisivamente al este el poder en Europa. En cierto sentido, el eclipse de la Europa atlántica iniciado en 1945 se completará en la década de 2050. A Estados Unidos no le harán ninguna gracia las implicaciones de largo plazo de una Polonia confiada y vigorosa al mando de Europa. Así, alentará a su más cercano aliado, Gran Bretaña, que habrá contribuido decisivamente a la guerra, a intensificar su influencia económica y política en el continente. En vista del caos demográfico y económico de Europa occidental y temiendo el poder polaco, Inglaterra organizará gustosa un bloque extrañamente parecido a la Organización del Tratado del Atlántico Norte (OTAN) del siglo XX, y cuya tarea será rehabilitar Europa occidental y bloquear el desplazamiento polaco al oeste desde Alemania, Austria o Italia. Estados Unidos no se sumará a esa alianza, pero estimulará su formación.

Lo más curioso es que los estadunidenses procederán a mejorar sus relaciones con los turcos. Dado el antiguo adagio británico de que las naciones no tienen amigos permanentes ni enemigos permanentes sino sólo intereses permanentes, el interés estadunidense será apoyar a la potencia débil contra la fuerte, para mantener el equilibrio de poder. Turquía, comprendiendo el posible y perdurable poder de Polonia, aceptará de buen grado lazos más estrechos con Washington como garantía de su sobrevivencia a largo plazo.

Sobra decir que los polacos se sentirán traicionados por los estadunidenses. Pero éstos aprenderán la lección. Precipitarse en batalla puede satisfacer un impulso, pero manejar la situación de tal forma que las batallas no ocurran o sean libradas por otros es una solución mucho mejor. Apoyando a Gran Bretaña y Turquía, Estados Unidos actuará para crear un equilibrio de poder europeo igual al de Asia. Ningún país representará una amenaza coherente para él; y mientras controle el espacio, podrá ocuparse fácilmente de los asuntos que requieran atención.

Una faceta interesante de la geopolítica es ésta: no existen soluciones permanentes a los problemas geopolíticos. Por el momento, sin embargo, en la década de 2060 —como fue el caso de las de 1920 y 1990— no parecerá haber un desafío serio contra Estados Unidos, o al menos ninguno que represente una amenaza directa. El país habrá aprendido que la seguridad es ilusoria, pero por lo pronto se deleitará de todas maneras en esa seguridad.

La expansión económica estadunidense de la década de 2040 no será interrumpida por la guerra. De hecho, continuará sin trabas. Como se ha visto a lo largo de los siglos, a Estados Unidos le benefician las grandes guerras. Quedará casi intacto por la guerra reciente, y aumentos en el gasto gubernamental estimularán la economía. Puesto que libra sus guerras usando tecnología, cualquier conflicto bélico —o expectativa de tal— con otras naciones-Estado eleva los egresos del gobierno en investigación y desarrollo. Así, al final de la guerra se dispondrá de una extensa gama de nuevas tecnologías para su explotación comercial. El mundo de la posguerra presenciará entonces, hasta alrededor de 2070, un periodo de crecimiento económico espectacular, acompañado de transformación social.

Esta conflagración ocurrirá justo en medio de uno de los ciclos estadunidenses de cincuenta años, que llevará unos veinte de haberse iniciado. Eso quiere decir que esta guerra acontecerá en un momento de máxima fuerza interna del país. Sus problemas demográficos, nunca tan severos como los del resto del mundo, se resolverán gracias a la inmigración y la desaparición de los *baby boomers*, que aliviarán la presión de una fuerza de trabajo de edad avanzada. El equilibrio entre disponibilidad de capital y demanda de productos quedará intacto, y ambas crecerán. Estados Unidos entrará a un periodo de radical transformación económica, y por lo tanto social. Sin embargo, cuando una gran guerra ocurre entre las etapas inicial e intermedia del ciclo estadunidense, como fue el caso de la segunda guerra mundial, ese ciclo se acelera mientras la economía se adapta a las repercusiones del conflicto. Eso significa que la segunda mitad del decenio de 2050 será un tesoro, similar al de los años cincuenta. En lo económico y tecnológico, los quince años posteriores a esta guerra serán una edad de oro, en todo el sentido de la palabra, para Estados Unidos.

El país reducirá sus gastos de defensa tras el desplome de los rusos en la década de 2030, pero los volverá a subir drásticamente conforme se intensifique la guerra fría global en la década de 2040. Luego, durante la guerra de mediados de siglo, consumará extraordinarias hazañas de investigación y desarrollo y aplicará sus descubrimientos de inmediato. Algo que habría tardado años en hacerse en la economía de tiempo de paz se hará en meses, y aun en semanas, a causa del apremio de la guerra (en especial tras la aniquilación de las fuerzas espaciales estadunidenses).

Estados Unidos habrá desarrollado una obsesión por el espacio. En 1941, Pearl Harbor produjo la creencia nacional, en particular entre los militares, de que en cualquier momento podía ocurrir un ataque devastador, cuando menos se le esperara, desde luego. Esa mentalidad rigió la estrategia nuclear estadunidense durante los cincuenta años siguientes. Un temor incesante a ataques sorpresa permeó el pensamiento y la planeación militares. Tal sensibilidad cedió tras la caída de la Unión Soviética, pero el ataque en la década de 2050 reavivará el terror de Pearl Harbor, y el temor a los ataques sorpresa será de nuevo una obsesión nacional, esta vez centrada en el espacio.

La amenaza será muy real. Estratégicamente, el control del espacio significa lo mismo que el del mar. Pearl Harbor estuvo a punto de costar a Estados Unidos el control del mar en 1941. Por su parte, la guerra de la década de 2050 estará a punto de costarle el control del espacio. El temor obsesivo a lo inesperado que resultará de eso, combinado con una atención obstinada al espacio, significa que en éste se gastarán grandes cantidades de recursos, tanto militares como comerciales.

Estados Unidos construirá una inmensa infraestructura espacial, que irá de satélites en órbita terrestre baja a estaciones espaciales tripuladas en órbitas geostacionarias, y a instalaciones en la luna y satélites que orbiten alrededor de ella. Muchos de estos sistemas serán mantenidos por robots, o serán ellos mismos robots. Los dispares avances en la robótica del medio siglo anterior cuajarán ahora, en el espacio.

Una evolución clave es que entonces habrá un continuo despliegue de tropas en el espacio. Su labor será supervisar los sistemas —pues la robótica, por eficiente que sea, estará lejos de ser perfecta—, y en las décadas de 2050 y 2060 este esfuerzo será un asunto de sobrevivencia nacional. Las U.S. Spacial Forces, nueva rama del ejército separada de la fuerza aérea, será el cuerpo más grande en términos de prespuesto, si no es que de número de tropas. Diversos vehículos de lanzamiento de bajo costo, muchos de ellos derivados de versiones comerciales desarrolladas por emprendedores, viajarán constantemente de la Tierra al espacio y entre las plataformas espaciales.

La meta de toda esta actividad será triple. Primero, Estados Unidos querrá garantizar suficiente vigor, superabundancia y profundidad de defensa para que ninguna potencia pueda volver a perturbar sus capacidades espaciales. Segundo, querrá estar en posibilidad de impedir todo intento de otra nación de conseguir un punto de apoyo en el espacio, contra sus deseos. Por último, deseará tener grandes recursos —entre ellos armas ubicadas en el espacio, desde misiles hasta nuevos rayos hiperenergéticos— para controlar lo que suceda en la Tierra. Sabrá que no puede controlar toda amenaza (como terrorismo o la formación de coaliciones) desde el espacio. Pero se cerciorará de que ninguna nación pueda montar una eficaz operación contra él.

El costo de erigir esta capacidad será enorme. Habrá muy poca oposición política, se generarán grandes déficit y la economía recibirá un potente estímulo. Como al final de la segunda guerra, el temor se impondrá sobre la sensatez. Críticos, marginales y sin influencia, dirán que ese gasto militar es innecesario y que llevará al país a la quiebra, pues desembocará en una depresión. Lo cierto es que hará que la economía repunte en forma espectacular, como normalmente lo han hecho los déficit en la historia estadunidense, en particular a la mitad de sus ciclos de cincuenta años, cuando la economía goza de pleno vigor.

### Revolución de energía

La obsesión estadunidense por el espacio se cruzará con otro problema en ascenso: la energía. Estados Unidos invertirá durante la guerra grandes cantidades de dinero para resolver el problema de abastecer de energía al campo de batalla desde el espacio. La respuesta consecuente será poco económica, primitiva y derrochadora, pero dará resultado. Propulsará a las fuerzas aliadas en Polonia contra la invasión turco-germana. El ejército verá la generación espacial de energía como una solución a su gran problema logístico en el campo de batalla. En particular, el suministro de energía para propulsar nuevas armas que impliquen rayos de energía intensos será un problema crucial. El ejército estará dispuesto a suscribir el desarrollo de la generación espacial de energía, por tratarse de una necesidad militar, y el Congreso estará dispuesto a financiarlo. Ésta será una de las lecciones aprendidas en la guerra, e infundirá al proyecto una sensación de apremio.

Dos episodios de la historia de Estados Unidos son instructivos aquí. En 1956, Estados Unidos se comprometió en la construcción del sistema carretero interestatal. Dwight Eisenhower lo favorecía por razones militares. Como oficial subalterno, había conducido un convoy por Estados Unidos, y tardó meses. En la segunda guerra vio cómo los alemanes trasladaban en autopistas a ejércitos enteros del frente oriental al occidental para lanzar la Ofensiva de Ardennes. El contraste le impresionó.

Las razones militares para el sistema interestatal eran persuasivas. Pero los impactos civiles fueron inesperados. La reducción del tiempo y costo del transporte volvió utilizables los terrenos fuera de las ciudades. Tuvo lugar entonces una enorme descentralización de las ciudades, que produjo suburbios y la distribución de la industria fuera de las áreas urbanas. El sistema interestatal cambió la forma de Estados Unidos, y sin la justificación militar no habría podido construirse o considerarse económicamente factible.

El segundo ejemplo procede de los años setenta, cuando el ejército estaba inmerso en la investigación. Necesitaba un medio para hacer circular información entre centros de investigación más rápidamente de lo que podía hacerse por mensajero o correo; aún no existía FedEx. La Defense Advanced Research Projects Agency (DARPA) financió un experimento ideado para crear una red de cómputo capaz de compartir datos y archivos a distancia. Esta creación se llamó ARPANET. Con un poco de costo y esfuerzo, se le desarrolló para un uso sumamente especializado. La ARPANET se convirtió desde luego en la internet, y su arquitectura y protocolos esenciales fueron diseñados y administrados por el Departamento de Defensa y sus contratistas hasta bien entrados los años noventa.

Como en el caso de las supercarreteras de automóviles, la supercarretera de la información podría haber surgido sola, pero no lo hizo. El costo básico de crearla fue una tarea militar ideada para resolver un problema del ejército. Llevando un poco más lejos esta analogía, la supercarretera de la energía tendrá origen en necesidades del mismo tipo. Se construirá para el ejército, y por tanto su economía la hará más competitiva que otras fuentes de energía. Dado que el ejército absorberá el costo de capital básico y desplegará los sistemas, el costo comercial de esta energía será enormemente inferior al que tendría de otra manera. Una energía barata en el sector civil será crucial, a medida que los robots sean más frecuentes en la economía.

Los programas espaciales militares reducirán literalmente el costo de los proyectos comerciales llevándolos a cuestas. Avances en el lanzamiento comercial al espacio reducirán el costo de propulsar carga explosiva, pero jamás podrán ocuparse de un gran proyecto como el desarrollo de la generación espacial de energía de origen solar. El programa militar de las décadas de 2050 y 2060 resolverá este problema de dos maneras. Primero, una de las partes más importantes del proyecto será reducir el costo por libra de las cargas explosivas. Estados Unidos pondrá muchas cosas en el espacio, y tendrá que reducir radicalmente el precio de los lanzamientos. En parte con nueva tecnología y en parte gracias al cuantioso volumen por lanzar, el costo empezará a bajar en forma drástica, aun en el caso de los vehículos comerciales desarrollados anteriormente.

Segundo, habrá capacidad excedente en el sistema. Una de las lecciones de la guerra será que no disponer de capacidad de propulsión sobrante en el espacio dificultó a Estados Unidos enfrentar el ataque inicial. No se permitirá que eso vuelva a suceder. Por tanto, tendrá un enorme excedente de capacidad de propulsión aprovechable. La utilización del proyecto por parte del sector privado será esencial para reducir costos.

El periodo en que aparecieron el sistema carretero interestatal y la internet fue de crecimiento económico explosivo. El sistema carretero interestatal estimuló la economía al emplear a ejércitos de cuadrillas de construcción e ingenieros civiles, pero las derivaciones empresariales fueron las que realmente motivaron el auge. McDonald's fue obra del sistema carretero interestatal tanto como los centros comerciales suburbanos. El tendido de la internet implicó muchos servidores de Cisco y ventas de computadoras personales. Pero el verdadero auge llegó con Amazon y iTunes. Ambos tuvieron grandes consecuencias para los emprendedores.

La National Aeronautics and Space Administration (NASA) ha participado en la investigación de la energía espacial desde la década de los setenta, en forma de energía solar espacial (Space Solar Power, SSP). Estados Unidos usará por primera vez este nuevo sistema en la guerra del decenio de 2050. Y el sistema pasará a ser parte de la vida diaria gracias al proyecto de energía espacial del decenio siguiente. Cantidades inmensas de elementos fotovoltaicos, diseñados para convertir la energía solar en electricidad, se pondrán en órbita geoestacionaria o en la superficie de la luna. La electricidad se convertirá en microondas, se transmitirá a la Tierra, se reconvertirá en electricidad y se distribuirá por la red eléctrica existente y ampliada. El número de elementos necesarios podría disminuir concentrando la luz solar con espejos, para reducir así el costo de lanzamiento de arreglos fotovoltaicos. Obviamente, los receptores tendrían que instalarse en áreas aisladas en la Tierra, pues la radiación local de microondas será intensa, aunque los riesgos serían mucho menores que los de los reactores nucleares o los efectos ambientales de los hidrocarburos. Si de algo dispone el espacio es de espacio. Una cosa que sería insufriblemente molesta en la Tierra (cubrir un área del tamaño de Nuevo México con paneles solares, por ejemplo) será tragada por la infinitud del espacio. Además, en él no hay nubes, y los colectores pueden colocarse de tal modo que reciban continuamente luz solar.

Estos avances reducirán el costo de la energía en la Tierra, lo que volverá factibles muchas más actividades intensivas en energía. Emergerán así posibilidades asombrosas para los emprendedores. ¿Quién podría haber trazado una línea entre la ARPANET y el iPod? Lo único que puede decirse es que esta segunda ola de innovaciones será al menos tan revolucionaria como las carreteras intesestatales y la internet, y dará prosperidad a la década de 2060 como lo hicieron las carreteras con la de 1960 y la internet con la de 2000.

Estados Unidos habrá creado, asimismo, otro fundamento de su poderío geopolítico: será el mayor productor de energía del mundo, y sus campos de energía estarán protegidos contra ataques. Japón, China y casi todos los demás países importarán energía. Al cambiar la economía de la energía, otras fuentes, entre ellas los hidrocarburos, perderán atractivo. Ningún otro país podrá lanzar sistemas espaciales. Para comenzar, no tendrá un ejército que pague el enganche del sistema. Tampoco tendrá apetito de desafiar en ese momento a Estados Unidos. Un ataque a instalaciones estadunidenses será impensable dado el inmenso desequilibrio de poder. La capacidad de la superpotencia para suministrar muy barata energía solar le dará una palanca más para incrementar su dominio internacional.

Se estará entonces frente a un cambio de paradigma fundamental en las realidades geopolíticas. Desde principios de la revolución industrial, la industria ha devorado energía, accidental y caprichosamente distribuida en el mundo. De escasa relevancia de otro modo, la península arábiga se volvió importantísima por sus yacimientos de petróleo. Dado el cambio a sistemas espaciales, la industria producirá energía en vez de sólo consumirla. El viaje espacial será resultado de la industrialización, y una nación industrializada producirá energía al mismo tiempo que abastece a su industria. El espacio se volverá más importante de lo que Arabia Saudita lo fue jamás, y Estados Unidos lo controlará.

Una nueva oleada de cultura generada en Estados Unidos recorrerá el mundo. Recuérdese que definimos la cultura no como arte, sino en el sentido amplio de cómo vive la gente. La computadora fue la introducción más efectiva a la cultura estadunidense, mucho más profunda que el cine o la televisión. El robot representará la conclusión lógica y drástica de la computadora. En un mundo necesitado de crecimiento económico pero cuya población ya no va en aumento, los robots se convertirán en impulsores de la productividad, y gracias a los sistemas solares espaciales habrá abundante electricidad para propulsarlos. Aún primitivos pero en rápido desarrollo, se extenderán por el globo, y serán adoptados por el mundo industrial avanzado de población restringida y por países próximos a los de primer nivel y cerca de sus máximos demográficos, o que pasan por ellos.

La genética continuará prolongando la esperanza de vida, y erradicará o pondrá bajo control una serie de enfermedades genéticas. Esto producirá creciente inestabilidad social. Los cambios radicales que han sacudido a Europa y Estados Unidos, transformando el papel de las mujeres y la estructura de la familia, serán un fenómeno mundial. Agudas tensiones —entre partidarios de los valores tradicionales y las nuevas realidades sociales— se intensificarán en los países de segundo nivel, y todas las grandes religiones serán sacudidas por ellas. El catolicismo, el confucianismo y el islam se engalanarán de interpretaciones tradicionales de la familia, la sexualidad y las relaciones generacionales. Pero los valores tradicionales se derrumbarán en Europa y Estados Unidos, y luego en casi todo el mundo.

Políticamente, esto significará intensas tensiones internas. El final del siglo XXI se convertirá en un periodo en el que la tradición tratará de contener un levantamiento empujado por la medicina y la tecnología. Y como Estados Unidos será el origen de gran parte de la controvertida tecnología y su modelo de caos social interno será la norma, se convertirá en el enemigo de los tradicionalistas en todas partes. El resto del mundo lo juzgará peligroso, brutal y traidor, pero lo tratará con cautela, y lo envidiará. Será un momento de inestabilidad internacional, tensión regional y descontento interno.

Fuera de Estados Unidos, dos potencias pensarán en el espacio. Una será Polonia, que estará muy ocupada consolidando su imperio terrestre, y resentida aún por el trato recibido en el convenio de paz de la década de 2050. Pero se recuperará aún de la guerra, y estará rodeada de aliados estadunidenses. No estará lista para un desafío. El otro país que pensará en el espacio será México, que a fines del decenio de 2060 emergerá como una de las potencias económicas más importantes del mundo. México se verá como un rival de Estados Unidos y entrará a la escena continental y mundial, pero no habrá definido todavía una estrategia nacional coherente (y temerá llegar demasiado lejos en su desafío al poderío estadunidense).

También la economía de otras potencias emergentes empezará a prosperar conforme desciendan las presiones del aumento de la población. Brasil será una potencia emergente particularmente importante, una generación atrás de México en estabilidad demográfica pero con rápido avance en esa dirección. Este país considerará una alianza económica regional con Argentina, Chile y Uruguay, todos los cuales habrán hecho grandes progresos. Pensará en términos de una confederación pacífica, pero, como suele suceder, a su debido tiempo contemplará ideas más agresivas. Los brasileños tendrán sin duda un programa espacial en la década de 2060, aunque no completo ni vinculado con necesidades geopolíticas inmediatas.

Países como Israel, la India, Corea e Irán tendrán programas espaciales limitados, pero ninguno de ellos los recursos ni la motivación para intentar una presencia espacial sustancial, y mucho menos para tratar de impedir la hegemonía espacial estadunidense. En consecuencia, como ocurre al final de las guerras globales, Estados Unidos tendrá oportunidades muy amplias, y las aprovechará. Vivirá un momento dorado, que durará al menos hasta alrededor de 2070.

# 2080:
## ESTADOS UNIDOS, MÉXICO Y LA DISPUTA
### POR EL CENTRO GLOBAL

Desde las primeras páginas de este libro he dicho que América del Norte será el centro de gravedad del sistema internacional. Hasta ahora he igualado básicamente a América del Norte con Estados Unidos, por la sencilla razón de que el poderío estadunidense en América del Norte es tan aplastante que nadie está en posibilidad de desafiarlo. La gran guerra global del siglo XXI dejará en claro que durante mucho tiempo no emergerá una potencia eurasiática que desafíe a Estados Unidos. Además se probará, y modernizará, un principio geopolítico crucial: quien controle los océanos Atlántico y Pacífico controlará el comercio global, y quien controle el espacio controlará los océanos del mundo. Estados Unidos emergerá con el control indiscutible del espacio, y por tanto con el de los océanos del mundo.

La realidad, sin embargo, es más compleja que las apariencias. Estados Unidos tendrá una debilidad de fondo en la segunda mitad del siglo XXI, que no habrá confrontado en doscientos años. Su primer imperativo geopolítico —en el que los demás se apoyan— es dominar América del Norte. Desde su guerra con México, y el Tratado de Guadalupe Hidalgo que la concluyó en 1848, ha ejercido el control práctico del continente. Esto ha parecido simplemente un resultado que era de prever.

Para fines del siglo XXI, ya no será así. La cuestión del poder de México en comparación con el estadunidense surgirá de nuevo, en la forma más compleja y difícil que quepa imaginar. Doscientos años después de aquella guerra, México estará en condiciones de desafiar la integridad territorial de Estados Unidos, y todo el equilibrio de poder de América del Norte. Si esto parece descabellado, vuélvase a mi capítulo introductorio para reparar en que el mundo cambia en sólo veinte años, recordando que aquí hablamos de casi un siglo.

El desafío de México echará raíces en la crisis económica de la década de 2020, que se resolverá con las leyes migratorias por aprobarse a principios de la de 2030. Estas leyes alentarán activamente la inmigración a Estados Unidos para remediar la escasez de mano de obra. Habrá una afluencia enorme de inmigrantes de todos los países, lo que obviamente incluirá a México. Los demás grupos de inmigrantes se comportarán, en gran medida, como lo han hecho inmigrantes previos. Pero los mexicanos se comportarán de otra manera, por una razón que no tiene nada que ver con la cultura ni el carácter sino con la geografía. Y esto, asociado con la fuerza creciente de México como nación, cambiará el equilibrio de poder en América del Norte.

Históricamente, otros grupos de inmigrantes han tenido lo que podríamos llamar una distribución desigual en Estados Unidos. Han vivido en enclaves étnicos; y aunque quizá haya dominado esas zonas e influido en la política circundante, ningún grupo ha prevalecido en una región o estado desde fines del siglo XIX. Cuando la segunda generación llegaba a la vida adulta, se integraba culturalmente y se distribuía en el país en busca de oportunidades económicas. La vida del enclave étnico sencillamente no era tan atractiva como las oportunidades disponibles en la sociedad en su conjunto. En Estados Unidos, las poblaciones minoritarias nunca han sido una masa indigerible, con la honrosa excepción del grupo étnico que no arribó por voluntad propia (los afroestadunidenses) y de quienes ya estaban ahí cuando los europeos llegaron (los indios americanos). Todo los demás arribaron, se congregaron y se dispersaron, añadiendo nuevas capas culturales a la sociedad en general.

Ésta ha sido siempre la fuerza de Estados Unidos. En gran parte de Europa, por ejemplo, los musulmanes han conservado identidades religiosas y nacionales distintas a las de la población en general, y ésta les ha dado pocos estímulos para mezclarse. La fuerza de su cultura, por tanto, ha sido abrumadora. En Estados Unidos, los inmigrantes islámicos, al igual que otros grupos, se transformaron a lo largo de varias generaciones en una población que adquirió los principios estadunidenses básicos, al tiempo que conservaba su religiosidad casi como un vínculo cultural con el pasado. Esto ligó a los inmigrantes con Estados Unidos, y abrió al mismo tiempo un abismo entre la primera generación y las generaciones posteriores (así como entre la comunidad musulmana estadunidense y musulmanes de otras partes del mundo). Este camino ha sido muy común entre los inmigrantes en Estados Unidos.

Los inmigrantes de México se comportarán de otro modo desde la década de 2030. Se esparcirán por el país, como lo hicieron en el pasado, y muchos se incorporarán a la corriente social dominante. Pero a diferencia de otros grupos, los mexicanos no estarán separados de su patria por océanos y miles de kilómetros. Podrán cruzar la frontera e introducirse varios kilómetros en territorio estadunidense sin perder sus vínculos sociales y económicos con su patria. La proximidad de la patria crea una dinámica muy distinta. Más que una diáspora, al menos parte de la migración mexicana es simplemente un desplazamiento a la zona fronteriza entre ambas naciones, como la de Alsacia-Lorena entre Francia y Alemania, un lugar donde dos culturas se mezclan aun cuando la frontera sea estable.

Considérese el mapa de la página 284, extraído de datos censales estadunidenses, sobre la concentración de la población hispana en Estados Unidos en 2000.

En 2000, considerando a los residentes hispanos como porcentaje de los condados de Estados Unidos, ya puede verse esa concentración. A lo largo de la frontera, del Pacífico al golfo de México, hay una concentración obvia de personas de origen mexicano. Los condados van de una quinta parte a más de dos terceras partes de

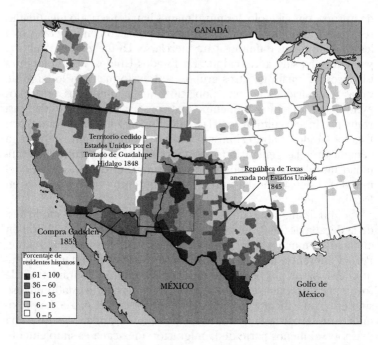

mexicanos (usaremos este término en referencia al origen étnico, no a la ciudadanía). En Texas, esta concentración llega muy hondo territorio adentro, lo mismo que en California. Sin embargo, los condados de la frontera tienden a ser los más densamente poblados por mexicanos, como cabría esperar.

He sobrepuesto en este mapa el contorno del territorio que formaba parte de México y que pasó a ser parte de Estados Unidos: Texas y la "cesión mexicana". Nótese cómo, en 2000, la comunidad mexicana se concentraba en esos territorios antes pertenecientes a su país. Hay zonas aisladas de mexicanos fuera de esa área, desde luego, pero son sólo eso, zonas aisladas, que se comportan como otros grupos étnicos. En la zona fronteriza, los mexicanos no están aislados de su patria. En muchos sentidos, representan una prologación de su patria en Estados Unidos, quien ocupó territorio mexicano en el siglo XIX, y la región mantuvo algunas características de territorio ocupado. Al cambiar la población, la frontera se percibe cada vez más como arbitraria o ilegítima, y ocurre migración del país pobre al rico, no al revés. La frontera cultural de México se desplaza al norte, aunque la frontera política permanezca estática.

Ése era el panorama en 2000. Para 2060, luego de treinta años de medidas promotoras de la inmigración, el mapa de 2000 habrá evolucionado de tal forma que las áreas que tenían 50% de mexicanos serán casi completamente mexicanas, y las que tenían 25% tendrán más de la mitad. Todo el mapa se habrá vuelto uno a dos tonos más oscuro. La zona fronteriza, que abarcará un área más profunda de Estados Unidos, será predominantemente mexicana. México habrá resuelto su última fase de crecimiento demográfico extendiendo sus fronteras no políticas a la cesión mexicana, con el aliento de Estados Unidos.

## Población, tecnología y la crisis de 2080

El aumento repentino de la inmigración a Estados Unidos y las repercusiones de la guerra darán inicio a un auge económico que durará de 2040 a 2060. La disponibilidad de tierra y capital en Estados Unidos, asociada con una de las reservas de mano de obra más dinámicas del mundo industrial avanzado, avivará la hoguera económica. La relativa facilidad con que Estados Unidos absorbe inmigrantes le dará una enorme ventaja sobre otros países industrializados. Pero este auge tendrá también otra dimensión, que debemos reconocer: la tecnología. Consideremos este asunto antes de volver a nuestro análisis sobre México.

Durante la crisis de 2030, Estados Unidos buscará maneras de compensar la escasez de mano de obra, desarrollando en particular tecnologías que puedan ocupar el lugar de los seres humanos.

Uno de los patrones dominantes en el desarrollo de tecnología en Estados Unidos ha sido éste:

1. Ciencia o diseños básicos son desarrollados en universidades o por inventores, lo que suele resultar en adelantos conceptuales, implementaciones modestas y cierta explotación comercial.
2. En el contexto de una necesidad militar, Estados Unidos vierte grandes cantidades de dinero en un proyecto para acelerar el desarrollo hacia propósitos militares específicos.
3. El sector privado aprovecha las aplicaciones comerciales de esa tecnología para erigir industrias enteras.

Lo mismo ocurre con la robótica. A fines del siglo XX se había emprendido ya el desarrollo básico en robótica. Se habían conseguido avances teóricos medulares y ya existían algunas aplicaciones comerciales, pero los robots no se habían convertido aún en ingredientes esenciales de la economía estadunidense.

El ejército, sin embargo, ha invertido dinero durante años tanto en teoría robótica básica como en sus aplicaciones. A través de la DARPA y otras fuentes, ha financiado activamente el desarrollo de la robótica. Fabricar una mula robótica para cargar equipo de infantería y producir un avión robótico que no necesite piloto son sólo dos ejemplos del trabajo en robótica. El despliegue en el espacio de sistemas robóticos inteligentes que no tienen que ser controlados desde tierra es otra meta. En última instancia, todo es cuestión de demografía. Menos jóvenes significan menos soldados. No obstante, los compromisos estratégicos de Estados Unidos aumentarán, no decrecerán. Más que cualquier otra nación, necesitará apoyo robótico para sus soldados como un asunto de interés nacional.

Para cuando la crisis social y política de 2030 ocurra, aplicaciones de la robótica ya habrán sido probadas sobre el terreno y aprobadas por el ejército, de modo que estarán listas para su aplicación comercial. Obviamente, los robots no estarán listos para su despliegue masivo en 2030. Y de ninguna manera eliminarán la necesidad de la inmigración. Esta situación parecerá familiar a muchos de nosotros, que ya la hemos vivido. La computación se hallaba en esta etapa en 1975; el ejército estadunidense había pagado el desarrollo del microchip de silicio, y ya podían encontrarse muchas aplicaciones militares. Los procesos de comercialización se iniciaban apenas, y tardarían varias décadas en transformar la economía civil. Así, el despliegue masivo de tecnologías robóticas no tendrá lugar hasta la década de 2040, y el pleno poder transformador de la robótica no se dejará sentir hasta alrededor de 2060.

Irónicamente, los tecnólogos inmigrantes serán decisivos en el desarrollo de tecnología robótica, que reducirá la necesidad de inmigración masiva. De hecho, conforme la robótica se incorpore a la corriente dominante de la sociedad, debilitará la posición económica de los inmigrantes enrolados en la mano de obra no calificada, en la base de la pirámide económica.

Una vez más, la solución de un problema catalizará el siguiente. Esta situación sentará las bases de la crisis de 2080. El sistema de aliento a la inmigración habrá arraigado en la cultura y política estadunidense. Los reclutadores seguirán ofreciendo a los inmigrantes incentivos para dirigirse a Estados Unidos. Una medida de emergencia se habrá convertido en parte rutinaria del gobierno. El problema es que, para 2060, la crisis habrá pasado, a causa de la inmigración y de nuevas tecnologías como la robótica. Los últimos *baby boomers* habrán pasado a mejor vida, y la estructura demográfica estadunidense se asemejará más a una pirámide, como debe ser. Los progresos en la robótica eliminarán la necesidad de todo un segmento de inmigrantes.

La tecnología ha prometido, a menudo, eliminar empleos. Pero ha ocurrido exactamente lo contrario. Se han creado más empleos para mantenerla. Lo que ha sucedido es un cambio de mano de obra no calificada a calificada. Éste será sin duda uno de los resultados de la robótica. Alguien tendrá que diseñar y mantener los sistemas. Pero la robótica difiere de todas las tecnologías previas en algo fundamental. Las tecnologías anteriores causaron desplazamiento de mano de obra como subproducto. La robótica está diseñada explícitamente *para* desplazar mano de obra. Todo el asunto de esta clase de tecnología se reduce a remplazar a trabajadores humanos escasos por tecnología más barata. La primera meta será remplazar a trabajadores ya no disponibles. La segunda, destinar a los trabajadores disponibles a apoyar la robótica. La tercera —y es aquí donde empieza el problema—, desplazar trabajadores en forma directa. En otras palabras, aunque la robótica será ideada para remplazar a trabajadores en proceso de desaparición, generará desempleo entre trabajadores desplazados sin habilidades para incorporarse a esta área.

En consecuencia, el desempleo empezará a aumentar desde alrededor de 2060, tendencia que se acelerará en las dos décadas siguientes. Habrá un excedente temporal pero importuno de población. Mientras que el problema en 2030 será hacer frente a la escasez de población, el de la décadas de 2060 a 2080 será hacer frente a un exceso de población causado por la inmigración desmedida y el desempleo estructural. Esto se complicará por los adelantos de la genética. La vida humana ya no puede prolongarse demasiado, pero los estadunidenses seguirán siendo productivos más tiempo. Así, tampoco debe descontarse como imponderable la posibilidad de grandes incrementos de la longevidad.

En asociación con la genética y tecnologías concomitantes, la robótica remplazará a trabajadores y aumentará, al mismo tiempo, la reserva de mano de obra, volviendo más eficientes a los seres humanos. Ése será un periodo de confusión creciente. Y también de confusión en términos del uso de energía. Los robots, que se moverán y simultáneamente procesarán información, serán devoradores de energía aún más ubicuos que los automóviles. Esto pondrá en movimiento la crisis energética analizada en capítulos anteriores, así como el fin de la tecnología de los hidrocarburos, la cual echa raíces en la era europea. Estados Unidos se verá obligado a buscar energía en el espacio.

Evoluciones en los sistemas de energía de fuente espacial habrán estado en marcha mucho antes de 2080. De hecho, el Departamento de Defensa de Estados Unidos ya piensa en un sistema así. La National Security Space Office dio a conocer en octubre de 2007 el estudio titulado "Space-Based Solar Power as an Opportunity for Strategic Security". Dice así:

> La magnitud de la energía y de los problemas ambientales que se avecinan es suficientemente importante para justificar la consideración de todas las opciones, y para retomar un concepto llamado Space Based Solar Power (SBSP), inventado en Estados Unidos hace casi cuarenta años. La idea básica es muy simple: colocar enormes arreglos solares en una órbita terrestre continua e intensamente soleada, acumular gigavatios de energía eléctrica, transmitirla por medios electromagnéticos a la Tierra y recibirla en la superficie ya sea para su uso como potencia base vía la conexión directa a la red eléctrica existente, su conversión en combustibles de hidrocarburos sintéticos manufacturados o su uso como potencia de retransmisión de baja intensidad conducida directamente a los consumidores. Una banda de un kilómetro de ancho de órbita terrestre geosíncrona experimenta en un año un flujo solar suficiente para igualar casi el monto de energía contenida en todos los recursos petroleros convencionales renovables hoy conocidos sobre la Tierra.

Para 2050, las primeras instalaciones de esta nueva tecnología solar ya deberán estar en operación, y la crisis de 2080 impulsará su desarrollo. Una disminución importante de los costos de la energía será esencial para implementar la estrategia robótica, lo que a su vez es esencial para mantener la productividad económica en un periodo de restricciones demográficas de largo plazo. Cuando la población no aumenta, la tecnología debe compensarlo; y para que esa tecnología funcione, los costos de la energía deben bajar.

Así, luego de 2080 Estados Unidos atestiguará un gran esfuerzo por extraer energía de sistemas espaciales. Obviamente, esto se habrá iniciado décadas antes, pero no con la intensidad requerida para convertirlo en la principal fuente de energía. La crisis ascendente de 2070 hará avanzar drásticamente ese proyecto. Al igual que todo esfuerzo gubernamental, el costo será alto, pero para fines del siglo XXI, cuando la industria privada comience a aprovechar la inmensa inversión pública en el espacio, el costo de la energía bajará en forma sustancial. La robótica evolucionará rápida y espectacularmente. Piénsese en la evolución de las computadoras domésticas entre 1990, cuando la mayoría de las casas y oficinas ni siquiera tenían aún correo electrónico, y 2005, cuando literalmente miles de millones de mensajes de correo electrónico se enviaban a diario en todo el planeta.

Estados Unidos será uno de los pocos países industriales avanzados en experimentar un excedente temporal de población. El imperativo económico de los cincuenta años previos —que alentará la inmigración por todos los medios posibles— habrá seguido su curso, y se habrá convertido en un problema, ya no en una solución. Así, el primer paso para resolver la crisis será limitar la inmigración, enorme y traumático retroceso que dará origen a una crisis, como cincuenta años atrás lo hizo el cambio a la atracción y aumento de la inmigración.

Una vez detenida la inmigración, Estados Unidos tendrá que resolver el desequilibrio económico causado por su población excedente. Despidos y desempleo afectarán de modo desproporcionado a los trabajadores pobres, y en particular a la población mexicana de la zona fronteriza. Surgirán entonces graves problemas en la política exterior. Añádase a este panorama el alza en los precios de la energía, y estarán presentes todos los catalizadores de la crisis del decenio de 2080.

## Desarrollo económico de México

La economía de México ocupa en la actualidad el decimoquinto lugar en el mundo. Desde la debacle de 1994, se ha recuperado considerablemente. El producto interno bruto (PIB) per cápita de México, medido en términos del poder adquisitivo, es de poco más de doce mil dólares al año, lo que convierte a ese país en el más rico de América Latina y lo coloca en las filas de las economías desarrolladas, si no es que de las avanzadas. Hay que recordar, además, que México no es un país pequeño. Tiene una población de 110 millones de habitantes, lo que lo vuelve más grande que la mayoría de las naciones europeas.

¿La fuerza económica de México aumentará sustancialmente en los próximos sesenta o setenta años? Si lo hace, y considerando su punto de partida, se convertiría en una de las economías más importantes del mundo. Dada su inestabilidad política interna, sus derramas de población y su historia de problemas económicos, es difícil imaginarlo en el nivel superior de las naciones. Pero para la mayoría es igualmente difícil entender cómo ha llegado tan alto.

Varias cosas operan económicamente a favor de México. La primera es el petróleo. Este país ha sido un importante productor y exportador de petróleo en el último siglo. Para muchos, éste es un argumento en contra para que se convierta en una gran potencia. Las exportaciones de petróleo suelen debilitar la capacidad —o el apetito— de una nación para desarrollar otras industrias. Por tanto, resulta pertinente conocer otro dato acerca de México: pese al aumento de los precios globales del petróleo desde 2003, el sector energético de esa nación representa hoy una porción decreciente de su economía total. El petróleo constituyó alrededor de 60% de sus exportaciones en 1980, pero en 2000 fue de sólo 7%. México tiene reservas petroleras, pero no depende de su exportación para crecer.

El segundo factor en el crecimiento económico de México tiene que ver con su proximidad con Estados Unidos, misma que más tarde representará un desafío geopolítico. Con o sin el Tratado de Libre Comercio de América del Norte (TLCAN), México será capaz de exportar de modo eficiente al mercado más grande y dinámico del mundo. Aunque el TLCAN redujo el costo de las exportaciones y aumentó la eficiencia institucional de la relación entre los dos países, la realidad fundamental es que la proximidad de México con Estados Unidos le ha dado siempre una ventaja económica, pese a la desventaja geopolítica que eso conlleva.

Tercero, grandes sumas de efectivo fluyen a México desde Estados Unidos en forma de remesas de inmigrantes legales e ilegales. Esas remesas han aumentado, y son ahora la segunda fuente de ingresos de aquella nación procedentes del exterior. En la mayoría de los países, la inversión extranjera es el principal medio para el desarrollo de la economía. En México, tal inversión es igualada ya por las remesas del exterior. Este sistema de remesas tene dos efectos. Refuerza otras fuentes de inversión cuando las remesas se depositan en los bancos. Y sirve como red de seguridad social para las clases bajas, hacia las que fluye la mayoría de las remesas.

La afluencia de dinero a México ha significado un aumento en industrias y servicios de base tecnológica. Hoy los servicios representan 70% del PIB de ese país, y la agricultura sólo 4%. El resto se compone de industria, petróleo y minería. La proporción de los servicios centrados en el turismo es relativamente alta, aunque la mezcla en su conjunto no es típica de un país en desarrollo.

Hay una medida interesante, creada por la Organización de las Naciones Unidas, que se llama Índice de Desarrollo Humano (IDH), el cual describe el nivel global de vida e incluye factores como esperanza de vida e índice de alfabetización. El IDH divide al mundo en tres clases. En el mapa siguiente, el color negro representa al mundo industrial avanzado, el gris oscuro indica los países intermedios y desarrollados y el gris claro muestra al mundo en desarrollo. Como puede verse, México se sitúa ya junto a Europa y Estados Unidos en la escala de desarrollo humano. Esto no quiere decir que sea igual que Estados Unidos, sino sencillamente que ya no puede vérsele como un país en desarrollo.

Cuando se profundiza en el IDH, se encuentra otro dato de interés sobre México. El índice general de esta nación es de 0.70, lo que la ubica en la misma clase que Estados Unidos y Europa. Pero dentro de ella existen enormes desigualdades regionales. Las áreas oscuras en el mapa de la página siguiente tienen igual clasificación que algunos países europeos, mientras que las claras equivalen a las de los países más pobres del norte de África.

Esta inmensa desigualdad es justo lo que se esperaría hallar en un país en rápido proceso de desarrollo. Considérense las descripciones de Europa hechas por Charles Dickens y Víctor Hugo. Estos autores recogieron la esencia de la Europa del siglo XIX: enorme crecimiento en medio de una desigualdad ascendente. En México, ese contraste puede comprobarse en la capital o en Guadalajara. Pero también se le ve regionalmente, al contrastar la relativa riqueza del norte con la pobreza del sur. Desigualdad no significa falta de desarrollo. Es el subproducto inevitable del desarrollo.

Cabe destacar en este mapa que, por supuesto, las áreas colindantes con Estados Unidos y las regiones turísticas del sur —así como

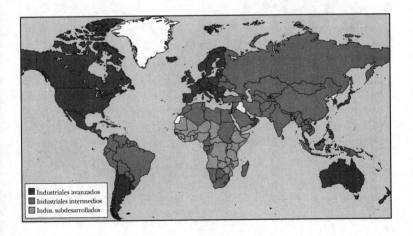

Industriales avanzados
Industriales intermedios
Indus. subdesarrollados

el Distrito Federal— se ubican en los más altos niveles de desarrollo. Conforme nos alejamos de la frontera con Estados Unidos, el IDH disminuye. Esto indica la importancia de ese país para el desarrollo de México. Y revela, asimismo, el verdadero peligro que esta nación enfrenta: una insurgencia en el sur motivada por esa desigualdad. Esta disparidad se intensificará a medida que el país siga desarrollándose.

Otro factor importante impulsa el crecimiento de México: el crimen organizado y el narcotráfico. En general, hay dos tipos de crímenes a este respecto. Uno es simplemente la distribución y consumo: alguien roba una televisión y la vende. El otro produce grandes reservas de capital. La mafia estadunidense que dominaba el contrabando usaba ese dinero para entrar en negocios lícitos, hasta

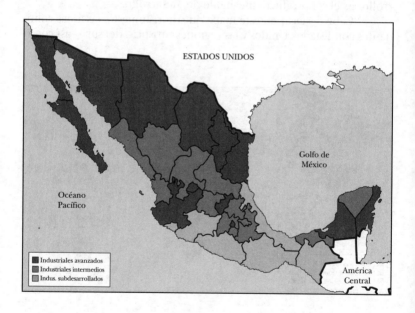

que, en determinado momento, el dinero original se fusionaba con el flujo general del capital para que su origen en la criminalidad dejara de ser relevante. Cuando esto sucede dentro de un país, estimula el crecimiento. Cuando la transferencia ocurre entre dos países, realmente estimula el crecimiento. La clave es que el costo del producto es inflado artificialmente por su ilegalidad. Esto alienta la aparición de cárteles que suprimen la competencia, mantienen altos precios y facilitan la transferencia de fondos.

En el caso del narcotráfico contemporáneo, la venta de drogas a precios artificialmente elevados a consumidores estadunidenses genera grandes reservas de dinero disponibles para su inversión en México. La cantidad es tan grande que debe invertirse. Complejas operaciones de lavado de dinero persiguen la asignación legal de los fondos. La nueva generación hereda una reserva de dinero completamente legítima. La tercera generación se vuelve aristócrata.

Ésta es obviamente una simplificación extrema de la situación. También descuida el hecho de que, en muchos casos, traficantes ubicados en México no repatrian el dinero a este país, sino que lo invierten en Estados Unidos u otra parte. Pero si México es cada vez más productivo y puede corromperse al gobierno para que ofrezca cierto grado de protección mientras se lava el dinero, entonces reinvertir en México dinero del narcotráfico tiene mucho sentido. Atención: la gran succión que se deja oír es inversión de capital salido de Estados Unidos y que llega a México vía los cárteles de la droga.

El problema de este proceso es que resulta políticamente desestabilizador. Como las autoridades son cómplices de él y los tribunales y la policía son ineficaces, la situación produce inestabilidad, de la calle a los más altos niveles del gobierno. Una sociedad puede desgarrarse cuando está implicado tanto dinero. Pero las sociedades lo bastante grandes y complejas y en las que ese monto representa una fracción relativamente reducida del capital disponible, pueden estabilizarse a la larga. Estados Unidos, donde el crimen organizado despempeñó un papel crucial desde los años veinte y desestabilizó regiones enteras, recanalizó finalmente el dinero criminal a actividades legales. Es mi opinión que ése es el camino más probable para México, y que esta actividad contribuirá, en última instancia, a su crecimiento económico.

Esto no quiere decir que no vaya a haber un terrible periodo de inestabilidad en ese país. En los años por venir se desafiará la capacidad del Estado para controlar a los cárteles, y México enfrentará graves crisis internas. Pero a largo plazo, visto en términos del siglo, esta nación sorteará sus crisis y se beneficiará de la gran afluencia de dinero procedente de Estados Unidos.

Por último, cuando se examina la población de México, se advierte no sólo crecimiento continuo durante una etapa en que se necesitará mano de obra para nutrirlo, sino también un ligero descenso en el aumento de la población para mediados de siglo, lo que indica estabilización social y relajamiento de las presiones demográficas sobre la sociedad. Este patrón demográfico también toma en cuenta el incremento de la migración a Estados Unidos en la década de 2030, lo que resultará en más remesas y por tanto en más formación de capital sin la carga de la sobrepoblación fronteras adentro. Aunque esta migración no será crucial para el desarrollo de México, es un hecho que lo apoyará.

Puede verse entonces que México, a la altura de Europa en ciertas medidas de su nivel de vida, pasará por un periodo de turbulencia y crecimiento en su camino al orden y la estabilidad. Luego, alrededor de mediados del siglo XXI, mientras el mundo esté en guerra, emergerá como una economía madura y balanceada con una población estable, y se colocará entre las seis o siete mayores potencias económicas del mundo, con un creciente poder militar por ejercer. Será la potencia económica más importante de América Latina y, quizá aliada laxamente con Brasil, y eso representará un desafío para Estados Unidos para continuar con el dominio de América del Norte.

## Geopolítica de México

En las décadas de 1830 y 1840 México perdió sus regiones del norte a manos de Estados Unidos, luego de la rebelión de Texas y la guerra con ese país. En esencia, todos los territorios al norte del río Bravo y el desierto de Sonora fueron tomados por Estados Unidos, Pero no aplicó una limpieza étnica: la población existente permaneció en su sitio, gradualmente sofocada por el arribo de colonos estadunidenses no hispanos. Esta frontera ha sido porosa a lo largo de la historia, y ciudadanos tanto estadunidenses como mexicanos podían cruzarla fácilmente. Como ya dije, se creó una zona fronteriza clásica, con límites políticos claros pero límites culturales difusos y complejos.

México nunca ha estado en posibilidad de revertir las conquistas estadunidenses. Adoptó el parecer de que no tenía otra opción que aceptar la pérdida de su territorio norte. Aun durante la guerra civil, cuando el suroeste estadunidense quedó relativamente desprotegido, los mexicanos no hicieron nada. Bajo el emperador Maximiliano, México seguía débil y dividido. No podía generar voluntad o poder para actuar. Cuando los alemanes lo buscaron en la primera guerra mundial para ofrecerle una alianza contra Estados Unidos y la devolución de su territorio norte, rechazó el ofrecimiento. Cuando soviéticos y cubanos intentaron generar un movimiento procomunista en México, para amenazar la frontera sur de Estados Unidos, fracasaron por completo. México no podía actuar contra Estados Unidos, ni podía ser manipulado por potencias extranjeras para hacerlo, porque no podía movilizarse.

Y no porque el sentimiento antiestadunidense no estuviera presente en México. De hecho, está muy arraigado, como cabría esperar dada la historia de las relaciones entre los dos países. Pero, como ya vimos, el sentimiento tiene poco que ver con el poder. Los mexicanos estaban absortos en su quisquilloso regionalismo y compleja política. También comprendieron que era inútil desafiar a Estados Unidos.

La gran estrategia de México fue simple desde 1848. Primero, debía mantener su cohesión interna contra el regionalismo y la insurrección. Segundo, tenía que protegerse contra toda intervención extranjera, en particular la de Estados Unidos. Tercero, tenía que reclamar los territorios perdidos durante el decenio de 1840. Por último, debía suplantar a Estados Unidos como potencia dominante en América del Norte.

México nunca pasó en realidad del primer escalón de sus metas geopolíticas. Desde su guerra con Estados Unidos, se ha limitado a tratar de mantener su cohesión interna. Perdió su equilibrio tras su derrota con Estados Unidos, y jamás lo recuperó. Esto se debió, en parte, a las medidas estadunidenses que han contribuido a desestabilizarlo, pero México se debilitó sobre todo por vivir junto a un gigante sumamente dinámico. El campo de fuerzas creado por Estados Unidos determinó siempre las realidades de México, en mayor medida que la ciudad de México.

En el siglo XXI, la proximidad desestabilizadora de Estados Unidos se convertirá en una fuerza estabilizadora. México aún se verá afectado por ese país, pero la relación se manejará para acrecentar su poder. A mediados del siglo XXI, al aumentar el poderío económico de México, se intensificará inevitablemente el nacionalismo mexicano, el que, dada la realidad geopolítica, se manifestará no sólo en orgullo, sino también en antiamericanismo. En vista de los programas estadunidenses para incitar a los mexicanos a emigrar en un periodo de reducción de la tasa de natalidad de México, se culpará a Estados Unidos de aplicar medidas ideadas para dañar los intereses económicos de su vecino.

Las tensiones entre Estados Unidos y México son permanentes. La diferencia en la década de 2040 será un aumento en el poderío de México, y por tanto mayor confianza y firmeza de su parte. El poder relativo de ambos países, sin embargo, seguirá favoreciendo especialmente a Estados Unidos, aunque no tanto como cincuenta años atrás. Pero aun esto cambiará entre 2040 y 2070. México dejará de ser un caso perdido y se transformará en una gran potencia regional. Por su parte, Estados Unidos no se dará cuenta de eso. Durante la guerra de mediados de siglo, Washington pensará en México sólo como posible aliado de la Coalición. Luego de librarlo trabajosamente de tales consideraciones, perderá interés. En la euforia y expansión económica tras la guerra, Estados Unidos mantendrá su tradicional indiferencia a los asuntos mexicanos.

Pero una vez que repare en que México se ha convertido en una amenaza para él, se alarmará mucho de lo que sucede en ese país y entre los mexicanos, aunque estará serenamente cierto de que puede imponer la solución que desee. Las tensiones entre ambos países, siempre presentes bajo la superficie, aumentarán a medida que México se fortalezca. Estados Unidos verá ese fortalecimiento económico como un factor estabilizador benigno para Mexico y su relación mutua, así que apoyará más todavía ese rápido desarrollo económico. La opinión estadunidense sobre México como un Estado cliente se mantendrá sin cambios.

Para 2080, Estados Unidos seguirá siendo, con mucho, la nación-Estado más poderosa de América del Norte. Pero, como aprenderán repetidamente los estadunidenses, "muy poderosa" no significa "omnipotente", y actuar como si así fuera puede minar rápidamente el poder de una nación. Para 2080, los estadunidenses volverán a enfrentar un desafío, aunque mucho más complejo y sutil que el que encararon en la guerra de 2050.

Esta confrontación no se habrá planeado, ya que Estados Unidos no tendrá ambiciones en México y los mexicanos no se harán ilusiones sobre su poder en comparación con el estadunidense. Será una confrontación que se desprenderá orgánicamente de la realidad geopolítica de ambos países. Pero a diferencia de la mayoría de los conflictos regionales de ese tipo, éste implicará un enfrentamiento entre el país hegemónico del mundo y un vecino advenedizo, y el precio será el centro de gravedad del sistema internacional, América del Norte. Tres factores motivarán esta confrontación:

1. México emergerá como gran potencia económica global. Clasificada en decimocuarto o decimoquinto sitio a principios de siglo, en 2080 se contará firmemente entre las diez primeras. Con una población de más de 100 millones de habitantes, será una potencia respetable en todas partes, menos en la frontera sur estadunidense.

2. Estados Unidos hará frente a una crisis cíclica en el decenio de 2070, que culminará en las elecciones de 2080. En asociación con la racionalización de la curva demográfica, la nueva tecnología reducirá la necesidad de nuevos inmigrantes. Así, aumentará la presión de devolver a México a los inmigrantes temporales, aun si vivieron cincuenta años en Estados Unidos y sus hijos y nietos nacieron ahí. Muchos de ellos aún serán trabajadores de limpieza. Ese país empezará a forzar a residentes de mucho tiempo a cruzar la frontera, agobiando a la economía mexicana con los trabajadores menos deseables, que vivieron allá durante décadas.

3. Pese a ello, el enorme cambio demográfico en la zona fronteriza será imposible de revertir. El predominio básico de los mexicanos —ciudadanos estadunidenses o no— será permanente. Las partes de México ocupadas por Estados Unidos en la década de 1840 volverán a ser mexicanas cultural, social y, en muchos sentidos, políticamente. La disposición de repatriar a trabajadores eventuales semejará un proceso legal desde el punto de vista estadunidense, pero a los mexicanos les parecerá limpieza étnica.

En el pasado, México se habría mostrado muy pasivo ante esos cambios en la política estadunidense. Pero dado que la inmigración será el tema dominante en Estados Unidos durante la década de 2070 y el eje de las elecciones de 2080, México dará en comportarse en formas inusuales. La crisis en el país vecino y la maduración de la economía y la sociedad mexicanas coincidirán, creando tensiones excepcionales. Un gran cambio social y económico en Estados Unidos (que perjudicará desproporcionadamente a los mexicanos que vivan ahí) y una redefinición drástica de la población del suroeste de ese país se combinarán para producir una crisis que no será fácil de resolver para la tecnología y el poder estadunidenses.

La crisis empezará como un asunto interno de Estados Unidos. La sociedad estadunidense es democrática, y en grandes regiones del territorio habrá dejado de predominar la cultura de los anglohablantes. Esa nación se habrá convertido en un país bicultural, como Canadá o Bélgica. La segunda cultura no será formalmente reconocida, pero será genuina y no un mero fenómeno cultural, sino una realidad geográfica claramente definida.

El biculturalismo tiende a ser un problema cuando se le ignora: cuando la cultura dominante rechaza la idea de formalizarlo e intenta mantener el orden imperante. Es un problema particular cuando la cultura dominante da pasos que parecen destinados a destruir a la minoritaria. Y si esta cultura minoritaria es, en esencia, una prolongación de un país vecino que ve a sus ciudadanos como habitantes de un territorio que se le robó, la situación puede volverse explosiva.

Para la década de 2070, los mexicanos de nacimiento u origen serán la población dominante en la línea que corre al menos trescientos kilómetros desde la frontera hacia California, Arizona, Nuevo México y Texas, y hacia vastas áreas de la cesión mexicana. Esta región no se comportará como otras con abundancia de inmigrantes. Como ocurre en las zonas fronterizas, será culturalmente —y, en muchos aspectos, también económicamente— una prolongación de México al norte. En todos los sentidos menos el legal, la frontera se habrá desplazado al norte.

Estos inmigrantes no serán peones privados de sus derechos. La expansión económica de México, asociada con la boyante economía estadunidense en las décadas de 2050 y 2060, habrá vuelto a esos pobladores relativamente adinerados. De hecho, ellos serán los facilitadores del comercio entre Estados Unidos y México, una de las actividades más lucrativas del mundo a fines del siglo XXI. Este grupo predominará no sólo en la política local, sino también en la de dos estados enteros —Arizona y Nuevo México— y en gran parte de la de California y Texas. Únicamente el gran tamaño de estos dos últimos estados impedirá a los inmigrantes controlarlos por completo. Un bloque subnacional, del orden de Quebec en Canadá, habrá surgido en Estados Unidos.

En cierta masa crítica, un grupo geográficamente contiguo toma conciencia de sí mismo como entidad distinta en un país. Más exactamente, empieza a ver como distinta la región que domina, y a exigir concesiones especiales con base en su condición. Cuando tiene una afinidad natural con un país vecino, una porción de ese grupo se considerará nativa de ese país, pero viviendo bajo la dominación extranjera. Y al otro lado de la línea, en el país vecino, podría aparecer un movimiento anexionista.

Este asunto dividirá al bloque mexico-estadunidense. Algunos habitantes se verán principalmente como estadunidenses. Otros aceptarán ese carácter, pero creerán tener una relación singular con Estados Unidos y exigirán el reconocimiento legal de esa condición. Un tercer grupo, el menor, será separatista. En México habrá una división igual. Hay que recordar que la inmigración ilegal habrá desaparecido en general luego de 2030, cuando la migracion a Estados Unidos será alentada por la política nacional estadunidense. Algunos individuos a cada lado de la frontera verán el problema como exclusivo de Estados Unidos, y no querrán tener nada que ver con él para no interferir en las pacíficas relaciones económicas con México. Pero otros verán los problemas demográficos estadunidenses como medio para redefinir las relaciones entre ambos países. A cambio de una política de no intervención en la migración, algunos querrán que Estados Unidos haga concesiones a México en otros asuntos. Y una minoria abogará por la anexión. Una compleja batalla política se desarrollará entre Washington y la ciudad de México, y cada cual manipulará la situación al otro lado de la frontera.

Gran número de senadores y representantes de origen mexicano serán elegidos para desempeñarse en Washington. Muchos de ellos no se considerarán legisladores de origen mexicano casual y representantes de sus estados. Se verán más bien como representantes de la comunidad mexicana residente en Estados Unidos. Al igual que en el caso del Parti Québécois en Canadá, su representación regional se considerará, asimismo, como la de una nación distinta residente en Estados Unidos. El proceso político regional empezará a reflejar esta nueva realidad. Surgirá un Partido Mexicano, el cual enviará representantes a Washington como bloque separado.

Este estado de cosas contribuirá al retroceso de la política migratoria por definirse en el decenio de 2070 y la elección de 2080. Más allá de la necesidad demográfica de redefinir la política migratoria de la década de 2030, el proceso mismo de su redefinición radicalizará al suroeste. Esta radicalización asustará al resto de la población estadunidense. El sentimiento antimexicano se agudizará. Un temor primario a que pueda revertirse el resultado de la revolución de Texas y de la guerra con México, en vigor durante más de dos siglos, provocará hostilidad contra mexico-estadunidenses y contra México en Estados Unidos.

Ese temor no será irracional. El suroeste de Estados Unidos es territorio ocupado que pobladores estadunidenses inundaron desde mediados de la década de 1800 hasta principios del siglo XXI. A partir de esta última fecha, el número de pobladores mexicanos aumentará en extremo, y se sumará al de quienes siempre permanecieron ahí. Así, este desplazamiento de población invertirá la realidad social militarmente impuesta en el siglo XIX. Los estadunidenses impusieron entonces una realidad político-militar, y crearon después una realidad demográfica que la igualara. Los mexicanos, gracias a la política estadunidense más que a otra cosa, crearán una nueva realidad demográfica, y discutirán varias opciones: tratar de revertir la realidad político-militar creada por los estadunidenses; crear una nueva realidad excepcional, o aceptar las realidades existentes. Los estadunidenses discutirán por su parte si revertir el cambio demográfico y realinear la población con las fronteras.

No obstante, toda discusión tendrá lugar en un contexto de inmovilidad de la frontera. Ésta no cambiará simplemente porque lo digan mexicanos a ambos lados de ella, ni la realidad demográfica cambiará porque los estadunidenses lo quieran. La frontera tendrá una arrolladora fuerza política y militar para hacerla cumplir: el ejército estadunidense. La población mexicana en la *cesión* mexicana estará profundamente inserta en la vida económica de Estados Unidos. Retirar a los mexicanos ocasionaría una inestabilidad enorme. Habrá fuerzas poderosas que mantengan el orden imperante, y fuerzas poderosas que se opongan.

Una reacción intensa en el resto de Estados Unidos inmovilizará la frontera y exacerbará las tensiones. Al enardecerse la retórica mexicana, lo mismo ocurrirá con la estadunidense. Las divisiones de la comunidad mexico-estadunidense serán cada vez menos visibles en el resto del país, y las figuras más radicales dominarán la percepción estadunidense sobre esa comunidad y sobre México. Las figuras más radicales en Washington dominarán a su vez la percepción mexicana sobre Estados Unidos. Se harán intentos de un arreglo moderado, muchos de ellos sumamente razonables y bienintencionados, pero se les verá como traición a los intereses fundamentales de una u otra parte, y a veces de ambas. Es raro que disputas geopolíticas fundamentales se avengan a arreglos razonables; considérese simplemente el conflicto árabe-israelí.

Mientras todo esto ocurre, ciudadanos mexicanos residentes en Estados Unidos con visas temporales otorgadas décadas antes serán obligados a volver a México, sin importar el tiempo que hayan permanecido en ese país. Éste habrá puesto mayores controles en la frontera con México, no para impedir el paso de inmigrantes —nadie clamará en ese momento por entrar—, sino para introducir una brecha entre México y las personas de origen mexicano en Estados Unidos. Se dirá que ésta es una medida de seguridad, pero en realidad será un intento por reforzar la realidad creada en 1848. Estas y similares acciones no pasarán de irritar a la mayoría de los mexicanos a ambos lados de la frontera, pero servirán de acicate a los radicales y representarán una amenaza para el vital comercio entre ambos países.

En México crecerá la presión política para que el gobierno haga valer sus derechos. Emergerá una facción que querrá anexar la región ocupada, para revertir la conquista estadunidense de 1848. Este grupo no será una facción marginal, sino sustancial, si no es que dominante. Otros demandarán que Estados Unidos conserve el control de las regiones de la *cesión* mexicana y proteja los derechos de sus residentes, deteniendo en especial la expulsión de mexicanos sin importar el estado de su visa. El grupo simplemente a favor del orden imperante, promovido por empresas deseosas de estabilidad, no de conflicto, se debilitará cada vez más. Llamados a la anexión competirán con demandas de autonomía regional.

Los elementos antimexicanos en Estados Unidos usarán la radicalización de la política de México para argumentar que ese país pretende interferir en asuntos internos estadunidenses, e incluso invadir el suroeste, algo a lo que, en efecto, llamará la mayoría de los mexicanos radicales. Esto justificará, por su parte, la demanda por los extremistas estadunidenses de medidas más draconianas aún, como la deportación de todas las personas de origen mexicano, independientemente de su ciudadanía, y la invasión de México si su gobierno se resiste. La retórica de los extremos se alimentará a sí misma, dando impulso al proceso.

Pero vayamos más lejos todavía y veamos cómo podría desarrollarse este conflicto, teniendo en mente que no podemos hacer más que imaginar los detalles.

En la década de 2080 empezarán a tener lugar manifestaciones antiestadunidenses en la ciudad de México, así como en Los Ángeles, San Diego, Houston, San Antonio, Phoenix y otras ciudades de la zona fronteriza, las cuales se habrán vuelto predominantemente mexicanas. El tema reinante serán los derechos de las personas de origen mexicano como ciudadanos estadunidenses. Pero algunos se manifestarán a favor de la anexión por parte de México. Una pequeña fracción radical de mexicanos en Estados Unidos comenzará a realizar actos de sabotaje y terrorismo menor contra oficinas del gobierno federal en la región. Aunque esos actos terroristas no contarán con el apoyo del gobierno de México, los gobiernos estatales dominados por mexicanos ni la mayoría de los mexicanos a ambos lados de la frontera, se les verá como los primeros pasos de la insurrección y separación planeada por la región. El presidente de Estados Unidos, bajo intensa presión para poner las cosas bajo control, desplegará bajo su autoridad a la Guardia Nacional en esos estados, para proteger bienes federales.

En Nuevo México y Arizona, los gobernadores alegarán que la Guardia Nacional debe subordinarse a ellos, y se negarán a reconocer autoridad federal sobre ese cuerpo. Le ordenarán proteger oficinas federales, pero insistirán en que las fuerzas deberán permanecer bajo control de la autoridad estatal. Las unidades de la Guardia, predominantemente mexicanas en esos estados, obedecerán a los gobernadores. Miembros del Congreso exigirán que se declare un estado de insurrección. El presidente se opondrá, pero pedirá al Congreso permitir la movilización de tropas estadunidenses en esos estados, lo que llevará a una confrontación directa entre la Guardia Nacional y unidades del ejército estadunidense.

Al desbordarse la situación, el problema se complicará cuando el presidente de México, sin poder resistir las presiones de hacer algo contundente, movilice al ejército y lo envíe a la frontera. Su justificación será que el ejército estadunidense se ha movilizado en la frontera con México y él desea impedir toda incursión y coordinarse con Washington. Pero en realidad habrá una razón más de fondo. El presidente temerá que el ejército estadunidense erradique de esa área a mexicanos —ciudadanos, titulares de permisos de residencia y trabajo y titulares de visas por igual— y los obligue a cruzar la frontera. México no querrá un alud de refugiados. Además, el presidente

2080: ESTADOS UNIDOS, MÉXICO Y LA DISPUTA POR EL CENTRO GLOBAL

no querrá ver que a mexicanos en Estados Unidos se les despoje de pertenencias de valor.

Al movilizarse el ejército mexicano, el estadunidense será puesto en alerta máxima. Este último no es muy hábil para vigilar a poblaciones hostiles, en particular las que incluyen a ciudadanos estadunidenses. Pero sí lo es para atacar y destruir a ejércitos enemigos. Las fuerzas espaciales y el ejército de tierra estadunidenses empezarán así a considerar la posibilidad de confrontar a las fuerzas concentradas a lo largo de la frontera con México.

Una reunión entre los dos presidentes apaciguará la situación, pues dejará en claro que nadie desea una guerra. De hecho, nadie en el poder habrá querido la crisis en el suroeste. Pero el problema es el siguiente: en esas negociaciones, y por más que ambas partes deseen restituir el orden imperante, el presidente de México negociará en realidad a nombre de ciudadanos estadunidenses de origen mexicano que viven en Estados Unidos. En la medida en que se aplaque la crisis, se discutirá la condición de los mexicanos en la *cesión* mexicana. Pero desde el momento mismo en que la conversación trate del remedio a la crisis, se decidirá la cuestión de quién habla por los mexicanos en la *cesión* mexicana: el presidente de México.

Y aunque la crisis de la década de 2080 se apacigüe, no ocurrirá lo mismo con el tema de fondo. Estará en juego la zona fronteriza; y si bien los mexicanos no tendrán el poder necesario para imponer una solución militar, tampoco el gobierno estadunidense estará en posibilidad de imponer una solución social y política. La inserción de tropas estadunidenses en la región, la cual patrullarán como si fuera un país extranjero, habrá cambiado la condición de la zona en la mente de la población en general. Las negociaciones de México a nombre de la gente de la región habrán extendido ese cambio. Un movimiento separatista radical en el área, copiosamente financiado por nacionalistas mexicanos, agudizará sin cesar la situación, en especial cuando grupos terroristas escindidos comiencen a realizar ocasionales bombardeos y secuestros, no sólo en la *cesión* mexicana, sino en todo Estados Unidos.

La pregunta acerca de la conquista del territorio mexicano quedará abierta una vez más. La región seguirá formando parte de Estados Unidos, pero muchos cuestionarán en voz alta su lealtad.

Expulsar a decenas de millones de personas no será una opción, pues sería logísticamente imposible y tendría consecuencias devastadoras para Estados Unidos. Al mismo tiempo, la idea de que los individuos de origen mexicano en la región son ciudadanos estadunidenses se desechará. Muchos no se verán así, como tampoco lo verá el resto de Estados Unidos. La situación política se radicalizará cada vez más.

Hacia 2090, radicales en México habrán generado una nueva crisis. Por efecto de una reforma constitucional, los mexicanos (definidos como tales por nacimiento y cultura) que viven fuera del país, sea cual sea su ciudadanía, podrán votar en elecciones mexicanas. Más aún, distritos electorales mexicanos se establecerán fuera del territorio nacional, para que los mexicanos que viven en Argentina, por ejemplo, puedan votar por un diputado del Congreso de México que represente a los mexicanos residentes en Argentina.

Puesto que muchos votantes cumplirán los requisitos respectivos en Estados Unidos —objetivo mismo de la reforma, después de todo—, la *cesión* mexicana se dividirá en distritos electorales para que pueda haber veinte legisladores de Los Ángeles y cinco de San Antonio electos al Congreso en la ciudad de México. Como las comunidades mexicanas pagarán las elecciones con fondos privados, no estará claro si violarán alguna ley estadunidense. Sin duda el resto del país montará en cólera, pero el gobierno federal temerá interferir. Así, la elección al Congreso de México seguirá su curso en 2090, y mexicanos en Estados Unidos votarán tanto para el Congreso en Washington como para el de la ciudad de México. En algunos casos, una misma persona será elegida para ambos congresos. Será un acto astuto, que pondrá a Estados Unidos a la defensiva, sin disponer de una contramedida equivalente.

Para la década de 2090, Estados Unidos encarará una situación interna difícil, así como una confrontación con México, que se armará de manera frenética, temeroso de que su vecino intente resolver el problema tomando medidas militares. Los estadunidenses tendrán una gran ventaja en el espacio, pero los mexicanos la tendrán en tierra. El ejército de Estados Unidos no será particularmente grande, y controlar una ciudad como Los Angeles aún requerirá al soldado raso de infantería.

Grupos paramilitares mexicanos brotarán en toda la región, en respuesta a la ocupación estadunidense, y seguirán en activo una vez que las tropas se retiren. Dada la intensa militarización de ambos lados de la frontera, la posibilidad de que esos paramilitares corten las líneas de abastecimiento, aislando así a las fuerzas estadunidenses en la frontera, no será un asunto trivial. Estados Unidos podrá destruir al ejército mexicano, pero eso no significa que pueda pacificar el suroeste, o a México, si se quiere. Al mismo tiempo, México comenzará a lanzar sus propios satélites y a fabricar sus propios aviones no tripulados.

En cuanto a la reacción internacional, el mundo se hará a un lado para observar. Los mexicanos esperarán apoyo extranjero, y Brasil, que se habrá convertido en una potencia sustancial, tendrá con ellos algunos gestos de solidaridad. Pero aunque el resto del mundo deseará en secreto que México ensangriente a su vecino, nadie se involucrará en un asunto tan crítico para Estados Unidos. México se quedará solo. Su solución estratégica será constituir un problema en la frontera mientras otras potencias desafían a ese país en otras partes. Los polacos habrán desarrollado serios motivos de queja contra los estadunidenses, mientras que potencias emergentes como Brasil se sentirán sofocadas por los límites impuestos por ellos en el espacio.

Los mexicanos no podrán combatir a Estados Unidos hasta alcanzar la paridad militar. México necesitará una coalición, y formarla llevará tiempo. Pero tendrá una ventaja enorme: Estados Unidos enfrentará descontento interno, el que, aunque no llegará al nivel de la insurrección, distraerá sin duda su energía y limitará sus opciones. Invadir y derrotar a México no resolvería este problema. En realidad, podría exacerbarlo. La imposibilidad para Estados Unidos de resolver esta dificultad será la principal ventaja de México, y ganará tiempo.

La frontera de Estados Unidos con México atravesará ahora México mismo; su frontera social real estará a cientos de kilómetros al norte de la legal. En efecto, aun si Estados Unidos derrotara a México en la guerra, el dilema básico no se resolvería. La situación se estancará en un *impasse* colosal.

Bajo todo esto estará la pregunta que Estados Unidos ha tenido que hacerse casi desde su fundación: ¿cuál debe ser la capital de América del Norte: Washington o la ciudad de México? Al principio pareció probable que fuera esta última. Pero siglos después pareció obvio que lo fuera la primera. La pregunta estará una vez más sobre la mesa. Podrá posponerse, pero no evitarse.

Ésa es la misma pregunta que enfrentaron España y Francia en el siglo XVII. España había reinado soberana cien años, dominando la Europa atlántica y el mundo hasta que fue desafiada por una nueva potencia. ¿Imperaría España o lo haría Francia? Quinientos años después, a fines del siglo XXI, Estados Unidos habrá predominado durante cien años. México irá entonces en ascenso. ¿Quién imperará? Estados Unidos regirá cielos y mares, pero el desafío de México ocurrirá en tierra, y —algo que sólo él podrá hacer— dentro de las fronteras estadunidenses. Éste es el tipo de desafío que el poderío militar estadunidense estará menos preparado para afrontar. Por tanto, al acercarse a su fin el siglo XXI, la pregunta será: América del Norte es el centro de gravedad del sistema internacional, pero ¿quién la controlará?

Esta pregunta deberá esperar al siglo XXII.

# Epílogo

Podría parecer descabellado especular que un México en ascenso desafiará en definitiva al poderío estadunidense, pero sospecho que el mundo en que hoy vivimos le habría parecido descabellado a cualquiera a principios del siglo XX. Como dije en la introducción de este libro, cuando intentamos predecir el futuro, la lógica convencional suele traicionarnos; véanse si no los asombrosos cambios ocurridos en el siglo XX y trátese de imaginar el uso de la lógica convencional para preverlos. La forma más práctica de imaginar el futuro es cuestionar lo que es de esperar.

Personas nacidas hoy vivirán en el siglo XXII. Cuando yo era chico, en los años cincuenta, el siglo XXI era una idea que se asociaba con la ciencia ficción, no una realidad en la que yo viviría. Las personas prácticas se concentran en el momento inmediato y dejan los siglos para los soñadores. Pero la verdad es que el siglo XXI he resultado ser una preocupación muy práctica para mí. Pasaré buena parte de mi vida en él. Y hasta ahora, la historia —sus guerras, sus cambios tecnológicos, sus transformaciones sociales— ha dado nueva forma a mi vida de manera sorprendente. No morí en una guerra nuclear con los soviéticos, aunque fui testigo de muchas guerras, en su mayoría imprevistas. *Los Supersónicos* no definieron la vida en 1999, pero hoy escribo estas palabras en una computadora que puedo sostener con una mano, capaz de acceder en segundos a información del globo entero y sin cables que la conecten a nada. Las Naciones Unidas no resolvieron los problemas de la humanidad, pero la condición de los negros y de las mujeres fue objeto de cambios impresionantes. Lo que yo esperaba y lo que sucedió fueron dos cosas muy diferentes.

Al volver la vista al siglo xx, hay cosas de las que pudimos estar seguros, cosas que eran probables y cosas que desconocíamos. Pudimos estar seguros de que las naciones-Estado seguirían siendo el modo en que los seres humanos organizarían el mundo. Pudimos saber que las guerras serían más mortíferas. Alfred Nobel sabía que su invento haría de la guerra un horror indecible, tal como ocurrió. Pudimos ver las revoluciones en las comunicaciones y los viajes: la radio, los automóviles y los aviones ya existían. Sólo hacía falta imaginación, y voluntad de creer, para ver lo que todo eso significaría para el mundo. Hacía falta suspender la lógica convencional.

Sabiendo que las guerras eran inevitables y que se volverían peores aún, no se necesitaba un gran salto para imaginar quién pelearía con quién. Las potencias europeas recién unificadas —Alemania e Italia— y el recién industrializado Japón tratarían de redefinir el sistema internacional, controlado por las potencias de la Europa atlántica, principalmente Gran Bretaña y Francia. Y cuando estas guerras desgarraran a Europa y Asia, no era difícil pronosticar —como en efecto muchos lo hicieron— que Rusia y Estados Unidos emergerían como las grandes potencias globales. Lo que siguió fue más confuso, pero no imposible de imaginar.

A principios de siglo, H. G. Wells, el escritor de ciencia ficción, describió las armas con que se librarían las guerras en las generaciones por venir. Le bastó con examinar lo que ya se imaginaba entonces y lo que ya podía fabricarse, para asociarlo después con la guerra del futuro. Pero no sólo era posible imaginar la tecnología. Organizadores de simulacros de combate en el U.S. Naval War College y en el personal japonés de defensa pudieron describir a grandes rasgos una guerra entre Estados Unidos y Japón. El estado mayor alemán, antes de las dos guerras mundiales, trazó el probable curso de esas conflagraciones y sus riesgos. Winston Churchill pudo ver las consecuencias de la guerra, tanto la pérdida del imperio británico como la futura guerra fría. Nadie pudo imaginar los detalles exactos, pero sí hacer sentir el perfil general del siglo XX.

Eso es lo que he intentado hacer en este libro: hacer sentir el siglo XXI, con la geopolítica como mi guía principal. Comencé por lo permanente: la persistencia de la condición humana, suspendida entre el cielo y el infierno. Luego busqué la tendencia a largo plazo, que encontré en la decadencia y caída de Europa como eje de la civilización global y su remplazo por América del Norte y la potencia dominante de esta región, Estados Unidos. Con ese profundo cambio en el sistema internacional, fue fácil discernir tanto el carácter de Estados Unidos —obstinado, inmaduro y brillante— como la respuesta del mundo ante él: temor, envidia y resistencia.

Posteriormente me concentré en dos asuntos. Primero, quién opondría resistencia; segundo, cómo respondería Estados Unidos a esa resistencia. La resistencia se presentaría en oleadas, continuando los periodos cortos y variados del siglo XX. Primero estaría el islam, más tarde Rusia, luego una coalición de nuevas potencias (Turquía, Polonia y Japón) y finalmente México. Para comprender las respuestas estadunidenses, examiné lo que me pareció un ciclo de cincuenta años en la sociedad estadunidense en las últimas centurias y traté de imaginar cómo serían 2030 y 2080. Esto me permitió pensar en el drástico cambio social ya en marcha —el fin de la explosión demográfica— y considerar lo que significaría para el futuro. También pude pensar en la manera en que las tecnologías que ya existen responderán a crisis sociales, trazando un sendero entre los robots y la potencia solar espacial.

Entre más se acerca uno a los detalles, más probable es que se equivoque. Obviamente lo sé. Pero mi misión, como yo la veo, es ofrecer una noción de cómo será y se sentirá el siglo XXI. Me equivocaré en muchos detalles. Quizá yerre incluso en la identificación de los países que serán grandes potencias y en la forma en que se opondrán a Estados Unidos. Pero de lo que sí estoy seguro es de que la posición de Estados Unidos en el sistema internacional será el tema clave del siglo XXI, y de que otros países lidiarán con ese auge. En definitiva, si hay algo que argumentar en este libro, es que Estados Unidos —lejos de estar al borde de la decadencia— inicia apenas su ascenso.

Afirmo enfáticamente que este libro no pretende ser una celebración de Estados Unidos. Soy partidario del régimen estadunidense, pero la Constitución y los documentos federalistas no son lo que da a Estados Unidos su poder. Lo fueron, en cambio, la postura de Jackson en Nueva Orleans, la derrota de Santa Anna en San Jacinto, la anexión de Hawai y la cesión de las bases navales británicas en el hemisferio occidental a Estados Unidos en 1940, junto con los peculiares rasgos geográficos a cuyo análisis dediqué mucho espacio en estas páginas.

Hay una cuestión de la que no me he ocupado. Todos los lectores habrán notado que en este libro no toco el asunto del calentamiento global. Ésta sería una omisión flagrante. Claro que creo que el medio ambiente se calienta cada vez más; y como los científicos dicen que esto no está a discusión, concedo sencillamente que el calentamiento global fue causado por los seres humanos. Como dijo nada menos que Karl Marx: "La humanidad no se plantea problemas para los cuales no tiene ya una solución". No sé si ésta sea una verdad universal, pero parece una verdad en este caso.

Han emergido dos fuerzas que pondrán a discusión el calentamiento global. Primero, el fin de la explosión demográfica reducirá, al paso de las décadas, el aumento en la demanda de casi todo. Segundo, el incremento en el costo tanto del hallazgo como del uso de hidrocarburos intensificará el ansia de opciones. La opción obvia es la energía solar, pero me resulta claro que acumular energía solar en la Tierra tiene muchos obstáculos por vencer, la mayoría de los cuales no están presentes en la generación de energía en el espacio a partir de la luz solar. Para la segunda mitad del siglo XXI, veremos transformaciones demográficas y tecnológicas que, en conjunto, se harán cargo del problema. En otras palabras, la disminución de la población y el dominio del espacio en vistas al poder global se combinarán para resolver ese problema. La solución ya es imaginable, y será la consecuencia no buscada de otros procesos.

La consecuencia no buscada es justo de lo que trata este libro. Si los seres humanos pudiéramos decidir sencillamente qué queremos hacer y luego hacerlo, los pronósticos serían imposibles. El libre albedrío está más allá de todo pronóstico. Pero lo más interesante de los seres humanos es que casi no somos libres en absoluto. Hoy es posible que la gente tenga diez hijos, pero apenas hay quien lo haga. Lo que hacemos está muy constreñido por el tiempo y lugar en que vivimos. Y nuestras acciones desbordan consecuencias que no buscamos. Cuando ingenieros de la National Aeronautics and Space Administration (NASA) usaron un microchip para armar una computadora a bordo de una nave espacial, no tenían la intención de crear el iPod.

La base del método que usé en este libro es examinar las restricciones que pesan sobre los individuos y las naciones, para ver cómo suelen verse obligados a comportarse de cierta manera a causa de esas restricciones, y después tratar de entender las consecuencias no buscadas que tendrán esas acciones. Existen infinidad de incógnitas, y ningún pronóstico de un siglo puede estar completo o ser totalmente acertado. Pero si aquí he ofrecido una comprensión de algunas de las restricciones más importantes, de las probables reacciones a esas restricciones y del resultado de tales actos en el nivel más amplio, me daré por satisfecho.

En cuanto a mí, resulta sumamente extraño escribir un libro del que nunca podré saber si es cierto o falso en general. Lo he escrito entonces para mis nietos, pero más todavía para mis bisnietos, quienes sí podrán saber eso. Si este libro puede guiarlos de alguna manera, habré sido de utilidad.

# LISTA DE ILUSTRACIONES

Esta obra se imprimió y encuadernó
en el mes de abril de 2015,
en los talleres de Egedsa,
que se localizan en la
calle Roís de Corella, nº 12-16, nave 1,
08206 Sabadell (España).